德国著名企业只做不说的秘密

Die Oetkers

厄特克尔家族

德国食品王朝的生意奥秘

［德］徐菲·施莱克 / 主编

［德］鲁迪格·杨布鲁特 / 著　孙爱玲　李小清 / 译　霍新建 / 校译

贵 州 出 版 集 团

贵州人民出版社

图书在版编目（CIP）数据

厄特克尔家族：德国食品王朝的生意奥秘 / (德)
鲁迪格·杨布鲁特著；孙爱玲，李小清译. -- 贵阳：
贵州人民出版社，2018.12
（open·世界工匠精神书系）
ISBN 978-7-221-14987-9

Ⅰ.①厄… Ⅱ.①鲁… ②孙… ③李… Ⅲ.①企业家
—家族—史料—德国 Ⅳ.①K835.160.9

中国版本图书馆CIP数据核字(2018)第285148号

著作权合同登记图字：22-2017-11号

厄特克尔家族：德国食品王朝的生意奥秘

著　　者：[德]鲁迪格·杨布鲁特（Rudiger Jungbluth）
译 校 者：孙爱玲　李小清 / 译　雷新建 / 校译
组稿编辑：谢丹华　黄筑荣
组稿编辑助理：何文龙
责任编辑：谭芳芳
出版发行：贵州出版集团　贵州人民出版社
地　　址：贵阳市观山湖区会展东路SOHO办公区A座
邮　　编：550081
装帧设计：贵州创世天际印务设计有限公司
印　　刷：贵阳精彩数字印刷有限公司
开　　本：880毫米×1230毫米　1/32
印　　张：12　字数：300千字
版次印次：2018年12月第1版　2018年12月第1次印刷
书　　号：ISBN 978-7-221-14987-9
定　　价：46.00元

本书获2016年贵州省出版传媒事业发展专项资金资助

出版说明

近年来，无论是"一带一路"倡议、亚投行，还是"中国制造2025"，无不昭示着新时代的中国正以开放、发展、创新、合作的姿态面向世界。我们策划的这套"open·世界工匠精神书系"正是立意于此，旨在向中国读者介绍世界优秀企业和企业家以及在他们身上所体现出来的"工匠精神"。而说到"工匠精神"，"德国制造"世界闻名，其代表，如汽车领域的奔驰、电气领域的西门子、化学领域的拜耳，等等，无不享誉世界，有口皆碑，诠释着一丝不苟、兢兢业业、锐意臻美的工匠精神。

他山之石，可以攻玉。本书系选取了德国最具代表性的一些家族企业和人物的传记进行译介出版。通过这套书，读者能够更深入地了解严谨理性的日耳曼民族是如何在工作中践行标准主义、完美主义、精准主义、专注主义和实用主义的，而这些文化特征又是如何成就了"德国制造"，成为百年传承的根基的。而在此基础上，读者必将会对"工匠精神"有更深入的思考和理解。

此次出版的"open·世界工匠精神书系"共有6种书，分别是：《摩恩家族——德国贝塔斯曼出版公司的掌舵人》《弗利克家族——德国经济发展史上的传奇色彩》《涅克曼家族——德国邮递百货巨擘的荣耀与耻辱》《厄特克尔家族——德国食品王朝的生意奥秘》《蒂森家族——德国钢铁世家的悲剧》《格茨·维尔纳——德国dm企业创始人的成功奥秘》。除《格茨·维尔纳——德国dm企业创始人的成功奥秘》一书是个人传记外，其余5本均为家族传记，主要讲述了摩恩、弗利克、涅克曼、厄特克尔、蒂森五大家族和格茨·维尔纳的创业史，并揭露了许多不为人知的企业和家族内幕。

这6种书是由本套丛书的主编德籍华人徐菲·施莱克女士选定的。徐菲主编长期在德国工作和生活，对德国的文化和国情都十分熟悉，她选择的这些作品所介绍的企业或家族，在德国乃至全世界都有着很强的影响力，能够充分诠释出"德国制造"的内涵。而且，这些作品都侧重纪实性，内容深入浅出，在德国面世以来广受读者欢迎。而在作者方面，本套丛书除了《格茨·维尔纳——德国dm企业创始人的成功奥秘》是由企业家为自己作传以外，其余5本均由德国知名报刊的记者或专栏作家执笔，而翻译则是由主编组织精通德文的译者来进行，足以保证本译丛内容的权威性和可读性。

"open·世界工匠精神书系"是一套体现创业创新精神的学习型丛书，其视野是开放的、全球性的、面向未来的，其姿态是积极的、进取的。我们希望这套丛书能够让广大读者开拓视野，有所收获。

厄特克尔家谱图

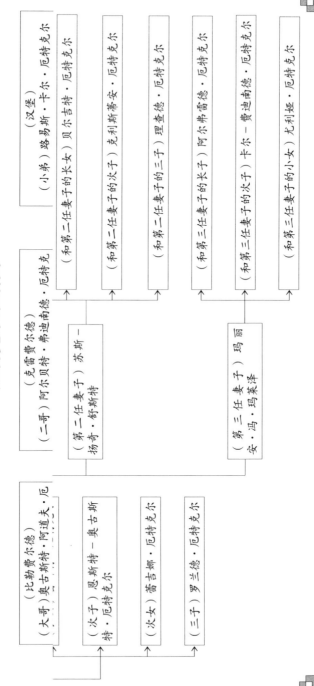

（二哥 费尔德）（克雷费尔德）阿尔贝特·弗迪南德·厄特克

（大哥 比勒费尔德）奥古斯特·阿道夫·厄特克

（第二任妻子 苏斯－扬奇·舒斯特）

（次子 恩斯特－奥古斯特·厄特克尔）

（次女 蕾吉娜·厄特克尔）

（三子 罗兰德·厄特克尔）

（第三任妻子 玛丽 安·冯·玛莱泽）

（小弟 汉堡）路易斯·卡尔·厄特克尔

（和第二任妻子的长女）贝尔吉特·厄特克尔

（和第二任妻子的次子）克利斯蒂安·厄特克尔

（和第二任妻子的三子）理查德·厄特克尔

（和第三任妻子的长子）阿尔弗雷德·厄特克尔

（和第三任妻子的次子）卡尔－费迪南德·厄特克尔

（和第三任妻子的小女）尤利娅·厄特克尔

Contents　|　目　录

序言

罗斯莉·施维茨（Roesely Schweizer）总是经历着同样的事情："每当我跟别人说，我娘家姓是厄特克尔，听我说话的人会立即用九到十种发酵粉和布丁粉的名称来回应我。"说这话的人是基民盟政治家、企业家，比勒费尔德公司总裁鲁道夫-奥古斯特·厄特克尔（Rudolf-August Oetker）的大女儿，她父亲在2004年9月度过了自己88岁的生日。

厄特克尔是德国最著名的德国家族企业。对这个名字，98%的德国人都耳熟能详。这么高的知名度，当然有它的理由：这家公司的产品大多都冠以"厄特克尔博士"[1] 的称号，这些产品都是普罗大众每天离不开的必需品，在市场上已经生存了一个世纪之久。无论是哪个年

---

[1] Oetker的中文官方网站称"欧特家博士"：http://www.oetker.cn/cn-zh/index. html——译者注

代的人，都知道厄特克尔这个名字。当然，富裕的财产和知名度也给这个家族带来过不幸，1976年，家族成员理查德·厄特克尔（Richard Oetker）遭到绑架，也许正是由于这次恶性事件，更加引起了人们对这个家族的注意。

厄特克尔家族堪称德国工业品牌的开路先锋，几十年以来，这个家族工厂坚持利用广告推销产品。据估计，在德国还没有哪家企业像厄特克尔这样，把如此巨大的资金投入在广告宣传上。这些投入是值得的，厄特克尔企业一跃成为德国最大的食品生产企业，他们的产品多种多样。

人们常常因为烘焙发酵粉和布丁粉类产品不够起眼而低估厄特克尔公司的能量，事实上，这些产品早已不再是公司的主打产品，公司的主要业务是遥遥领先于其他公司的冷冻比萨饼。在很多欧洲国家，厄特克尔公司的比萨饼在市场上占据了很大的份额，即使在披萨饼发源国意大利，厄特克尔公司的比萨饼在所有供货商中仍能占据第二位。

厄特克尔家族企业在食品方面的高销售额还来自于啤酒生意，啤酒的品牌名目繁多：拉德贝格（Radeberger）、耶费尔（Jever）、多特蒙德联盟（Dortmunder Union）、亨宁（Henninger）、克劳斯特尔（Clausthaler）、顺福麦啤（Schöfferhofer Weize），等等。哪个牌子卖多卖少，这对比勒费尔德总公司来说似乎都无所谓，因为，所有这些啤酒的酿酒厂都属于厄特克尔家族。除此之外，公司还有另外几家啤酒厂。在德国，没有任何一家德国的公司和家族企业拥有像厄特克尔公司这样品牌繁多的啤酒。

　　香槟起泡酒是厄特克尔公司产量始终保持在第二位的产品。公司还监制"汉凯起泡酒"（Henkell Trocken）、"苏恩莱起泡葡萄酒"（Söhnlein Brillant）、"富尔斯特梅特涅起泡酒"（Fürst Metternic）、"丹赫起泡葡萄酒"（Deinhard）以及"鲁德格尔俱乐部"（Rüttgers Club），"戈尔巴乔夫伏特加"（Wodka Gorbatschow），就连"巴迪达可可利口酒"（Likör Batida de Coco）也是厄特克尔的产品。此外，厄特克尔公司还拥有数家高档酒店，其中之一是位于巴登-巴登（Baden-Baden）的布伦纳花园酒店（Brenner's Park-Hotel）。公司还与神鹰集团（Condor-Gruppe）合作，建立自己的保险机构，与朗普银行（Lampe）合作，拥有自己的贷款机构。厄特克尔家族还拥有一家自己的化学工厂，另外，它还是一个非常成功的出版商。

　　厄特克尔是一个非同寻常且涉猎广泛的混合型企业，目前，没有第二家德国家族企业做到了这一点。厄特克尔集团共有332家企业，其中130家在国外，雇用员工20000多人，公司的销售额在2003年已经积累到55亿欧元。这就意味着，厄特克尔集团比普玛体育时装公司（Puma）大三倍，规模已经达到汉高化工公司（Henkel）的一半。

　　厄特克尔还涉猎了一个对于出口大国德国来说不被重视的领域：船运业。几十年来，他们拥有历史悠久的德国第二大船运公司——汉堡南美（Hamburg Süd）。汉堡南美的100多艘巨大集装箱船穿行于欧洲至南美，北美至南美之间。由于国际集装箱运输的高速发展，厄特克尔公司在这个领域加大投入力度。2004年春天，厄特克尔家族流露出收购德国最大的船运企业赫伯罗特海运有限公司（Hapag-Lloyd）的兴趣。

收购如此大的公司，他们有足够的资金支持，因为，每个银行都乐于给厄特克尔这样的家族企业提供贷款。美国福布斯杂志评估鲁道夫-奥古斯特•厄特克尔家族的资产共计75亿美元，其中包括他的八个儿女的财产。在德国的富人排行榜上，厄特克尔家族名列前茅。在他们的前面只有卡尔和蒂罗•阿尔布莱希特兄弟（ALDI阿尔迪），柯文特-阿尔滨•苏珊娜-克拉滕（BMW宝马，阿尔塔纳），房地产和运输家族企业维尔纳•奥拓（Werner Otto），这些家族的财产排名更靠前一些。即使在国际的资产排名榜上，厄特克尔也占有一席之地，而且厄特克尔家族的资产还一直处于上升态势。在福布斯全球富人排行榜中，比勒费尔德的厄特克尔家族的位置已经上升到第50位。

资产的排名统计大多仅靠猜测，并没有根据银行账户的数额来统计。厄特克尔的大部分公司并没有在股市挂牌，因此，他们的收入并未公开，所以，公司的市值是很难估价的。《经理人杂志》（*Manager Magazin*）的预测比福布斯的评估更加保守，根据他们的评估，比勒费尔德厄特克尔家族2003年的财产为35亿欧元。

两家机构的评估均不包括比勒费尔德鲁道夫-奥古斯特•厄特克尔的外甥，阿伦德•厄特克尔（Arend Oetker）的财产。阿伦德•厄特克尔是一个非常成功的企业家，但他的财产常常被低估，他拥有自己的经济帝国，同时身兼德国联邦工业协会副主席的职务。他最有价值的投资之一是瑞士英雄集团（Hero），在2003年，集团的销售额已达到15亿瑞士法郎。另一个是制作果酱的施瓦陶公司（Schwartauer Werke）。当然，从欧洲冠军杯的赛事中阿伦德·厄特克尔也赚到了大笔资金。他像收集艺术品一样，喜欢积累荣誉称号。一个美国的专业杂志把这位65岁的企业家列入了世界上最活跃艺术品收购者的行列。

在众多的德国家族企业中，厄特克尔是为数不多的典范，将自己财富的优势成功地跨到了政治和经济体系，一直走到今天。如今，身处公司高位的人，是公司创始人的孙辈，这是一个跨越世纪的商业王朝。在过去的一百年中，这个家族也经历了战争和灾难，付出了鲜血的代价。

追根溯源，厄特克尔家族的过去和现在都备受人们的关注，公司具有比其他家族企业更为悠久的历史。早在1900年，厄特克尔家族拥有的就不是单一的工厂，而是一个合法的、拥有成功企业家的家族联盟，这些企业家分布在德国的各个领域。然而，厄特克尔家族的传奇并非始于人们所熟知的烘焙苏打粉，而是始于杏仁糖果和纺织物。

1870—1914
威廉二世时代的成功史

1."用自己的厂房，用自己的蒸汽机"
路易斯·卡尔·厄特克尔（Louis Carl Oetker）和他的杏仁糖工厂

1870年，25岁的路易斯·卡尔·厄特克尔开始自己创业。他用1200塔勒[1]的资金在汉堡市附近阿托纳区（Altona）莱新大街27号开了一家自己的店铺。年轻的厄特克尔是制作甜品的能手，而且他很努力。很快，他的店就成了汉堡周边最大的甜品店之一。开业伊始，这位甜品师做出各种各样的甜品和蛋糕，但是他最钟爱的还是做杏仁糖果。

---

[1] 塔勒是15世纪末德奥地区的通用货币单位。最标准的塔勒，每枚重28.0644克，质地为纯度83.3%的银。1塔勒的购买力约合200元人民币。——译者注

　　路易斯·卡尔·厄特克尔很快就专门制作这种杏仁甜品了。他先用普通的工具，在自家的店里进行尝试。他用石磨来磨碎少量的杏仁，然后用铁锅放在炭火上炒制，一边炒一边往里面加糖，最后将杏仁糖团塑成好看的形状，被他称之为"吕贝克杏仁蛋糕"。吕贝克和柯尼斯堡这两座城市早在19世纪就因杏仁糖果而闻名德国了。

　　没过多久，路易斯·卡尔·厄特克尔又有了新的想法，他要把杏仁糖涂上不同的颜色，做成多种形状，例如：蔬菜和水果。于是，五彩缤纷的杏仁甜品在他的手上应运而生。这可是件新鲜事，杏仁糖从视觉上给人留下了深刻的印象。阿托纳的市民们为甜品师的别出心裁而兴奋不已，对具有装饰功能的甜品也追捧有加。厄特克尔店里的杏仁甜品很快就被抢购一空，尽管生产线上24小时制作不停歇也供不应求。越来越多的顾客从附近的城市闻讯赶到厄特克尔的店铺，他们把买到的艺术品般的杏仁糖果，大多寄给远住其他城市或乡村的亲戚。也有人把装有杏仁糖果的包裹寄往国外。

　　为了适应市场的需求，厄特克尔培训了一大批设计工和专为杏仁糖果上色的技术人员。除了水果样式，甜品店还制作鲜花、动物、人物图案的杏仁糖果。路易斯·卡尔·厄特克尔有着一个创造性的大脑，他的一头卷发，浓密的大胡子，总会让人感到他身上具有一种艺术家的气质。不仅如此，他还熟稔经营，他带着全家从甜品店的楼上搬出来，把所有的空间都用来生产杏仁糖果。很快，他便在汉堡开了好几家分店，这些店里只出售他自家的产品。路易斯·卡尔·厄特克尔很早就积极参加业内的展览会，他的产品获得了无数的奖励。

为了能够获得大量的杏仁膏原料来满足生产的需要，厄特克尔购置了一个研磨机，这个研磨机是靠人力来操作的，问题很快就暴露出来，工厂的生产难以通过这种方法来满足，生产的速度赶不上销售的速度。于是，厄特克尔果断决定，让他的店铺工业化！他要建造一个自己的工厂，然而，厄特克尔缺少资金，他费尽周折试图贷款，但是事实证明，此举困难重重。他在很多家银行都碰了壁，是啊，有谁会相信这样一个初出茅庐的甜品师傅呢！

路易斯·卡尔·厄特克尔别无选择，他打消了在银行贷款的想法，先是找到了一个小型的车间，在这里做他的杏仁糖果。有厂史记载，在这之后不久，厄特克尔在阿托纳租用了一间带"蒸汽动力"的厂房。房主还在"蒸汽动力"车间旁边准备了蒸汽机，用这个设备来带动机器，这个机器也是按照生产的需要由工厂自己设计的。

杏仁糖机械化生产后，市场对杏仁糖果的需求才真正达到了高峰，需求数字呈直线上升。厄特克尔再次从银行申请贷款，这一次，他获得了建立工厂所需要的资金。紧接着他就卖掉了自己的甜品店，买下了奥特森（Ottensen）佛劳特贝克尔大街70号的地皮，在这块地皮上建造了自己的厂房，用上了自己的蒸汽机，开始大批量生产杏仁糖果。在后来的厂史里记载了这一令人欣喜的时刻。

这是1876年，仅仅用了六年的时间，一个甜品师傅成了一个工厂主。工厂的快速发展期恰恰是一个政治上动荡的年代。厄特克尔的甜品店开张之时，还没有德国这个国家。1871年，普鲁士的国王加冕，成为德国的皇帝，厄特克尔的身份改为德意志帝国[1]的公民。通过南北德的联合，德国成了欧洲的一个强权国家。

路易斯·卡尔·厄特克尔建立工厂之时，国家统一的热度已经消减。战时，法国人被德国人打败，所获得的利益，在德国的经济中已经优势不再。1873年，德国出现了严重的经济垮塌，由于此次危机，德国的经济开始萧条。厄特克尔之所以得不到贷款，这也许是原因之一。

在这个经济萧条的时刻，变革也许才是唯一推动经济前行的动力，在帝国建立前的那些年，人们发明建造了蒸汽机和铁路，然而，那时人们缺少的正是这种创新精神。国内的气氛非常压抑、紧张，一触即发。帝国首相俾斯麦发起了一场冷酷的反对社会民主主义者的运动，一个全新的、革命性的政党遭到扼杀，俾斯麦的意愿是让德意志帝国对其俯首称臣。

时年32岁的工厂主路易斯·卡尔·厄特克尔在困难的经济环境中举步维艰，不仅如此，他还要应对来自企业内部产品需求的挑战。一个严峻的困难摆在他的面前：杏仁糖果属于季节性产品，大部分产品的市场在圣诞节和复活节前，在夏季的几个月中，工厂都在不饱和状态下进行生产，因此，工人们常常无活儿可干。为了改变这种状况，厄特克尔在厂房的前脸开了一家蛋糕店，在工厂的花园里开了一家露天咖啡厅，客人们可以边喝咖啡，边欣赏易北河畔美丽的风景。被称为"夏季档"的这一经营模式取得

[1] 即德意志第二帝国：1871—1918年的德意志帝国，普鲁士国王威廉一世为皇帝，由俾斯麦辅助。——译者注

了决定性的成功，尤其在周末，咖啡馆总是人满为患。从汉堡和阿托纳来的观光者为工厂的销售额提供了保障。

餐饮业成为企业的另一个重要支柱，然而企业的主要业务仍然是"蒸汽杏仁糖果厂"，对此，厄特克尔认定自己是一个非常成功的、令人骄傲的工厂主，而不再是一个手工业者。他的生产重点不再是成品，而是越来越多地为甜品店、烘焙店以及其他零售商店提供杏仁膏原料。

路易斯·卡尔·厄特克尔继承了家族的传统，他的祖上都是农民，原名叫奥托卡尔（Ottokar），居住在施塔特哈根附近的维登萨尔村（Wiedensahl bei Stadthagen）。但是，在近几辈人中，家族出现了单干的手工业者。厄特克尔本人在下萨克森的奥伯恩基兴（Obernkirchen in Niedersachsen）长大，这个村子位于比克堡（Bückeburg）附近。他的父亲海因里希·克里斯蒂安·厄特克尔（Heinrich Christian Oetker）在奥伯恩基兴有一个磨坊。和他们生活在一起的还有路易斯的哥哥奥古斯特·阿道夫·厄特克尔，他后来成了面包师。路易斯·卡尔·厄特克尔于1881年接收哥哥的儿子阿尔贝特·厄特克尔在阿托纳的甜品店做学徒。这位侄子表现出色，学徒期结束后，年轻的阿尔贝特·厄特克尔走出了叔叔的企业，投身其他"在甜品和餐饮业赫赫有名的企业，为的是接受全面的培训"，阿尔贝特·厄特克尔后来在自己的履历中这样写道。

路易斯·卡尔·厄特克尔厂长去世后，他的妻子和孩子接管了企业。起初，她们雇了一个经理人来管理工厂，将咖啡馆和蛋糕店盘给了一个客户。在新经理人的领导下，

虽然没有了工厂建立之初的火爆势头，但工厂还是在平稳
地运行着。可是，随着时间的推移，生产相近产品的竞争
者却日渐增多。

　　企业也越来越受到甜品手工作坊和零售商的制约，这
些人要求原料提供商不要和他们抢客户。出于这个原因，
路易斯·卡尔·厄特克尔公司决定，在1886年完全停止杏仁
糖成品的生产，而专注生产原料。

　　路易斯·卡尔·厄特克尔的遗孀有了新的想法，她问已
故丈夫的侄子，就是那位在他们的企业当过学徒的阿尔贝
特·厄特克尔，是否愿意回到自家的公司，为此，她还许诺
给21岁的侄子一定份额的公司股份。年轻的甜品师当然不
会错过这个良机，很快，他就来到叔叔兼师傅的公司，开
始了他做公司技术经理的生涯。此外，他还担任了外地杏
仁糖果工厂的兼职经理。他干得非常出色，生意有了明显
的飞跃。24岁的阿尔贝特·厄特克尔被女主人委以重任，负
责公司的销售工作，并受命成为公司的全权代理人。

　　销售额在大幅度地逐年增长。杏仁糖在当时属于奢侈
品，但帝国时代的购买力也在不断加大。阿尔贝特·厄特
克尔履新后首先做的，就是更新工厂的技术，使其达到最
新的发展水平，公司的生产能力随之大幅增长。他还为此
购置了双倍功能的蒸汽炉和蒸汽机。工厂在各地区进一步
雇佣流动或固定代理人，以便把杏仁膏向各大城市推销。
公司还在这些地方建立仓库，这样做的目的是，顾客的订
货能够更快地直接送达。

　　生意越来越红火。在奥特森佛劳特贝克尔大街的厂房
里，工人们昼夜不停地加班生产，即便这样，也无法满足

销售的需求。事实证明，路易斯·卡尔·厄特克尔在1876年所建立的工厂规模实在是太小了！可是，在原地扩大厂房是不可能的，于是，已经拥有公司部分股份的阿尔贝特·厄特克尔在阿托纳的市区巴伦菲尔特买下了一大块地皮。新的工厂于1896年的10月1日举办落成典礼，此时距离第一座工厂的建立，整整过去了20年。

在这座红色的砖砌建筑中安装了无数台新型的机器，这些机器是阿尔贝特根据经验和工厂的需求自己设计的，杏仁由机器自动筛选、清洗、剥皮。有文字记载了当时这家企业的先进技术："一个由蒸汽机传动的车刀先将杏仁切成小块，然后这些杏仁块通过传送设备送到碾碎机上进行碾压，使杏仁块更加细碎，最后杏仁碎被送上一个大型的六道压辊机上，这一设备标志着技术进步，而且非常卫生。三个巨大的花岗石压辊无死角地将机器上余下的块状杏仁逐一磨碎，将其碾压成同样形状的团块，这些团块落到花岗岩压辊下方的另外三个瓷制压辊下面，瓷制压辊对这些杏仁团块再次进行最精细的碾压。"这些机器的动力由分置于不同厂房的两台大型蒸汽锅炉和两台90马力的强力蒸汽机来提供。这两台机器的燃用煤，是用火车直接运到厂区的。厂区的卫生环境非常好，墙壁用梅特拉墙砖铺就，地板是意大利的水磨石，"在工厂里几乎看不到任何传送带"，"动力设施都安置在机器的下面，给人的印象是，有一种神奇的力量在控制着所有的机器"，在一本关于地下传动设备的书里是这样描述的。

杏仁团在一个巨大的铜制锅里先煮后炒，直到把杏仁的潮气炒干。为确保产品质量的均匀，阿尔贝特·厄特克尔还增加了一道工序，以400公斤为等同份额对其进行搅拌和冷却。做好的原料被工人们装进带有包装纸的木头箱子里，然后将这些原料用车皮运到客户手中。阿托纳工厂的杏仁原料也被运到英国伦敦和曼彻斯特。对出口的产品，公司用了一个"螺旋桨"图标，并写有广告语"我的原野是全世界"，而国内产品就用简单的"厄特克尔"字样，并为这个名称申请了专利。

位于阿托纳巴伦菲尔特的工厂其生产规模能够加工25,000公斤杏仁，工厂的房顶储存着大批的杏仁、坚果仁和糖，这些仅仅是工厂的部分存货而已，厄特克尔工厂绝大部分原料都存放在免税的汉堡港口露天仓库里。

渐渐地，阿尔贝特·厄特克尔厂长将重心转移到领导企业的销售工作上，采购生产用的原料也是他的主要工作之一。他还关注着竞争者的动态，例如，他让人分析同行的产品，并将测试结果发表出来："路易斯·卡尔·厄特克尔公司确保杏仁糖果中糖的含量为三分之一，杏仁的含量为三分之二，糖分的最大含量为42%。但公司仍然对产品继续进行检测，检测结果表明，无论是杏仁还是产品中的其他配料，均没有查出对用户有害的成分。"

阿尔贝特·厄特克尔对杏仁的加工积累了丰富的经验和知识，于是，他在考虑是否可以做脱皮整杏仁的生意。要想卖脱皮杏仁，他必须设计一个专门的烘干设备，因为，在脱皮过程中，杏仁会吸收很多潮气，如果仅仅用现有的方法除湿，杏仁会因为温度过高而失去香味，产品的保质期也会大大缩短。

到了世纪交替时期，牛轧糖的种类在不断扩大。甜品师所用的糖坯仍是按照法国的配方来做,这个配方有一个短板:牛轧糖会很快脱油,产生哈喇味。路易斯·卡尔·厄特克尔公司经过无数次的试验,终于生产出在低温、干燥的环境中能够长期保存的糖坯。

1900年,公司举行了建厂30年的庆典,阿尔贝特·厄特克尔给公司的客户和朋友们写了一份激情洋溢的致辞,在这份致辞中,阿尔贝特·厄特克尔毫不掩饰自己对所取得的成就的满足:"路易斯·卡尔·厄特克尔公司由于公司领导人的不懈追求,它终于成为这个行业的佼佼者,成为德国乃至欧洲,甚至是全世界最伟大的企业,同时,它也是全世界最大的杏仁和坚果仁的进口商,为公司的生产需求而从事着最大的贸易活动!"

2. "为工厂的发展,严明厂纪厂规!"
阿尔贝特·费迪南德·厄特克尔(Albert Ferdinand Oetker)和他的丝绸纺织厂

阿尔贝特·费迪南德·厄特克尔比他的弟弟路易斯·卡尔·厄特克尔大五岁。从他们长相上就可以看出是兄弟俩。阿尔贝特·费迪南德·厄特克尔像路易斯·卡尔·厄特克尔一样蓄着一脸络腮胡子。1869年,他搬到莱茵地区(Rheinland),在多伊斯&维斯(Deuß & Weiß)丝绸工厂做兼职经理时,他就已经30岁了。他之前做过什么没有记载,只知道,他来到克雷费尔德(Krefeld)的时候还是单身。

雇用阿尔贝特·费迪南德·厄特克尔的公司属于两个男

人，一个是威廉·多伊斯（Wilhelm Deuß），虽然他来自克雷费尔德，但是，他在一个丝绸工厂主那里学习经商。1855年他在自己的出生地创办了一家企业。另一个是卡尔·维斯（Carl Weiß），他成为这个公司的合作伙伴之前，在一家高级女子学校当老师。两个人有明确的分工，起初，多伊斯负责拥有12架人工织布机的工厂，而维斯则负责在柏林及其附近地区销售布料。维斯成功地和一家柏林的纺织公司合作，扩大了生意，最终让这家柏林的企业收购了克雷费尔德企业的所有货物。为此，维斯也要搬往柏林，在那里领导多伊斯&维斯的分公司，这时年轻的阿尔贝特·费迪南德·厄特克尔在克雷费尔德开始工作。

尽管卡尔·维斯取得了成功，但是他对这样的工作并不满足。归根结底，他一直想成为一名教育家。他在一家柏林的协会投身于女性教育，脑海里有一系列建立教育机构的想法。当卡尔·维斯告诉他的搭档他想退出公司继续当老师时，晋升为工厂主的机会就摆到了能干的阿尔贝特·费迪南德·厄特克尔面前。1870年，卡尔·维斯和工厂结账走人，而阿尔贝特·费迪南德·厄特克尔就成了公司的合伙人，从此以后，公司的名字就变成了多伊斯&厄特克尔。阿尔贝特·费迪南德·厄特克尔便是家族里由手工业者、商人而成为工厂主的第一人。

此时的工厂还是以传统方式进行生产，工具是手动和脚动的织布机。这种织布机在山区家庭手工织布生产中占多数。英国几十年之前就开始用机器织布，但是在下莱茵地区，这种织布机在19世纪80年代才开始被普遍接受，这是一个艰难的过程。不仅家庭职工反对这种转变，就连许多企业主也怀疑，投资这样一个全新的工厂是否值得。路德维希·吕根（Ludwig Hügen）在多伊斯&厄特克尔公司的编年史中写道："开始，只有少数有勇气的年轻工厂主认识到，人口的增加势必使纺织品的需求也增加，随着人们生活水平的提高和世界贸易的发展，只有通过生产的机械化，才能满足人们对纺织品快速增长的需求。阿尔贝特·费迪南德·厄特克尔证明了自己是一位高瞻远瞩的企业人，已经开始的纺织业工业化非常需要他这样的人。"

1889年，多伊斯&厄特克尔公司在克雷费尔德南部的村庄施夫邦（Schiefbahn）建立了一个工厂。这个小镇的镇长尽力争取这个工厂落户此地，所以将一大块地皮以低廉的价格卖给了这两位工厂主，并且保证，工厂在运行初始阶段免交税费。当时的情况是这样的：由于价格的暴跌，当地居民的家庭织工陷入了巨大的经济困境。他们联手将请愿书送到皇帝面前："陛下，克雷费尔德及其附近的丝绸织工们眼下没有活儿干，没有活儿就意味着没有收入，我们正在忍饥挨饿，有些人已经陷入了绝境之中。"在这种情况下新工厂的建立给这个地区的居民带来了生存的希望。

工厂建在绿色的草地上。公司编年史的作者吕根记录下了这一切：当工厂竣工时，它以16,000平方米的面积成为德意志帝国最大的纺织厂。1889年11月，第一批机器纺织机开始工作，179人在这里找到了工作。阿尔贝特·费迪南德·厄特克尔为这些工人在工厂的附近修建了住宅区。他的想法是，要将公司和这些工人长期联系在一起。住宅区到工厂距离只有一小段路，这样，他们就能够在工厂里工作更长的时间。

　　这个住宅区位于施夫邦的郊外，因此得名"殖民区"。这种复式房子包含两个各有62平方米的空间，工人们不仅可以居住，而且还可以将多余的空间作为家庭手工的劳动场所。女人、孩子和老人们常常受雇于多伊斯&厄特克尔公司，用手工清除产品中的瑕疵。

　　多伊斯和厄特克尔在施夫邦及其周边地区全面网罗织工，他们招募山区的织工技师和领班，多伊斯本人过去也在这里的织布厂工作过。当时大多数人都信仰基督新教，而在施夫邦的工人几乎全都信仰天主教[1]。厄特克尔自己也像当时德国80%的企业家一样是新教徒。虽然天主教徒占帝国人口的36%，但是他们之中只有很少的企业家。大部分天主教徒像他们的教会一样很难让这个国家的经济和社会发生改变。他们在生活中与正在发展的资本主义市场经济系统始终保持着距离，朝圣之旅、圣驾巡游、对主的崇拜是他们生活的重要组成部分。在新教徒的眼中，民族和国家才是宗教改革的最终目的。而天主教会则认为，他们对权利的要求受到具有普鲁士新教色彩的德意志帝国的威胁，为此他们用强硬的、抵制的态度对此做出反应。

　　不久之后，在多伊斯&厄特克尔公司里爆发了严重的信仰冲突。冲突的缘由是工作时间的问题。阿尔贝特•费迪南德•厄特克尔认为，天主教徒的节假日过多：在圣诞节、新年、复活节和圣灵降临节到来时，他们不工作；在赎罪日、祈祷日、耶稣升天节、圣礼节和万圣节期间，他

---

[1]天主教、基督新教和东正教是基督教的三大主流派。—— 译者注

们也要休假。除此之外，还有主显节、彼得和保罗节以及不少于三天的纪念圣母玛利亚的节日——玛利亚圣烛节、玛利亚布道节和玛利亚受胎节。工厂主阿尔贝特·费迪南德·厄特克尔不愿意在这些节日中让自己的工厂停产。

当地的报刊听闻了多伊斯&厄特克尔工厂的争端，1890年12月22日的《下莱茵人民报》这样写道："从下面的事件中可以看出，在这个大型的工厂中雇工和雇主之间的关系似乎并不和谐。不久之前，一位工厂主召集所有的工人，趁机来奚落一下他们，称其为懒散、愚蠢、没有教养的人。这位工厂主似乎错怪了他的工人，他在克雷费尔德可不是这个样子的。除此之外，阿尔贝特·费迪南德·厄特克尔还通知了那些工人，今后所有纪念圣母玛利亚的节日一律照常工作，否则，公司就开不下去了。"

地方报纸的评论站到了信仰天主教工人的这一方："对于每一个有理智的人来说，很难去理解一个工厂的存在要通过信仰天主教的工人来维持，并要求他们在节假日工作。过天主教的节日，这对虔诚的教徒来说是很重要的事情。阿尔贝特·费迪南德·厄特克尔还宣布了工厂对违规行为的处罚决定，这也引起了工人们的不满。"

公司两周后对此做出书面回应："我们的雇主在任何时候都和雇工保持着良好的关系，今天也是。"文章也承认，工厂负责人在年度总结中，除了对员工的表扬，也斥责了一些业绩低下的工人，确实用了"懒散""愚蠢"和"没有教养"的字眼，但是，这些都是"出于好意"。文章并没有提及对犯错员工的惩罚规定，只是强调，为了地区和工厂的发展，严明厂纪厂规是必要的行为，因此，工厂会在今后制定更加严格的制度。

根据工厂主的描述，多伊斯&厄特克尔公司已经和当地的神职人员约定好，给工人们在不太重要的节日里，去教堂做礼拜的时间。但是吕根在教区的档案馆中找到了牧师给科隆大主教的信，在信中他强烈批评了公司领导的做法。这位牧师抱怨道，主显节[1]时，多伊斯&厄特克尔工厂没有停工，只给那些信奉天主教的工人放了假，至于他们是否真的去教堂做礼拜，工厂并无过问。

"虽然工厂主知道这些措施让他们十分不舒服，但是为了获得工人们的称赞，用这种方式向工人们表明，他们已经享用了去教堂做礼拜的自由。"在给主教的信中，这位牧师谈及玛利亚圣烛节，"一些工人有足够的勇气坚守他们的信仰。"

在1899年的秋天，公司的领导人和工人们达成一致，在圣母玛利亚节日时，他们可以不来工厂上班，但是，这些工人们必须在夏季的几个月中，以每天延长15分钟的工作时间作为补偿。

1897年，公司的创建人，70岁的威廉·多伊斯退休了。多伊斯一直是单身，所以比他小12岁的生意伙伴阿尔贝特·费迪南德·厄特克尔成了唯一的业主。退休后的多伊斯准备去阿尔卑斯山、佛罗伦萨和那不勒斯旅游，临行之前，他送给克雷费尔德市一片森林。他之所以这样做，是受到了阿尔贝特·费迪南德·厄特克尔的启发，他去英国出差时，被那里的公园所吸引，并为其惊叹，于是，他给多

---

[1] 主显节是东方教会庆祝耶稣诞生的节日。——译者注

伊斯出了这个主意。

　　阿尔贝特•费迪南德•厄特克尔是一个涉足多领域的男人。他入股了其他企业，如克雷费尔德的棉花纺织厂和地毯厂。在十年的时间里，他作为自由党团的党员进入市议会，他先在城市大剧院任董事，之后又在监事会中任职。他是施夫邦的地方议会中"身价最高"的议员。阿尔贝特•费迪南德•厄特克尔送给皇家威廉博物馆一个下莱茵地区的文物并为其扩建筹集资金。

　　在施夫邦地区，他的企业积极资助歌手、体操运动员、足球运动员，并建立了自行车手俱乐部。除此之外，公司还建立了自己的养老保险体系。阿尔贝特•费迪南德•厄特克尔为工厂的"殖民区"创办了一个拥有两个班级的学校和一个大型的聚会场地，这个建筑包括一个带舞台的礼堂和一家饮食店。一个名叫"快乐"的团体在这里相聚，它是由多伊斯&厄特克尔公司的一个师傅为工人们创办的。从1989年起，公司为整个村庄通上了电，而当时相邻的乡镇还得使用煤油灯。吕根在他的编年纪中写道："通过多伊斯&厄特克尔公司在不同领域中对施夫邦的资助，使其成为下莱茵区最现代化和最富有的乡镇。"

　　这位工厂主自己的生活也不差，他在工厂附近修建了一座豪华的别墅，这个别墅被一个巨大的私人花园包围着，他的财富在这些建筑物中尽显无遗。花园是由一位法国建筑师设计，这里有稀缺的花草树木、人造湖泊、绵延的丘陵和美丽的洞穴，幽幽曲径，款款小桥，散步其间，乐在其中。工厂的工人们和施夫邦的居民是禁止入内的。他们最多只能透过高高的篱笆投来羡慕的目光。这个房子的建筑风格将新古典主义和瑞士乡村别墅风格融为一体。五彩斑斓的玻璃窗体现了青春艺术风格。这栋别墅以"下海德"这个名称来命名，起初，阿尔贝特·费迪南德·厄特克尔和家人只是在夏天用来避暑，当冬季到来时，他们就待在克雷费尔德。

此时他的家庭由五个人组成。阿尔贝特·费迪南德·厄特克尔来到下莱茵之后，迎娶了米莉·皮特斯。夫妻俩在之后的五年之中生了一个女儿和三个儿子。但是，长子卡尔在16岁的时候不幸去世，于是，企业的继承权就落在了1874年出生的鲁道夫身上。

1900年5月，阿尔贝特·费迪南德·厄特克尔成为君王的商务顾问。企业家们都很重视这个国家级的荣誉，对于整个多伊斯&厄特克尔公司来说，这可是一件大事！夜幕降临，工厂的工人、技师和职员们手持火把，列队成行，在管乐队的伴奏下，穿过花园，来到厄特克尔的别墅前一起庆祝这个辉煌的时刻。克雷费尔德报纸派出了一个记者去报道这场盛会："他们来到别墅的阳台前，经理埃瓦尔德·雨勒曼（Ewald Hülsemann）祝贺商务顾问阿尔贝特·费迪南德·厄特克尔，并特别强调，企业在施夫邦的出现和繁荣要归功于在场所有人的创造力和不懈的努力。"

然而，许多工人看到的却是问题的另一面：他们提出要提高工资，因为，他们的工资远远低于其他行业和下莱茵地区其他纺纱厂的工资水平。那时企业员工的平均日工资为2.14马克，但是，在1897年，750名员工中有63人的工资少于1马克。用这些钱在当时只能买1磅黄油或者12个鸡蛋。

　　许多纺织厂工人是基督教工会联合会的成员，联合会不想再坐视不管，"低廉的工资状况已经开始对下莱茵地区的整个材料工业带来了负面的影响。"但是阿尔贝特·费迪南德·厄特克尔拒绝将工资提高到和其他企业相同的水平，因为，企业之间有差别，工资标准也不会统一。多伊斯&厄特克尔公司工人的平均收入已经足够多，公司坚持认为，"机器丝绸纺织厂对工人们在脑力和体力上的要求很少，几乎没有哪一个工业领域和它一样。"

　　事实上，工人的劳动量是很大的。在多伊斯&厄特克尔公司，一个女工夏天早晨六点就要到达工厂，除去15分钟的早餐时间，她要一直工作到十二点，一个半小时的午休时间之后，再连续工作到晚上七点，算下来，她每天的实际工作时间就达到了11个小时。星期六和节假日前一天的工作时间也要到晚上五点半。14岁至16岁的工人要干满10个小时。工厂里没有食堂，只有茶水间。

　　工厂有严格的管理制度，如果工人犯了错误，或者没有服从管理，阿尔贝特·费迪南德·厄特克尔就会按照规定严格罚款。不仅无故旷工会被罚钱，迟到也会被罚钱。在1900年制定的《多伊斯&厄特克尔公司的工作守则》中人们会发现，"乱入其他车间"，"下班之后在车间逗留"，"没有在规定的场地内更衣、洗漱、梳头发"等，也被纳入违纪的范畴，会受到罚款的处置；没有及时报告机器故障的工人，也会被扣发工资。对于"不遵守上级命令"的员工最高罚金是1马克。

　　基督教工会联合会指责说："对于员工来说，公司对工人阶级的处理方式实在令人不能忍受。"还特别批评了罚钱和扣工资的制度。被阿尔贝特·费迪南德·厄特克尔任命为厂长的埃瓦尔德·雨勒曼因行使着他的权利，也备受争议。在工会的报道中称，对于一些在工作时间之外踏入他人工作区域的女工们，厂长要"罚掉"2马克，但这些钱会用在"穷人"的身上。工会还记录了下列相似的惩罚，"践踏草坪罚25芬尼，没有把所有的土豆都捡回来也要罚50芬尼，工具手柄脱落罚25芬尼，嬉戏老鼠或互相打斗罚25芬尼。"

全体员工都认为，罚款的做法侮辱人格，但是这已改变不了公司的决定，公司用这种方式把罚款收入放到了一个特别的资助账户上，这些钱可以帮助有家室的贫困员工来贴补家用。

在工会的支持下，多伊斯&厄特克尔公司在20世纪的第一年就建立了一个所谓的工人委员会。这个委员会向公司领导递交了一份要求提高工资和结束惩罚的申请书。但是阿尔贝特·费迪南德·厄特克尔拒绝妥协，他甚至都不想承认这个委员会的存在。双方关系很快恶化，1905年5月，在多伊斯&厄特克尔公司内爆发了一次超过三个月的劳动纠纷。根据公司编年纪作者吕根的叙述，它是莱茵地区最大的一次织工罢工，参加罢工的人数已经超过了1000人。

阿尔贝特·费迪南德·厄特克尔虽然和罢工委员会进行谈判，但是他并没有表示要接受工人的要求。1905年7月末，一次大约有600名工人参加的集会在该地进行。在这次大会上，克雷费尔德的工会领袖雅克布·佩施（Jakob Pesch）发表了讲话，他把会议的决议汇报给镇长："与会人员确信，只要公司抱有诚意，那么，双方就能找到一个令人满意的解决方式。"人们要求镇长把这里发生的情况向格拉德巴赫（Gladbach）的县长进行汇报，可是，县长并不想插手此事，因为，他已经得知，这位商务顾问阿尔贝特·费迪南德·厄特克尔是决意不会满足工人的要求的。此外，县办事处的工作人员也认为，工会成员佩施是一位"危险的煽动者，是他唆使施夫邦的工人们参与罢工"。

阿尔贝特·费迪南德·厄特克尔和他的厂长虽然拒绝和基督教纺织业工人协会进行谈判，但是并没有放弃与公司内部的工人委员会协商。他们表示，愿意承认这个组织，并且准备在未来定期召开会议，听取他们的建议和批评。工人的工资最终还是得到了增加，公司在给镇长的汇报中说，"其实他们在工人抗议之前就准备这么做了"。超过14周的罢工终于在1905年8月份结束。施夫邦镇长和县长算了一笔账："罢工导致公司少付给施夫邦镇十万马克的收入，这给乡镇的工商业带来了不可愈合的伤痛。"

然而，阿尔贝特·费迪南德·厄特克尔的生意却如鱼得水。市场对他们的衣服、领带布料的需求在平稳增长，需求最大的是一种名叫绿松石的黑色领带布料。阿尔贝特·费迪南德·厄特克尔决定增加生产设施，1906年，他成功地买下了索林根地区格莱福拉特（Gräfrath bei Solingen）的丝绸纺织厂，随后又接管了另外一家在瓦尔贝克（Walbeck）的工厂。1908年和1909年他先后在瓦赫特顿克（Wachtendonk）和海尔龙根（Herongen）一带又建造了一些小型的工厂。

公司的扩张使他心力交瘁，1909年8月8日的早晨，69

岁的阿尔贝特·费迪南德·厄特克尔的心脏突然停止跳动，他离开了人世。追悼会在厄特克尔家中举行。新教的牧师在悼词中赞美逝者，称他是一个家庭的好父亲，一个公司的开创者，"每当我想起阿尔贝特·费迪南德·厄特克尔，就会想到他在施夫邦的重要性。施夫邦15年来在经济上的繁荣要归功于厄特克尔，归功于他的努力和他对社会的关怀，归功于他对福利事业的热情以及他的雄心壮志。他的离世对我们来说是一个不可弥补的损失。"

阿尔贝特·费迪南德·厄特克尔被葬在了克雷费尔德。施夫邦镇为他准备了一个大型的告别会。在"下海德"别墅中，告别会是在唱诗班的合唱中开始的，然后，他的灵柩由工厂的几位工长抬向一辆汽车。所有的协会成员悉数到齐，人们手举小旗，跟着送行的队伍缓缓前行。花园里和街道的两旁也站满了市民和学生。

阿尔贝特·费迪南德·厄特克尔留下了一家由六个工厂组成的企业，员工总数超过2000人。他去世后，掌握公司命运的是厄特克尔的遗孀米莉·厄特克尔和两个儿子——33岁的鲁道夫·厄特克尔和比他小两岁的弟弟保罗·厄特克尔。

3. "要利用每一个机会去学习"
奥古斯特·厄特克尔（August Oetker）和来自美国的表叔

路易斯·卡尔·厄特克尔和阿尔贝特·费迪南德·厄特克尔在他们企业中各自取得了巨大成功并带来了财富，而在他们的哥哥奥古斯特·阿道夫·厄特克尔家中，走到工厂主这一步则经历了一代人的时间。就企业家的能力和雄心壮志来说，只有儿子奥古斯特·厄特克尔能与他的两个叔叔比肩。

作为十个兄弟姐妹中最大的儿子，奥古斯特·厄特克尔于1862年1月6日出生在下萨克森州奥伯恩基兴(Obernkirchen)的一个村庄。他的父亲奥古斯特·阿道夫·厄特克尔(August Adolph Oetker)是一个身材魁梧、和蔼可亲的男人，他的婚姻也算是攀了高枝，母亲贝尔塔(Bertha)毕竟是卡塞尔(Kassel)一位律师的女儿，而奥古斯特·阿道夫·厄特克尔就是一个面包师而已。他为奥伯恩基兴玻璃厂、采石场和煤矿上的工人们烤面包，过着还算殷实的日子，家里甚至还可以雇个佣人。他们住在市政大厅广场旁一个非常大的桁架结构的房子里。虽然他们不缺钱，但是奥古斯特·厄特克尔的九个兄弟姐妹中有三个很早就死于疾病。

贝尔塔·厄特克尔失去三个孩子的原因并不清楚，难道是她和当时的妇女们一样，没有给婴儿哺乳的原因吗？按照今天的认知，这是当时在德国境内出生的1000个婴儿中有260个不满一岁就死去的主要原因。在乡村，上层的妇女们不想用母乳喂养她们的孩子，她们就用牛奶、粥和糖水来替代母乳。像贝尔塔·厄特克尔一样，妇女们要么在家里做家务，要么就给别人做仆人，终日忙于干活儿，找不到足够的时间照顾孩子。当地的医生在当时还找到了其他原因：大人们哄孩子的时候，经常会给他们吃裸麦粗面包，这种食物小孩子很难消化。可以想象，面包师家也会用这种方法来让哭闹的孩子们安静下来。

但是，奥古斯特·阿道夫·厄特克尔的孩子也有可能是由于感染，或因瘟疫的流行而失去生命的。在那个时代，还没有用来治疗天花、猩红热、麻疹和白喉的药物，也没有有效的制剂来控制伤寒和当时称为肺痨的肺结核。如果孩子生病了，大部分父母不会去请医生。在明登市1877年的一篇报道中，写到一位医生批评当地居民的这种陋习，"在大多数情况下威斯特法伦的农民和家属在生病时都不会及时地去寻求医生的帮助。只有当家庭成员或者亲戚病情严重危及生命时，他们才勉强带去看医生，对那些不能自述病状的小孩子，人们仅依赖一些毫无科学道理的偏方和迷信的顺势疗法，然后就听天由命了。"

就像大多数父母一样，面包师厄特克尔夫妇平静地接受了失去孩子的现实，认为这是命运的安排。在那个时代，孩子因病而死似乎成了家常便饭，尽管人们也痛苦，也会去抱怨，但生活还要继续，父母们都这样安慰自己："亲爱的主和我们同在。"

作为哥哥是怎样看待失去兄弟姐妹这件事呢？奥古斯特·厄特克尔是一个喜欢研究和思索的男孩，他求知欲很强，有积极的上进心，家里的不幸成了他学习的动力，他从此有了一个信念，而且还乐于与他人分享："为了学习，要去利用每个机会。"

起初，奥古斯特·厄特克尔在奥伯恩基兴的市立中学上学，之后转到了属于绍姆堡-利珀领地的博克伯克（Bückeburg）高级中学，博克伯克的学费比较低。这位面包师的儿子成为著名的阿道费努姆斯（Adolfinums）学校的一名学生。这时，摆在奥古斯特·厄特克尔和他家庭面前的一个问题是，奥古斯特·厄特克尔的未来之路应该怎么走？哪一个领域能让他去证明自己？奥古斯特·厄特克尔选择了药剂师这一职业，他想知道医药的作用，他想了解制作医药的方法。在中学里，他就喜欢学习化学，也许对化学的兴趣起到了决定性的作用；也许是兄弟姐妹的夭折触动了他，他可能问过自己，是否能够用正确的药物去帮助他们呢？

这位面包师的儿子本来还可以选择其他的职业道路：作为大儿子的奥古斯特·厄特克尔可以继承父亲的面包店，他也可以在叔叔路易斯·卡尔·厄特克尔那里接受培训。路易斯·卡尔·厄特克尔一直想收养这个侄子。奥古斯特·厄特克尔和他的另外一个叔叔，克雷费尔德的丝绸工厂主阿尔贝特·费迪南德·厄特克尔的关系也非常亲密。

但是还有另外一个人在他的学生阶段起到了重要的作用，这个人就是他在美国的表叔路易斯（Louis）。他在奥古斯特·厄特克尔的人生道路上产生了极大的影响，有记载说，正是这个至关重要的亲戚把后来成为企业家的奥古斯特·厄特克尔带入了一个全新的世界。

这位在美国的表叔到底是谁呢？准确地说，是奥古斯特·厄特克尔父亲的一个表兄弟路易斯·多梅（Louis Dohme）。他的母亲和多梅的母亲是姐妹。路易斯·多梅也是奥伯恩基兴人，1837年出生，在七个孩子中，他排行老大。他的父亲卡尔·多梅（Carl Dohme）是个采石工，拥有一家自己的采石场，专门开采棕色沙石，这种美观的材料被卖到美国，在美国马里兰州（Maryland）巴尔的摩地区（Baltimore），人们曾用这种石料装饰了一个教堂、一个海关和两个银行。

　　直到奥伯恩基兴采石场不能再开采出沙石了，卡尔·多梅决定要开始一种全新的生活，他和家人移民到了美国。1852年，路易斯·多梅和家人一起登上了不莱梅开往巴尔的摩的客轮，此次远航需要几个星期的时间，那一年他15岁。

　　多梅家族是当时德国移民美国浪潮的一部分，由于国力不足，民生难保，很多德国人想去美国寻找幸运。从1850年到1870年，大约有两百万人移居美国，他们是没有田地的农民后代，或手工业者和商人。所有人都把对美好未来的希望押在了这张船票上。这段时间，美国也在增加人口，扩大地盘，白人从东部向西部移民，为驱逐印第安人，多次爆发了血腥的杀戮。1827年，第一条从巴尔的摩通向西部的铁路建成，因此，很多移民就把这个城市视为一个过站，但对于多梅却不是，他们在到达之后就定居在东海岸边，成了马里兰州的常住居民。

　　采石工多梅在巴尔的摩开了一家食品杂货店，但是，他的大儿子路易斯却当了药剂师，25年之后，奥古斯特·厄特克尔在德国也是这样效仿他的。

　　多梅当药剂师的时间没过多久，他的师傅阿费尤斯·菲尼亚斯·夏普（Alpheus Phineas Sharp）很快就发现他是一个聪明的年轻人，于是决定资助他继续深造。之后，多梅就参加了巴尔的摩制药学高等学校药学助理的录取考试。学成之后，他就在华盛顿的D. C. 药店开始工作。后来，在夏普的建议下，他入股一家合伙投资的公司，所以路易斯·多梅没过多久就返回了巴尔的摩。1860年两个男人共同创建了一家生产药剂的公司"夏普&多梅"（Scharp&Dohme）。

后来的事实证明，公司的建立恰逢其时，因为，在这一年亚伯立罕·林肯（Abraham Lincoln）当选美国总统。他在任职期间，美国内战爆发，这也促进了制药业开发新药的进程。

美国南部的11个州退出了联盟，并建立了美利坚联盟国（die Konföderierten Staaten）。1861年，联盟国和北部地区不能接受联邦军的分裂而开始打仗，各类药品成了军队的急需品，于是药品成批量地在工厂里生产。E. R. 施贵宝&桑斯（E. R. Aquibb&Sons）这样的企业也在大批量生产药粉和药片，以供应北部的国家军队。夏普&多梅公司也向联盟军队提供药物。就这样，一个新型的工业领域在战争的阴影中产生。

美国内战打响之后，市场对药品的需求进一步增大。许多美国公民在他们生病的时候，宁愿服药，也不愿花大价钱去看医生。药店和药品随处可见，可许多药剂都没有名称，大部分是用水、酒精和药粉配制而成，药品的卫生状况堪忧，在包装上也没有说明药品的成分。对于一个像夏普&多梅这样的药品公司来说，这无疑是个良机：谁能在这个市场上卖好货，卖真货，谁就能获得顾客的信任。于是，厄普约翰（Upjohn）、艾力·利来（Eli Lilly）、夏普&多梅等医药公司纷纷寻求新的方法，迅速占领市场。他们在报纸上刊登广告，力争在全国范围内打响自己的名字。他们介绍自己的系列产品，为顾客提出指导建议，并公布厂家的检验报告。

公司的发展日新月异，以至于让路易斯·多梅能够经常乘船回到德国，在他晚年的时候，他几乎每一年夏天都会故地重游。

在一次回乡的时候，他认识了表哥奥古斯特·阿道夫·厄特克尔的儿子。那时，在高级中学就读的奥古斯特·厄特克尔已搬到了博克伯克磨坊师傅家里居住，这位师傅恰好也姓多梅，显而易见，他是移民到美国的路易斯·多梅的亲戚。对奥古斯特·厄特克尔第一次遇见多梅的具体时间，人们没有找到文字记载。但有迹象表明，这位成功的制药企业家给当初还是中学生的奥古斯特·厄特克尔提出了建议，让他去当药剂师。

路易斯·多梅非常喜欢天赋异禀的奥古斯特·厄特克尔。他自己没有结婚，也没有孩子，多梅试图劝说奥古斯特·厄特克尔迁居美国，这对于奥古斯特·厄特克尔来说，是一个极具吸引力的建议，他看到了一个巨大的机会。可是，当他和父母讨论这个计划时，他感觉到了母亲的伤心，因为，他这一走，母子只能每年才见上一面。为了不让母亲伤心，奥古斯特·厄特克尔放弃了赴美的计划。

1878年，16岁的奥古斯特·厄特克尔中学毕业了。他立即来到在纽姆堡-利珀领地的第二个城市施塔特哈根（Stadthagen），在一个药剂师那里开始学徒。他在拉茨药店的恩斯特·珀拉克布什博士（Dr. Ernst Brackenbusch）那里学习了三年半。奥古斯特·厄特克尔每天徒步从家里到药店的往返路程是16公里。

在奥古斯特·厄特克尔学当药剂师的时代，德国大部分的药品是手工制造的。奥古斯特·厄特克尔学会使用刀切、捣碎、筛选的工具，了解用来配置成药的化学药剂，并学习怎样将其在实验室中制成药品。他掌握了研碎原料、搭配药末、调制药剂的技术。药剂师不能随意在药剂中添加其他成分，对所有的配方都有明确的规定。有一个由医生和药剂师组成的委员会，将所有的药方拟定成书，供每个德意志帝国的药剂师严格遵守。

奥古斯特•厄特克尔在施塔特哈根当学徒的拉茨药店有一位顾客，威廉•布什（Wilhelm Busch）。这位诗人和画家的故乡在施塔特哈根的维登萨尔，他在杜塞尔多夫、安特卫普和慕尼黑的学校工作了多年之后返回故居。奥古斯特•厄特克尔的祖先也曾在维登萨尔村生活过，有文献记载，他叫欣里希•厄特克尔（Hinrich Oteker），1557年时是那里的一位教堂司事。有人还说，施塔特哈根药店中的学徒奥古斯特•厄特克尔就是威廉•布什画作《助理药剂师米克菲特》（*Aptekerei-Proviser Mickefett*）中的原型，但这一说法无从考证。但是在布什的作品《表》的画面中，他让米克菲特手拿一块怀表，并说，"它是海外教父的赠予。" 奥古斯特•厄特克尔从路易斯•多梅那里曾获赠怀表的可能性完全存在，因为，多梅曾送给他的弟弟查尔斯一块特别珍贵的怀表。

1881年9月，奥古斯特•厄特克尔参加了药剂师的助手考试，并以高分通过。1882年他搬到了奥芬巴赫的兰根（Langen bei Offenbach），他在这里的明希药店（Münch）工作了一段时间。厄特克尔还在哪些地方作为助手实习，这一点无从知晓。据猜测，他在1884年到过哈瑙的W. 贺利士（W. Heraeus）。这个公司专门为药店和实验室生产仪器设备。化学家和药剂师威廉•卡尔•贺利士

(Wilhelm Carl Heraeus)在1856年首次成功将白金在氢氧焰中熔化，后来，奥古斯特·厄特克尔曾来试验室参观。

在哈瑙，奥古斯特·厄特克尔租住在寡妇尤丽叶·雅各比(Julie Jacobi)的房子里。尤丽叶是一个做纺织品生意的富人，她有一个名叫卡洛琳娜(Caroline)的女儿，厄特克尔对卡洛琳娜印象深刻，两个年轻人互有好感，并成为朋友。为了能留在卡洛琳娜的身边，奥古斯特·厄特克尔在结束了一年的兵役后，便离开了军队，他本来是可以继续留在军队里当预备役军官的，如果那样，他的社会地位会更高。

奥古斯特·厄特克尔学习制药的时代，药学还处在初级阶段，只有少量的大学教授在专门研究这个领域。但是，针对药剂师的资格却有了严格的考试条规。根据规定，这个专业至少要有三个学期的大学学习过程。所以，奥古斯特·厄特克尔选择了柏林大学，他注册的是理科专业。

在19世纪80年代，没有哪一个地方可以比柏林给奥古斯特·厄特克尔留下的印象更加深刻。柏林以强势的姿态，成为工业化的开路先锋。越来越多的人从乡村搬到了城市，柏林成为拥有150万人的大城市。从城市的中心又延伸出好几个卫星城，政府在这里为来自西里西亚(Schlesien)和东普鲁士(Ostpreußen)的工人盖起了很多廉租房。小工厂转变成了生产铁、钢、化工品、机械设备的大工厂。鳞次栉比的新工厂在城市以东拔地而起，奥古斯特·厄特克尔成了它们的见证人。柏林变成了欧洲大陆上最大的工业中心，人口的稠密度在当时也没有任何一个城市能与之相比。

社会在发生改变。上层阶级的人们依旧过着奢华的生活，当然，工人的境况也有所改善。社会阶级的分布变得尤为复杂，除了贵族阶层之外，出现了新的工业主和金融管理人员。在快速发展的企业中出现了新的职位，由一般工人到车间领班再到工程师，这个时代的机会让人们眼花缭乱。有钱人为了追求利益而奔向交易所，做起了投机买卖。金钱和财富变成了一个人的标志，当然，人们依旧很重视教育，上过高等学校的人一直享有很高的声望。

四个学期之后，奥古斯特·厄特克尔以"优秀"的成绩通过了国家考试。他得到了药剂师的开业许可，然而他却有了更高的追求，他决定继续学习，在弗莱堡大学注册，并开始撰写博士论文。这位25岁的年轻人并没有选择药学和化学作为研究课题，求知的欲望让他转向了植物学。最后，他以博士论文《下属植物科目中的花粉有不同的特点吗？》通过了博士答辩。

奥古斯特·厄特克尔在1888年获得了博士学位。这一年以"三皇之年"为标致，被写入了德国的历史。三月份，年近91岁的皇帝威廉一世（Kaiser Wilhelm I.）去世，等待继位多年的儿子弗里德里希三世（Friedrich III.），已经年过56岁。激进的市民阶层早就把希望寄托在这位崇尚自由主义思想的男人身上。弗里德里希皇帝有一个特别聪明的妻子，英国公主维多利亚（Viktoria）。和她同名的母亲是大不列颠及爱尔兰联合王国的女王和印度女皇。这对夫妇早就对普鲁士的军事传统和总理奥拓·冯·俾斯麦（Otto von Bismark）心怀不满，他们一直在谋划，按照英国的议会制模式推动改革，从而实现一个自由的德意志帝国。

可是，就在弗里德里希接管权力时，他已罹患绝症，喉癌让他无法开口说话。他只能在病榻上手书指令。1888年6月15日，在登基99天之后，弗里德里希溘然长逝。

至此，他的儿子，29岁的威廉二世（Wilhelm Ⅱ.）顺理成章地登上了皇位。他与父亲的想法完全不同，由此可见，他和父母关系是怎样的交恶。有些人甚至声称，威廉二世曾经因为父母的指责而憎恨他们。相反，他的祖父却对年轻的威廉喜爱有加，同时也很尊敬他的顾问——帝国总理奥拓·冯·俾斯麦。年轻的皇帝独断专行，喜欢奢华，所有与军事相关的内容都会让他兴奋不已。他聪明过人，但有时会高估自己的能力，他始终认为，自己才是掌握皇权的不二人选，决意按照自己的意志去治理国家。

4. "我要尝试做一些特别的事情"
一位雄心勃勃的药剂师

企业家奥古斯特·厄特克尔的事业是从一次破产开始的。这位学有所成的药剂师在获得博士学位之后从弗莱堡迁回柏林。当时这个城市对于所有的外乡人来说充满魔力。奥古斯特·厄特克尔入股了一家柏林的公司，这家公司出售药店和化学工厂所需要的设备。他和两个合伙人勇敢地迈出了独自创业的第一步。

此间，奥古斯特·厄特克尔和在哈瑙当实习生时认识的卡洛琳娜早已生活在一起。当这一对新人1889年3月20日在家乡步入婚礼的殿堂时，新娘已经有孕在身，同年11月他们的儿子在夏洛腾堡（Charlottenburg）出生，取名为鲁道夫（Rudolf）。

当时的夏洛腾堡还不属于柏林。奥古斯特·厄特克尔一家住在一个地段不错的街区。这个大都市的西部是个富人区，这里住着军官和高级官员，另外也有一些艺术家和教授。奥古斯特·厄特克尔的家庭生活幸福美满，可他的生意却没多大的起色，企业几乎不见盈利，而且这些利润对于养活三个合伙人以及他们的家人来说实在是杯水车薪。

在这种状况下，奥古斯特·厄特克尔再次想起了他原本的职业。他从报纸上刊登的一则广告上得知，有一家比勒费尔德的药店正在出售。于是，他乘坐火车来到了这个在威斯特法伦东部的城市，考察了位于老城尼古莱教堂对面尼德尔3号大街里的阿少夫舍药店（Aschoffsche Apotheke）。虽然这里的设备比较陈旧，与他作为专业人员的设想有些距离，但是，这些还是可以改变的。

奥古斯特·厄特克尔和药店老板，一个名叫萨尔的男人谈妥了收购药店的价钱，关于价钱的数额，并没有找到文献的记载。无论多少，对于一个没有拥有巨大遗产的收购商来说，这肯定是一个了不起的投资，其中的部分资金，是奥古斯特·厄特克尔从他富有的岳母那里得到的，而另外一部分是银行的抵押贷款。

1891年1月，奥古斯特·厄特克尔博士终于成为比勒费尔德药店的主人，当月的12号他获得了官方的营业许可。两周之后，《比勒费尔德日报》发布了这个药店前任主人出售店铺的声明。奥古斯特·厄特克尔也在这家报纸登了广告，他宣布："我的目标就是为光临我的药店，并给予我们最大信任的顾客提供最好的服务。"

　　也许奥古斯特·厄特克尔从一开始就不想用常规的传统方法去生产和销售药品，也许他始终就想建立一个工厂，就像美国的路易斯·多梅，抑或克雷费尔德的两个叔叔路易斯·卡尔·厄特克尔和阿尔贝特·费迪南德·厄特克尔那样，在这个家族中已经有了几个企业家做榜样。药店对于奥古斯特·厄特克尔来说只是一个中转站，多梅和贺利士就是这么走过来的。奥古斯特·厄特克尔在哈瑙当实习生时就说过："我的第一个目标是获得一个药店，如果我已经达到了这个目标，就要尝试一些不同的事情。"

　　奥古斯特·厄特克尔到达比勒费尔德之后，他开始了让药店现代化的进程。他用新机器和设备来装备实验室，奥古斯特·厄特克尔说："在德国只能找到少数几个这样的药店。"随后，他马上开始准备被他称之为"特别产品"的新药剂。保健可可粉、护脚霜、药酒是他在药店里销售的第一批产品。然而，药店老店主用矿泉水配制覆盆子果汁，然后制成果冻糖的生意却被他保留了下来，他还卖含有酒精的饮料。

　　奥古斯特·厄特克尔来比勒费尔德之前，这个城市和阿少夫舍镇的45,000个居民共有四个药剂师。当他作为第五位药剂师获得营业许可时，这引起了其他药剂师的不满，他们纷纷到普鲁士相关部门提意见。奥古斯特·厄特克尔因为负债在身，原以为生意会很不好做，可是，他却成了这个城市中生意最好的药剂师。有一封当时的公函可以证明这一点，"厄特克尔药剂师能够在其他药剂师收益亏损的情况下，提高自己的销售额。" 奥古斯特·厄特克尔和他的同事们又一次担心会遭到同行们的抵制，可那四位药剂师却没有拧成一股绳，一致对付他。奥古斯特·厄特克尔深知，这些人是他躲不开的竞争者，所以也不喜欢和他们打交道。在13年中，他只参加过一次明登-哈登贝尔格（Minden-Ravensberg）药剂师协会的聚会活动。

第一次发酵粉的实验是奥古斯特·厄特克尔博士在药店的后室完成的。年轻的时候，他就经常来到父亲的面包房，所以，对烤面包的工艺他非常熟悉。他知道，烤面包所需要的面团必须松软，如果在面粉中只加水，那么，面团就会很硬。为了使面团松软，人们可以在面团中加入面肥或者酵母，让面团发起来。但是这个方法却非常麻烦，原理是这样的：面包在烘烤的过程中，会散发气体。在19世纪中期，英国人就已经想到在面团中添加能产生二氧化碳的物质，而早在奥古斯特·厄特克尔出生的几十年之前，德国也已经有化学家尤斯图斯·冯·利比希（Justus von Liebig）在研究这种物质。这位善于研究的男爵先前在吉森（Gießen），之后在慕尼黑的大学教学。他研究过英国人的方法，最终写出了自己的配方。但是，这种配方的持久性很低，使用起来也很麻烦。

生产发酵粉的工业先锋是英国和美国的工厂主。一位在吉森的化学家利比希（Liebig）那里学习过两年的年轻美国人——埃本·诺顿·霍斯福德（Eben Norton Horsford）在其中发挥了至关重要的作用。1846年他回到美国之后在哈佛大学任教，同时也在搞研究。他的德国老师利比希除了发明化学肥料之外还发明了浓缩肉汁。霍斯福德和他的老师一样，也在做着改善人类日常生活的工作。他成功研制出了一种发酵粉，这种发酵粉本质上是由碳酸氢钠组成，并和酒酸混合。于是，他在短短几年之内就成为百万富翁。因为他的发明源于利比希的研究成果，所以他向老师支付了一笔技术使用费。

路易斯·多梅告诉他的德国亲戚奥古斯特·厄特克尔，美国主妇们对这个产品需求很大。厄特克尔在多年之后说，他正是从多梅的信息中，获得了要生产发酵粉的动力，虽然多梅当时只是说者无意。1987年，在美国生活的侄孙女弗兰西丝·多梅·科克（Frances Dohme Cockey）撰写多梅公司年记，她简短写到了他的叔爷和同样参股医药公司夏普&多梅的祖父查尔斯（Charles）："路易斯和查尔斯将配方寄给了他们在西德生活的亲戚罗伯特·厄特克尔（Robert Oetker）。所以这使厄特克尔家族成为德国最富有的家族之一。"

作者并没有写出她是从哪里得知这些事情的，也许是家族的口口相传，让她记住了这件事情。她所说的配方的接收者罗伯特·厄特克尔是比勒费尔德药房店主奥古斯特·厄特克尔的堂弟，也是多梅的教子。罗伯特·厄特克尔和美国亲戚的关系要比和奥古斯特的关系更近一些，他在1890年前后曾到美国探亲。

罗伯特·厄特克尔比他在比勒费尔德的堂兄奥古斯特小六岁。他从事的具体职业到底是什么并没有记载。配方是罗伯特转交给奥古斯特的，这一说法似乎顺理成章，但是也有可能是弗兰西丝·多梅·科克将德国亲戚混淆了，实际上她所指的配方接收人就是奥古斯特。然而，在厄特克尔公司的大事记中，讲述的完全是另外一个故事：年轻的药剂师奥古斯特·厄特克尔一直在秘密地进行研制发酵粉的实验。他没有利用现代化的实验室设备，而是在一个四平方米的偏房里埋头苦干。公司的大事记中是这样写的："博士在做研制发酵粉的实验时，就一头钻进被家里人笑称为'秘密工厂'的小房间中。他不想公开自己的秘密，正是由于这个原因，他在第一次尝试时没有得到任何帮助，而是独立完成了所有的过程。他的妻子是唯一一个可以进入这个'与世隔绝'空间的人。"

这个故事听起来有些费解。事实上，奥古斯特·厄特克尔并不是让面粉发酵的开创者。当他接管药店时，家庭主妇们就已经可以在比勒费尔德的食品杂货店里买到产自美国的面团膨松剂。如果厄特克尔的产品不是美国产品的复制品，那么为什么厄特克尔在研制产品时没有使用他药店里的实验室呢？由此可见，那些闭门搞科研的故事都是虚构的，公司要在开业伊始，给人留下这样一个印象：奥古斯特·厄特克尔是一名学者。

奥古斯特·厄特克尔肯定不是一个纯粹的学者，1981年，塞斯拉瓦·萨维奇（Ceslaw Sawicki）在一个比勒费尔德大学的研究工作汇报中谈及此事，"对于研制发酵粉而言，奥古斯特·厄特克尔的功绩微乎其微，此项发明在科学研究和创新领域都算不上成功之举。甚至他申报的发酵粉专利（以及生产程序的专利）在很短的时间内就失效了，而且也从来没有在工厂的生产中投入使用。"

厄特克尔家族完全没有受到上述言论的影响。2002年，厄特克尔博士公司展出了配方收藏品，在展览的前言中写道："所有的一切都始于1891年的一个小屋子，年轻的药剂师奥古斯特·厄特克尔博士通宵达旦地埋头于天秤、研钵和不同的粉剂中。通过锲而不舍的研究，他终于研制出彻底改变了烘焙的材料：发酵粉巴克因，并得出每斤面粉所需要的准确用量。"

如果情况属实，奥古斯特·厄特克尔的试验肯定是在不被外人看到的情况下进行的，因为没有任何文件对此有过记载，也没有任何一个配方被人发现过。多年后厄特克尔出版了企业的发展史，该书的作者也不得不说："我们也不知道，奥古斯特·厄特克尔在1891年宣告发酵粉的试验成功，并将其投放市场之前，究竟做了多少次尝试。对1891年发酵粉的配制成分也鲜有人知，因为没有人被允许走进他工作的地方。"

相反，在比勒费尔德奥伯恩大街面包房中的试验却是公开的。药剂师奥古斯特·厄特克尔和面包师米勒商量好进行合作。通过试验来检验发酵粉效能，这让奥古斯特·厄特克尔兴趣盎然。每天下午三点到五点钟之间，他都拎一个装有几包粉末的袋子，徒步赶往面包房。在奥古斯特·厄特克尔的监督下，由面包师或者助手将一斤面粉和纸包中的东西搅拌起来，并将其烘烤成方块状的小薄饼。他一直等到小薄饼冷却下来，和面包师一起品尝之后，才离开面包房。第一批系列试验持续了好几个星期，之后，试验停止了半年时间。据猜测，在这段时间里，奥古斯特·厄特克尔很可能在做口味添加剂的试验。不久之后，他的试验重点转到了蛋糕上面。

在奥古斯特·厄特克尔到达比勒费尔德的第一年，他就已经开始出售发酵粉。他为自己的发酵粉做广告："我的发酵粉原料是最好的，完全不含有害物质，但效果却是一样的好，它是重视质量的家庭主妇们的首选。因为低廉的价格，你们每个人都用得起！"

事实上，10芬尼的单价与当时的购买力相比是非常高的。奥古斯特·厄特克尔的成功之处在于，他让顾客感觉到，发酵粉是通过严谨的程序生产出来的，就像药品一样科学，而且还没有副作用。

消息很快在比勒费尔德的家庭主妇中间传播开来。一个大博士居然解决了家庭主妇们的小问题！厄特克尔就是要给大众留下这样的印象，这就是他的初衷：厄特克尔从一开始出售的就不是普通的助剂，而是健康和品质！这其中蕴含着巧妙的广告心理学，在今天，这些都算不上什么技巧，也早已被人忽视，因为，从那时起就开始采用的方法早已被人用滥了。对于奥古斯特·厄特克尔这位年轻的企业家来说，技巧的背后是他敢为人先的大作为。他既不是天才的研究者，也不是专门的食品化学家，他是天才的市场推销者。为了宣传他的产品，他不惜向顾客分发免费的样品。

除此之外，这位性格细腻的药剂师在第一次出售时就给他的女顾客免费讲解知识。他写了两种烘焙方子，一种是针对奶油圆蛋糕的，另外一种是关于酥松蛋糕的。他讲解的目的是让这些家庭主妇在烘焙蛋糕时用大量的油、糖和配料，这样，发酵粉的怪味就能被掩盖过去。

刚开始时，奥古斯特·厄特克尔按照美国的模式出售发酵粉，以250克为一罐，用罐的盖子作一斤面所使用发酵粉的量具。不久之后，厄特克尔想出了另一个方法，他将产品装进小的纸袋中，这样的小包装有很多优点：其一，商贩不必给买少量发酵粉的顾客称重；其二，少量包装也简化了家庭主妇们的操作程序，蛋糕烘焙的成功率会因此提高。这样做的结果提高了顾客的满意度。在白色小袋子上用黑色的字写着20克，这是一个绝妙的卖点！因为，少量包装的价格会让顾客感觉到价格的低廉。但对卖主来说却意味着高额的利润。

药剂师以他的名字"厄特克尔博士"来销售他的发酵粉。通过这种方式，他把自己享有盛誉的学术地位也用到了商业广告上。这是机智的一招。汉斯-格尔德·康拉德（Hans-Gerd Conrad）在他关于"厄特克尔博士广告"的博士论文中写道："在19世纪，这个令人敬畏和信任的头衔被他用来作为产品的销售手段，因为他知道，在人们的印象中，一个受过教育的科学家是不会骗人的。"可人们哪里知道，药剂师奥古斯特·厄特克尔得到的却是植物学博士学位。

奥古斯特·厄特克尔也并不像在公司编年纪中描写的那样具有创新力。那些销售方法在很早之前就已经被使用过。利比希的学生，哈佛大学的教授霍斯福德在1854年就已经和一个生意伙伴在美国建立了生产新型发酵粉的工厂。他们销售的商标就是"霍斯福德教授的含磷酸盐发酵粉"。这个商标名字可能对厄特克尔博士是一个启发。奥古斯特·厄特克尔知道美国发酵粉商标这件事也是经过证实的。除了路易斯·多梅向厄特克尔提供实时信息以外，厄特克尔自己也能从英国和美国的报纸中获取到那里的消息，正是这些资讯给了他做广告宣传的启发。

当奥古斯特·厄特克尔在1891年开始将他的发酵粉出

售给比勒费尔德的家庭主妇时，他并不是在德国卖此产品的第一人。家庭主妇们早已购买从英国和美国进口的产品。但是厄特克尔博士的产品用质量说服了顾客。此后的销售量一直非常好，以至于奥古斯特·厄特克尔开始雇佣帮手。在药房院子中的另一座楼里，工人们将他提供的原料按照书面说明混合在一起。

阿少夫舍药店良好的销售业绩使得它的竞争者们坐不住了，一位老职员向公司编年纪作者描述了当时的情况：有陌生人趁午餐的当口，来到公司，等待着店主离开店铺的那一刻，然后，他们进入了药店的发酵粉混合室，并向员工许诺，如果他们能说出发酵粉的配方，这些人就会得到相应的报酬。但是，来人的举动并没有得逞。

奥古斯特·厄特克尔为他的小包装发酵粉定期举办营销活动。据他妻子后来的回忆，发酵粉的所有盈利又被投入到了报纸广告上。身为药剂师的奥古斯特·厄特克尔很善于为自己做宣传，例如，他把各种建议总结汇编成了一本《病人年鉴》（*Almanach für Kranke*），然后在当地的报纸上登广告，对此广做宣传。他把所有的宣传建议和在他药店中出售的产品的宣传结合起来，比如矿泉水。

1893年5月在《比勒费尔德日报》上刊登了这样一则广告："用阿少夫舍发酵粉烘烤出了易消化的健康饼干，请参见《病人年鉴》第120页。"又过了几个月，药剂师奥古斯特·厄特克尔首次在圣诞节前发布了由配方组成的广告：奶油蛋糕的制作方法："将10芬尼的发酵粉撒在搅拌过的面粉中，然后将面团装到一个用黄油刷过的模子里。"

　　不久之后，奥古斯特·厄特克尔想以自己的名义出版一本食谱。1895年他出版了《厄特克尔博士烹饪基础教程》，里面包含了烹饪方法和生活小窍门，还有"男人酗酒是导致败家的原因"等类似教条的言语。他用印刷品的目的也是让读者顾客和企业紧密地联系在一起。

　　奥古斯特·厄特克尔的发酵粉销售量在快速增长。没过多久，他认为有必要购置一台搅拌机。这个搅拌机应该能容纳50公斤原料，用手来推动。一个工人经过店主的指导很快就能使用这台机器了。此间，奥古斯特·厄特克尔不再通过自己的药店去销售发酵粉，而是通过周围的其他商贩。1894年他通过邮局给在威斯特法伦的赫尔福德（Herford）、居特斯洛（Gütersloh）、哈勒（Halle）、代特莫尔特（Detmold）、萨尔茨乌夫伦（Salzuflen）、拉格（Lage）、莱姆戈（Lemgo）、豪恩（Horn）、奥斯纳布吕克（Osnabrück）、布约德（Bünde）的食品杂货商店提供发酵粉。明斯特（Münster）的杂货店老板是奥古斯特·厄特克尔的第一个顾客，奥古斯特·厄特克尔用火车将箱装的发酵粉给他发过去。厄特克尔家乡对发酵粉的需求也在增大，于是，他开始给整个比勒费尔德地区的商贩供货。

　　在销售发酵粉的初级阶段，奥古斯特·厄特克尔的妻子，甚至他在尼德恩大街居住的岳母都帮助他包装发酵粉。直到1898年，厄特克尔在他的药店中雇用了七个全职女工来干这个工作。她们用碟子从圆木桶中舀出粉末，在碟子边缘安装上一个横拉杆。姑娘们用勺子把粉末从碟子中取出来，让装满粉末的勺子从横拉杆下过一下，然后每个勺子里粉末的数量都是一致和准确的。在奥古斯特·厄特克尔的要求下，纸袋在封口之前需要再次称重，以确保纸袋的净重量精确到20克。这些灌装女工们每天要工作10个小时，但是工作12或者14小时的情况也常有，每个人至少每天完成2000袋的工作量。这些年轻的女工每个月挣大约50马克，这些钱恰好是每人每天在药店买20小袋发酵粉的价钱。

奥古斯特·厄特克尔在作为药剂师期间还让人在包装上印上了容易记住的商标：黑色基底上有一个女士的头像。这个标记是否为奥古斯特·厄特克尔自己的创意，还存有争议。"明亮的头像"作为阿少夫舍药店的商标于1899年12月在柏林的专利局注册登记。就在当月，《汉恩广告》上还登了这样一则广告："这个明亮的头像仅供厄特克尔博士的10芬尼一包的发酵粉使用，因为它是最好的。"

在19世纪末的那些年里，厄特克尔药店里的助手们每天需要打包30个包裹，10至12个箱子，这些包裹和箱子通过火车运给杂货店的老板。奥古斯特·厄特克尔为了让人们关注他的产品，尝试了所有的方法。柏林是最重要的市场，他在一个烹饪技术展览会上，展示了用自己的发酵粉烘烤出来的多种蛋糕，并荣获奖项。甚至皇帝的母亲让展览会讲解员专门解释厄特克尔发酵粉的优点所在。两年之后，厄特克尔在汉堡的一个烹饪展览会上摘得了金牌，随即他就在一家报纸的广告上发布了消息，说自己的发酵粉在一个同类商品的检测赛中获得胜利。奥古斯特·厄特克尔深知生意场上广告宣传的作用之大，他每天苦思冥想的事情就是让自己的产品出名。一位他曾经的员工说过：

"广告就是他的梦想。"

这位雄心勃勃的药剂师在当时还卖其他商品。他销售一种用来腌制的山梨酸，这种制剂是在水杨酸的基础上制成的。他还将玉米淀粉推向市场，用它可以让酱汁变得黏稠，这种淀粉也当作婴儿的食品。这个产品的名称使用了他自己名字中的部分音节"古斯汀（Gustin）"，他这样做是为了给顾客留下深刻的印象，就像人们又听到了熟悉的发酵粉"巴克因（Backin）"的名字一样。

奥古斯特·厄特克尔配制出布丁粉的时间是在1894年，甚至更早一些。一个用折叠盒包装的四人份布丁粉的价格为10芬尼。像发酵粉一样，在配制布丁粉时，他审时度势，及时调查了市场上现有布丁粉的缺陷，然后有针对性地研制出自己的配方。对他来说，他的布丁粉最重要的特性是确保家庭主妇们在制作布丁时少犯错误。

5. "浪费时间就是毁灭生命"
奥古斯特·厄特克尔和他的发酵粉工厂

"一个好的创意就足够成就一个男人。"这句话是奥古斯特·厄特克尔人生信条之一，在他身上得到了应验。在19世纪快要结束时，这位药剂师成了一个有作为的男人。快到40岁时，他用机智和勇敢做成了效益不错的生意。奥古斯特·厄特克尔对自己生意上的成功，得意之情溢于言表，毫无掩饰，他想让每个人都知道，他公司的东西都是最好的。他让人在报纸的广告栏中刊登公司给包装袋供货商的信函，供货商回信给奥古斯特·厄特克尔确认，目前他们已经提供了1000万个包装袋。这样的信息被奥古斯特·厄特克尔巧妙地用在了广告上："我利用这个机会并非赞美自己的产品，是要强调一个事实，那就是——我的发酵粉在家庭主妇那里大受欢迎。"

发酵粉的需求量到达了一个可观的数额。药店的配方在许多家庭都发挥了作用。到1900年，厄特克尔《烹饪术的基础》一书就赠送了20万册，而且他还委托许多女作者撰写了大量关于布丁、牛奶粥、淀粉的小册子。

厄特克尔在不到十年的时间里就变得富有起来，以至于他能够在比勒费尔德的约翰尼斯堡（Johannisberg）建立一栋别墅。厄特克尔搬家以后，药店里生产布丁粉的房间空闲下来，厄特克尔也不再做药店的领导，他已经把自己视为一个工厂主，一个可以用工业化手段进行大批量生产的生产商。

现在缺少的只有厂房。奥古斯特·厄特克尔在比勒费尔德卢特尔大街购置了一块地皮。除了附近的一个男装工厂和一条自行车道，其他场地还都未被占用。厄特克尔委托一个建筑师设计了一个新的厂房，1899年夏天，他同意了这个建筑方案，决定建造一个用红砖砌成的厂房。几个月之后的1900年5月15日，生产发酵粉的全体职工从药店的房子搬到新工厂里。这对于奥古斯特·厄特克尔和他的职工来说可谓一件大事，因为这意味着，在新的世纪里就要开始新的篇章。

此前，厄特克尔博士的发酵粉生产几乎是家庭式生产，所以，搬家的时候，每个家庭成员都出来帮忙。一位女工在之后回忆道，就连奥古斯特·厄特克尔本人也爬上梯子整理东西。老板还发给每个出力的女工两套工作服，送每个男工一瓶酒，以表达他的感谢之情。

奥古斯特·厄特克尔博士的第一个工厂有三层楼，共1800平方米的使用面积。实验室和实验厨房被安置在底层，紧接后面的是放搅拌机的大厅。第一层是能容纳75名女工工作的装灌室，账房位于前厅，奥古斯特·厄特克尔的办公室也在这一层。二楼是奥古斯特·厄特克尔为他的代理安排的住房，当奥古斯特·厄特克尔出差时，代理就代替他监管工厂。生产出的成品也放在这里。奥古斯特·厄特克尔也让人在厂房的背面建造了一个侧楼，这个侧楼用来包装准备发货的成品。起初，做这项工作的是10个男工。

工厂里的空间非常大，所以有大量的空地用于扩充产品生产。刚搬来的时候，奥古斯特·厄特克尔对一个职工说："如果这些场地都能用上，我就满足了。"而这一天的到来，比想象的来得更快，人们对厄特克尔产品的需求急剧增长。奥古斯特·厄特克尔在日记中记录下了自己的自豪感："我的新工厂每天能给我生产出10万包发酵粉。"

仅仅过了一年，建立第二个工厂的必要性就凸显出来。1902年，在第一幢厂房的旁边，盖起了第二个更大的厂房。两个建筑物比肩而立，并通过一楼的通道连接起来。配制和装灌粉末的部门迁到了新的厂房中，腾出来的大厅可以用来当仓库和包装间。当药店里还在用手工混合粉末时，工厂里已经用机器取而代之。第一台发动机是有六个马力的燃气发动机，之后它被电力装置代替。

奥古斯特·厄特克尔在1903年宣布："比勒费尔德公

司是一家拥有亚麻、缝纫机和12年厂龄之久的厄特克尔博士工厂。"厄特克尔继续大力扩张自己的公司。为了把他的产品推销出去，他雇用了15名代理在全国范围内出差旅行，代理一旦得到订单，就可以获得佣金，但是公司给他们的压力也很大。老板在一封为他出差的员工的信函中写道："我的商品必须在1907年打入所有店铺的仓库。奉劝那些还没有完成业绩的代理，要按照我的要求全力以赴完成任务。"奥古斯特·厄特克尔让人制造了一万份具有"极高艺术性的"纸盒试样，他的代理人们将这些试样卖给尚未出售他们商品的商店老板。"截至1907年底，这些样品必须卖到各地，以至于我在这一年结束时能够说：现在我所有的小商品虽然还没有打入所有的店铺，但是，在比较好的店铺里都可以买到。"

奥古斯特·厄特克尔在他的公司里就像一个族长。在圣诞节里，他送给自己的工人们金币，还有一年送了两桶果酱。1908年，他第一次给全体职工发放圣诞节津贴，这是一年工资的百分之一，另外，他每年还给公司的正式职工加薪。奥古斯特·厄特克尔还组织职工集体出游和举办舞会。他还让人安装了咖啡机，甚至还亲手为学徒们加牛奶。

这位企业家同时也关注着工作条件。在搬迁不久之后，他让人在比勒费尔德一家工厂制造了一个巨大的搅拌机，这个搅拌机可以同时加工400公斤的团块。但是，这个庞然大物由于它的齿轮转动造成了巨大的噪音，在搅拌室里的工人们深受其扰。一位工人回忆道："每次当博士走进搅拌大厅听见这些噪音时，他都会很生气。"厄特克尔令人拆除了这个机器，让另一个没有噪音的机器替代了它。但是，他还是无法解决灰尘所带来的问题。

奥古斯特·厄特克尔还注重工作场所有充足的光线。每当看见一位出纳员的坐姿不够端正时，他都会提醒他。他也努力创造办公室里的友好气氛。自从他在草原上为自己买下一个农庄后，他都会定期把鲜花带到公司来，他还给员工们分发自己种植的水果。

工厂还为已经胜任工作的女工们进行烹饪方面的培训。厄特克尔很重视女人们为婚姻生活做准备。为此，他还在工厂里安排了一间授课厨房。他还认为，年轻的女士们在婴儿护理上接受教育是非常重要的，因此，他特意聘请助产士去工厂里讲授课程。

这位工厂主还扮演着"人民教育家"的角色，他发表了关于"鸡蛋和牛奶"的文章，在文章中，他把传授这些食品的营养价值和宣传自己的产品结合起来。他还发表了一些关于"卫生学"的论文，像《家务中的整洁和条理》《细数清洁》等。就像他说的，除了广告之外，他还要做些"对公众有益"的事情。

因为他知道布丁和蛋糕无法均衡营养，所以就发表了47页之多的《蔬菜种植说明》随笔。厄特克尔甚至让专家们制定了伤寒、白喉和肺结核的预防说明书，同时，他也和帝国卫生局一起合作。关于此举的动机，他说道："我发现许多人都渴望受到教育，我满足大家的要求，收集了各种各样的建议，并将它们以随笔的形式出版，赠予大家。"

奥古斯特·厄特克尔和他的妻子去旅行时，并不是去休养而是去学习。他参观了庞培（Pompeji）、那不勒斯

(Neapel)等地，并参观国家博物馆的出土文物。他对考古学家发现的古代厨房用具特别感兴趣。正是这位发酵粉工厂主发现了贝壳形状的铜制平盘。后来，他坐在比勒费尔德自己的办公室里撰写企业规划，在他的文字中，就有关于蛋糕模型产生的章节。原来，人们在开始的时候用贝壳作模具烘烤蛋糕，后来把铜制烤模做成贝壳状，"所以，当今让我们在日常生活和节日庆典中喜欢做的磅蛋糕要归功于罗马人。"

几乎没有哪一个广告像奥古斯特·厄特克尔的广告一样如此吸引人。奥古斯特·厄特克尔在作为药剂师时就已经明白，广告是他的产品在市场上能够成功销售必不可少的手段。"如果你没有为它做宣传，人们又怎么知道它是好东西呢？"厄特克尔还用夜莺歌唱当例子给他的员工讲解，广告也应该无处不在。花朵为了吸引昆虫会有鲜艳明亮的颜色，色彩斑斓的宣传画、五光十色的广告牌会吸引顾客们购买他的产品。

他本人也会去定期检查零售商，是否有效地使用了这种广告宣传的手段。每年春天，奥古斯特·厄特克尔都去南方度假，在路上他会观察，带有"厄特克尔博士的巴克因"的蓝黄色金属广告牌是否被安装在商铺正面显眼的位置。当他得知一些杂货店老板为推销自家的产品，在招贴画的背后写上了广告语时，例如：新鲜的腌鲱鱼，他马上下令，今后将自己的广告印刷成双面广告。

在一次旅行中，他碰到了来自英国的新式竞争产品，可是代理人却没有将这一消息告诉他，对此，他非常生气，将自己的愤怒在一封通函中表露出来："大量外观精美的关于'皇家泡打粉公司'的书籍在一个大城市中的主要街道上和最小的商店里随处可见，可代理人没有看见它、买下它并寄回公司。没有看见这些东西的人也许最适合当既得利益者，而不适合成为一个蒸蒸日上的企业的代理。"

前些年，奥古斯特·厄特克尔还在为公司的广告业务亲力亲为，到了1908年，他在自己的公司里设置了一个广告部，并雇用了一位名字叫作拉德维希（Ladewig）的先生作为部门主管。他负责将厄特克尔的产品在帝国的报刊上做全面的宣传。在至少有三千居民的地方报纸上都要刊登广告，像《园艺》《星期》和《家乡》这样的插画刊物，拉德维希也都预订了大半页的版面。广告词都要经奥古斯特·厄特克尔过目，他会对文字的表述进行润色，直到这些词在"清楚、简短、透彻"的层面上满足他的要求。

但是，对于奥古斯特·厄特克尔来说，更重要的销售工作是上百万发行量的《烹饪法汇编》。这些方法如果被读者们保存下来，那么，他们在每一次消费的时候就会将注意力重新集中在厄特克尔的产品上。起初只是印一些小册子，之后，奥古斯特·厄特克尔让一位名叫亨宁肯（Henneking）的家政专家专门撰写了一本关于烹饪的书，这本书是一个巨大的成功，在较短时间内，它就达到了百万的发行量。对于不知疲倦的奥古斯特·厄特克尔来说，他的计划是将这本书引进学校，但由于校长的反对，计划落空了。广告部主管汇报说，校方显然不想让"用于宣传目的的书籍"当作课本。

奥古斯特·厄特克尔意识到，要想提高商品的销售量，就要充分利用每一种推销手段，对高质量的产品更应该这样做。1910年，德国的第一批电影院开张了，奥古斯特·厄特克尔是第一个从这里看到新的宣传手段的企业家。他让电影先锋尤里乌斯·平斯克威尔（Julius Pinschewer）为他的发酵粉拍摄了第一部德国广告片，在影片的快动作中可以看出圆蛋糕是怎样做出来的。

奥古斯特·厄特克尔拒绝把同样的名称用在其他产品上。在世纪之交，有人建议他去生产面条和汤料，但厄特克尔回答说，他要将注意力集中在发酵粉上，要忠实于自己的座右铭："把一样东西做到极致。"

奥古斯特·厄特克尔在自己的企业中非常重视整洁和条理，在遇到违纪的情况时他就会生气。一位女雇员回忆起他发怒的样子："有一天，地上的一块垫子歪了，人们可以看见垫子下面的灰尘，博士也发现了，接着，他就开始了大声的呵斥。"一位穿着鞋子站到大理石窗台上的工匠被他赶出了公司。

这位工厂主决不允许容器出现撒漏现象，有时，在搬运过程中，因为有女工灌得太满，会从器皿中洒落一些粉末，一旦被工厂主发现，他就会大声斥责道："这里有黄金！"可奥古斯特·厄特克尔也有他的另一面，他并不是一个吝啬的男人，他资助了城市中一系列的公共福利计划。他曾捐助过一个晴雨指示箱，比勒费尔德的居民因此可以了解气温和气压的变化。此外，他还给博物馆提供一笔经济资助。但是他被私人请求提供帮助时，这位工厂主却坚决拒绝。他甚至印好一张卡片，上面写着："本人概不出借钱款，也不接受抵押放贷。本人对不熟悉的领域无意涉足，因为我有足够的事情做。我请求不要用这些漫无目的的说辞来打扰我。此致敬礼！厄特克尔博士，比勒费尔德。"

奥古斯特·厄特克尔在不到十年的时间里成了一个名牌商品的开创者，他和其他50位企业家在1903年建立了一个"名牌商品生产者联盟"。这些工厂主们共同抵抗"低价大战"，奥古斯特·厄特克尔在自己的领域中也有激烈竞争。他的发酵粉价格偏高，以至其他低价供货商可以顺利地进入市场。在一段时间内厄特克尔也出售便宜的发酵粉，试图将这些竞争者挤出市场，但是成效甚微，因为他不能以牺牲自己的品牌为代价，把那些质量较低的商品冠以"高效发酵粉"或者"鸡蛋发酵粉"来出售。于是当他意识到用这种办法不能将竞争者挤出市场时，他就再次将注意力集中在高质量的产品上。他对自己的代理说："我的志向不是成为最便宜的供货商，而是要在我的领域成为第一和最好的制造者。"

随着公司规模的扩大，厄特克尔越发重视将更多的亲信笼络在身边。1906年，他雇用了自己的弟弟，后来的事实证明，这个决定有深远的意义。路易斯·厄特克尔(Louis Oetker)像奥古斯特一样在奥博恩基兴念市立中学，但是他并没有上高级中学。14岁时，他在施塔特哈根的一个服装商店当学徒，在培训期间他像奥古斯特·厄特克尔一样在柏林已经积累了几年的经验。路易斯·厄特克尔在柏林跟着一位商人学习，这位商人为他的叔叔阿尔贝特·费迪南德·厄特克尔在克雷费尔德的多伊斯&厄特克尔丝绸厂工作。路易斯利用晚上的时间学习，为高一级的中学毕业考试（一年期考试）做准备。

　　丝绸厂厂主对路易斯·厄特克尔非常器重，他让年轻的侄子全面学习英语和法语。路易斯的学习顺利结束，服过兵役之后，他如约移居到克雷费尔德，来到他叔叔的公司工作。他出生于奥博恩基兴的妻子也和他一起搬到了莱茵地区。他们的双胞胎孩子不久之后便在克雷费尔德出生。阿尔贝特·费迪南德·厄特克尔把这位年轻的商人派往欧洲其他国家，与供应商和买家接洽，所以，路易斯·厄特克尔很长一段时间都在伦敦和巴黎工作。当他转到哥哥在比勒费尔德的发酵粉工厂工作时，他已经很熟悉巴塞罗那、米兰、哥本哈根和布鲁塞尔了。

　　与他严肃认真的哥哥奥古斯特·厄特克尔相反，路易斯·厄特克尔为人亲和友好，善于交际，而且他对文化也很感兴趣。他在柏林就喜欢歌剧，为了能够观看更多的演出，他甚至去当临时演员。

　　路易斯·厄特克尔在比勒费尔德很快就成了哥哥的左膀右臂。因为他擅长销售和宣传，所以开始领导外勤工作并首次聘用了两位专职外勤。路易斯·厄特克尔已经是在比勒费尔德企业中工作的奥古斯特·厄特克尔的第二个弟弟，因为在两年之前年少于他的爱德华·厄特克尔博士（Dr. Eduard Oetker）已经在公司中领导实验室的工作。

　　爱德华·厄特克尔在少年时代就受到奥古斯特·厄特克尔的监护，因为，父亲去世时，他才15岁。在奥古斯特接管比勒费尔德的药店不久之后，他就把自己的弟弟接到身边，并将他培养成药剂师。之后奥古斯特·厄特克尔资助他去马尔堡（Marburg）和罗斯托克（Rostock）研究自然科学。爱德华·厄特克尔在获得博士学位之后就回到了比勒费尔德。在公司里，他主要进行化学研究并进行果冻粉制品的研发。

爱德华·厄特克尔是一位充满激情的自然科学家和非常认真的实验室工作者，除此之外，他还是一位有才能的工程师。他经常思考如何改善工厂的技术设备。他设计了一台粘合发酵粉包装袋的机器。于1907年完成的新办公楼的建筑工程也是由他来监理的，财务处就搬到了这座楼房中。奥古斯特·厄特克尔博士在这里有一间与自己的身份非常匹配的办公室，他在这里能够看见自己工厂的全貌。

公司的规模在不断壮大。奥古斯特·厄特克尔还让人建造了一个马厩和一间洗衣房，并为下一座新厂房的建设刊登招收建筑师的广告。1912年，这个生产发酵粉的红色缸砖建筑物建成。两年之后公司又增添了新的建筑，用来调制和装灌布丁粉。

爱德华·厄特克尔在公司里为工人们安装了浴缸，他还给装灌的女工们准备了防尘口罩。这位奥古斯特·厄特克尔最小的弟弟非常关注社会公益，所以他很受职工的欢迎。他还一直设法把年纪大的工人指派去干清闲的工作，但是，很少有人知道，这位年轻的实验室主管患有很严重的疾病，爱德华·厄特克尔很久以来都在抱病工作。1913年，他罹患绝症，不治身亡，终年38岁。

对于奥古斯特·厄特克尔来说，弟弟的死是一个巨大的损失，这个损失要比之前路易斯·厄特克尔离开比勒费尔德公司更加严重，路易斯·厄特克尔在公司待了六年之后离开这个城市，去领导哈默尔恩黑泽公司（Reese）的一家发酵粉工厂，这是厄特克尔博士发酵粉工厂强有力的竞争者。但是，经过1912年的艰难谈判，奥古斯特·厄特克尔成功地说服黑泽将公司转让，由于股东之间的鹬蚌相争，奥古斯特·厄特克尔还成功地得到了年销售量占市场五分之一的企业份额。当这个公司属于厄特克尔的时候，"黑泽"这个品牌依然存在，他知道，零售商除了喜欢"厄特克尔博士"之外也会选择其他的商品，现在他们也可以从厄特克尔这里得到这些商品。

奥古斯特·厄特克尔在之前就已经收购了一些小的竞争者。他一直把协商谈判的任务交给他的弟弟路易斯·厄特克尔。1910年，先是有比勒费尔德克拉托博士公司（Dr. Crato & Co.）以40万马克的价格转入到了奥古斯特·厄特克尔的名下，这次并购被誉为"第一次严肃的竞争"。三年之后奥古斯特·厄特克尔买下了汉堡企业汉莎（Hansa）和同样也生产发酵粉和布丁粉的斯达门尔&韦尔姆公司（Stahmer & Wilms）。厄特克尔之前的代理人入股了这个公司，并成了他的竞争者。这位比勒费尔德的工厂主不能忍受此类情况的发生，在接管公司之后，就将其停业了。奥古斯特·厄特克尔不仅收购一些公司，而且很早就开始在奥地利建立了一个工厂。

奥古斯特·厄特克尔尽管在生意上很成功，但是却很难进入这个城市的上层社会。悉尼·波拉德（Sydney Pollard）和罗兰德·米勒（Roland Möller）在一篇关于这位企业家的传记中写道："厄特克尔是一个双面的局外人，一方面，他是一个出身寒门的外地人；另一方面，他又是一个制造业内的成员，在这个城市中，这样的人物是不多见的。"

最初，比勒费尔德因亚麻而出名。在中世纪，人们就已经在这个地区种植亚麻，到19世纪初，比勒费尔德的亚麻已经成为商品，甚至由于它的上佳质量而被供应到海外。一些有影响力的商人家族控制着纺织品的生意，从这时起，这个城市就出现了"亚麻新贵"。这是一个只有少数人的上层圈子，通婚也是遵照"亚麻配亚麻"的规则。

无论怎样，奥古斯特·厄特克尔最终还是以"资源"为注册名进入了"上层绅士协会"。他早年来到比勒费尔德时也加入了士兵协会。

奥古斯特·厄特克尔让他的儿子鲁道夫·厄特克尔在周日和节假日的时候穿上水兵服。这是当时的儿童流行时装，这背后当然也隐含着奥古斯特对航海的热爱。

威廉二世一心想要建立一支舰队，从中可以看出他对英国的一种复杂的情感，英国是自己母亲的祖国。这位皇帝认为，德国只有成为海上强国才能够成为世界强国。帝国的大多数臣民都像君主一样被这个想法所激励。

像奥古斯特·厄特克尔这样冷静明智的公民也把建设一支海军舰队看作一个国家的工程，德国的工程技术会因此得到全世界的认可。市民阶层的许多人也认为，通过这次军备扩充，德国的贵族和骑兵会使自己的社会地位得到平衡。克利斯提安·格拉夫·冯·克罗科夫（Christian Graf von Krockow）在十年之后写道："这些威廉时代的中产阶级在过去一直受到普鲁士的排挤，在屈服中牺牲了自己的权利空间，如今，他们也能够通过舰队的建设，找回自己的地位。"

1911年，奥古斯特·厄特克尔为了获得更高的社会声望，在竭力争取商务顾问的头衔。在当时的德国，这个头衔只授予金融巨头、工业大家和贸易精英。这位雄心勃勃的发酵粉生产商认为自己当属这个圈子。他在克雷费尔德的叔叔已经获得了该头衔。地方政府赞同任命奥古斯特·厄特克尔成为商业顾问，明登市（Minden）的政府主席也为这位工厂主的种种业绩出具了证明，称他能够通过自己的工厂为人民广谋福利，为工人的幸福做出了贡献。

当奥古斯特·厄特克尔收到来自柏林的企业贸易部的通知时，他大失所望。这次申请被拒绝了，理由是，虽然厄特克尔的公司和资产在本地的规模可观，但是并非独占鳌头。企业贸易部认为，奥古斯特·厄特克尔在比勒费尔德的声望虽然很好，但是他缺少的是足够有说服力的名誉称号，他甚至不是商会的成员。

但是在这件事情上，他们明显忽视了奥古斯特·厄特克尔曾任职四年市议员的事实。柏林的官方部门也忽视了奥古斯特·厄特克尔不久前在其他地区所表现出的责任心。这位工厂主参加了新成立的威廉皇帝学会（Kaiser-Wilhelm-Gesellschaft），这个学会致力于保持德国自然科学的领先地位。奥古斯特·厄特克尔甚至被选进了更名为马克斯普朗克（Max Planks）协会的理事会。

所有的这些因素柏林方面都没有考虑到，但是厄特克尔并没有放弃，直到一年半之后，奥古斯特·厄特克尔最终得到了这个头衔，授奖的关键词说，奥古斯特·厄特克尔"对工人和职员们解囊相助，是一个和蔼可亲的雇主"，由于他热心资助公共福利事业，他在比勒费尔德的市民心中享有很高的声望。尤其他对威廉皇帝学会资助10万马克这一行为被传为佳话。

这位拥有植物学博士学位的企业家在后来做出了慷慨的善举,威廉皇家学会就在当年还收到了来自比勒费尔德方面的化学资助金100万马克。1917年厄特克尔又资助了生物化学机构150万马克。他借机许诺,每年将继续提供资助。

除此之外,奥古斯特·厄特克尔喜欢卡尔·施皮茨韦格(Carl Spitzwegs)的民俗小幅通俗画,他买下了一些他的画作。施皮茨韦格常把毕德迈耶(Biedermeier)复辟时期的小市民和与社会格格不入的人作为画作的主角。在成为画家之前,施皮茨韦格也是一名药剂师。他像厄特克尔一样从未在高等院校学习过药学,他是一位自学成才者。这位画作诗人有一句奥古斯特·厄特克尔十分喜欢的格言:"生活就是发现兴趣,为了兴趣,宁愿苦其心志劳其筋骨。"

1908年,奥古斯特·厄特克尔在年记中亲自写下了一些"值得牢记的话",这些话确切地刻画出厄特克尔企业的形象。厄特克尔公司的第一条规则是:"倾尽全力地工作,你会出力得力;专注勤劳地工作,你会提升能力;满怀喜悦地工作,你会忘记冗长的烦恼;你的工作就是你最好的运动!"

奥古斯特·厄特克尔是一个不知疲倦的人,他把自己的生活方式也介绍给其他人,"抓住每一分钟!时间就是你的资本,每一分钟肯定能够给你带来回报。没有比浪费时间更为愚蠢的事情,时间就是生命,浪费时间就是毁灭生命。"对于奥古斯特·厄特克尔来说,生命就是"完成工作的定额"，就像他在阿图尔·叔本华那里读到的那样。这位企业家向读者推荐他的成功秘诀："写下你的人生规划，对所做的事情勾画出一个轮廓。"他还建议大家，光有一个目标是不够的，还要有为达到这个目标所制定的具体计划，这个计划要精细到月。

厄特克尔企业的发展也体现了整个国家的崛起，它反映了当时背景下一段成功的历史。威廉时代的辉煌给德国许多领域带来巨大的进步。特别是人口从建国时的4,100万增加至1913年的6,700万，增长人数最多的地区是莱茵地区和威斯特法伦的工业区，在那些年，由于电气化技术革新的推动，这些地区的经济一直处于高度繁荣的状态。

帝国时代经济繁荣的前提是德国的学术研究，奥古斯特·厄特克尔是那个时代的典型代表。他的成功源于他有很好的自然科学基础，所以他一直建议说："不要错过聆听任何科学报告的机会，要走进每一个图书馆、阅览室、展览厅、博物院和收藏间。"德国的高等学校的教育水平在世界处于领先地位，因此，吸引了世界各地的年轻科学家来到德国。克利斯提安·格拉夫·冯·克罗科夫（Christian Graf von Krockow）在《百年德国人》一书中写道："当时流传着这样的赞誉之词：'每个学者都有两个祖国：自己的国家和德国'。"

奥古斯特·厄特克尔计划在比勒费尔德建立一个供所有对自然科学感兴趣的公民使用的研究场所。它是一所配有实验室的业余大学，考虑到还有一些没有能力完成大学学习的人，这位工厂主提供了颜料、工具和其他一些机器。参加课程的人可以租用他的显微镜。他请人建立了一个完整的机构，并雇用了一位具有博士学位、名叫格伦（Grün）的年轻学者来任教。1914年8月份举行第一次课程的消息已经发出，可是，由于格伦必须从军上战场，这个项目便搁浅了。

直到1890年，有几百万年轻的德国人迁居海外，他们指望在远离家乡的地方能够找到更好的生活，而识时务的奥古斯特·厄特克尔却没有那么做，很快，德国的生活条件和政治气氛突然好转起来，人们自然不必背井离乡，而胸怀大志的奥古斯特·厄特克尔更没有理由移居海外了。

当时的德意志帝国用它的商船队出口商品，而不再依赖人工。高质量的化学工业、精密机械、电工产品被卖到国外。国外的本土产品因此受到排挤。英国为保护本土工业，要求从德国进口的商品应印有"德国制造"的标识，可不久之后，这个标识在国际上就成了质量的保证。

1913年，德国威廉二世庆祝他的皇权统治25年，并以一个"和平的皇帝"示人。在他统治期间，德国的状况越来越好。对于大部分德国人来说，在德国的生活既简单又富有新意，人们能够用上电灯、电话，可以去旅游。这个国家在很短的时间内就变得现代起来，它的经济在工业和其他很多领域都占据了领先的地位。

然而，社会的两极分化也相当严重。尽管人们的工资在大幅提高，但是有三分之二的人口仍属低收入阶层，以至于国家无法对他们征税。国内起主导作用的富裕阶层仅占人口的百分之五。工业化的进程加快了这些人走向富裕的步伐，至少有三分之一的国民收入流向了这些由贵族、企业家和高层官员组成的团体。

　　无论是为了摆脱贫穷，抑或是为了达到更高的目标，不同阶层的人似乎都有了一种动力。就像塞巴斯蒂安·哈夫纳（Sebastian Haffner）后来分析的那样，"许多威廉时代的德国人，虽然他们来自不同的阶级，但是，他们突然看到了国家的前途和目标：德国将成为一个强国，它要走向世界，并站在世界的前列！"

1914—1933
世界大战、动荡、魏玛

6."勇敢无畏令人振奋"
鲁道夫·厄特克尔(Rudolf Oetker)短暂的一生

比勒费尔德工厂的工人称鲁道夫·厄特克尔为"少先生"。对于他们来说,这位公司创始人奥古斯特·厄特克尔唯一的儿子是未来的当家人。职工们都尊敬这位继承人。当鲁道夫小时候来马厩看马和兔子时,其中的一些职工就已经在路德大街的公司里见过他了。

1914年春,鲁道夫·厄特克尔已经25岁,真正到了成为"少先生"的年龄。他的言谈举止总是那么得体,让人无可挑剔。一位实验员回忆道:"我还记得,他对我们非常和蔼,非常友善。"年轻的鲁道夫·厄特克尔性格开朗,乐于助人。他有一头金黄色的头发,身材魁梧高大。人们为他在办公室里准备了一张特制的办公桌,以便于他在工作时不必过分地弯腰。他的头发有些稀疏,长得慈眉善目,总是用一双清澈的眼睛打量着周围的人,他留着当时在德国年轻男子中非常流行的八字胡,他看上去要比他的实际年龄更成熟一些。

就像大部分同龄人一样,他也想通过西装和衬衫领带藏起自己的青涩,让自己显得更加稳重。这是那个时代的一种普遍现象,施特凡·茨威格(Stefan Zweig)曾经说过:"自古以来,人们从来都提倡成熟,可对年轻人那也许就是一种不信任的表现","可当今这个时代已经变了,40岁的人要把事情做得像30岁的人所为,60岁的像40岁的,因为青春才是带来动力的能量。可是,有的人仍然一味地苛求稳重,为了表现得成熟却要戴上面具。"

鲁道夫·厄特克尔完全可以停下脚步,因为他一出生就站在了社会等级的上层。这位工厂主的儿子也意识到自己的特殊地位,对社会的贡献也有着自己的理念。当鲁道夫得知,一位女工把她生病的母亲接到工人宿舍,老人不得不在那里独自生活时,他便经常去看望老人。他注意到老人眼睛不好,于是就从比勒费尔德的一家店里给她买了一个放大镜。

鲁道夫·厄特克尔于1889年11月17日在夏洛腾堡出生,一年之后,父母接管了阿少夫舍药店并搬到了比勒费尔德。鲁道夫·厄特克尔在那里长大,并上了儿童预备班和实科中学。他具备足够的聪明才智以便在未来接手他父亲的药店。父母把希望全部寄托在鲁道夫身上,因为他是他们唯一的孩子。

鲁道夫·厄特克尔1914年进入公司时，已经经历了德国发生的一些事情。为了学习自然科学，他在高中毕业考试之后就搬去了汉诺威，但是不久之后他又转入了波恩的大学并在莱茵地区服完了兵役。因为热衷于骑术，他报名参加了轻骑兵，骑兵也非常符合他的社会地位。鲁道夫·厄特克尔的下一站是柏林，他在弗里德里希-威廉大学注册。这所大学的学生被视为霍亨佐伦（Hohenzollern）地区的"精神支柱"。预备役军官鲁道夫·厄特克尔把他的马也带到了柏林，这是一匹名叫"国王"的白马，之前在比勒费尔德曾拉过他父亲的马车。

鲁道夫·厄特克尔作为助手在化学研究所与埃米尔·费歇尔（Emil Fischer）一起工作。这位蓄着大胡子的教授是一位出色的天然材料化学家，是1902年诺贝尔化学奖的获得者。这位化学家对年轻的鲁道夫·厄特克尔影响颇深，激励他追求自己的理想。1914年3月4日，这位工厂主的儿子被授予了博士学位，他的博士论文题目为《关于含有醋酸、苯酸、肉桂酸和咖啡酸的单糖新酯》。

当鲁道夫·厄特克尔在1914年的春天重返比勒费尔德时，他已经变成了厄特克尔博士。他开始在企业中做他父亲所做的工作，那时，父亲已经52岁。年轻的化学家在实验室里思考新产品和新方法，这是他日常生活的状态，但是他的兴趣在整个企业的发展上。奥古斯特·厄特克尔的企业是比勒费尔德大型企业之一，仅在路德大街的厂房里就雇用了350名职工，而且它的规模还在继续扩大。鲁道夫·厄特克尔经常给父亲献计献策，建议他为生产布丁粉建设一个新的厂房。母亲很高兴看见儿子插手这些事情，但凡谈及公司的未来，卡洛琳娜·厄特克尔总是说："让小厄特克尔来做决定吧！"

鲁道夫·厄特克尔的职业生涯开始于一个变革的时期，整个德国都充满着觉醒的气息，人们之前很少像现在这样，坚信生活的步伐在向前迈进。德国人是一个年轻的、成长迅速的国家，婴儿和孩子死亡率比10年前降低了很多，结婚率和出生率都在上升。新的工厂拔地而起，它给那些面朝黄土背朝天的劳作者提供了一个高薪酬的工作，工人的工资每年都在上涨，希望和自信主导着德意志人民的思想，处处洋溢着幸福感。

可是，战争来了！为什么会爆发战争，许多同时代的人始终都没有弄明白。施特凡·茨威格后来写道："今天，人们冷静下来去思考1914年欧洲陷入战争的缘由，人们既找不到理念上的冲突，也看不到地缘上的矛盾。"茨威格认为，是力量的集中导致了战争的发生，"在和平环境中，积聚了40年的巨大内力终于被残暴地释放出来，导致了这场悲剧的发生"。

在当时的欧洲，绝对的贫困已经逐渐消失，君主制国家之间也和平相处，保持着利益的均衡。工业物资和其他商品用船从德国运送到英国，再从英国运到法国。沙皇统治的俄国、奥匈帝国、法国，他们既是供应商，同时又是客户。

所有的国家都充满着力量：无论是老牌的欧洲强国，像英国、法国和俄国，还是后起之秀德国、意大利。帝国主义思想在所有国家蔓延着。他们首先将对方视为竞争对手而不是合作伙伴。这种怀有敌意的不信任影响了这些国家之间的关系。每个国家都在窥探其他国家的所作所为。德意志帝国上升为欧洲大陆上经济和军事实力最强的国家。迅速发展的海军舰队使德国成了海上强国。英国人试图通过与法国和俄国的结盟来应对德国，用这种方法来保持欧洲的权力平衡。柏林的战略家们自然对此心知肚明，他们大有遭到包围和挑衅的感觉。外交上的危机不断增加，"战争"的字眼在欧洲几个大都市中被频繁提及，打仗似乎已不可避免，人们不得不防。

预言一语成谶，战争一触即发！1914年7月28日塞尔维亚的民族主义者在萨拉热窝（Sarajewo）谋杀了奥地利王储弗兰茨·费迪南德（Franz Ferdinand）。这个摇摇欲坠的哈布斯堡王国（Habsburgerreich）马上向塞尔维亚（Serbien）宣战。因为担心俄国对此会干预，所以，奥地利首先要得到德国盟友的支持。柏林为巴尔干策略的制定打开了绿灯。德国人原本希望把战争限制在局部范围内，但是，这个希望破灭了。仅仅在几天之内，七月的危机就演变成欧洲大战。俄国进行了战前动员。德国在1914年8月1日向俄宣战，并在两天之后继续对俄国的盟友——法国宣战，8月4日向英国宣战。

在德国内部，人们对战争的爆发欢呼雀跃。德国人并没有把战争想象得那么可怕，战争有什么可怕的呢？上一次1870—1871年对法国的战役很快就赢得了胜利，这一次难道会有不同吗？

在1914年8月的那些日子里，人们激情高涨。鲁道夫·厄特克尔也不能摆脱这种情绪的影响。这位工厂主的儿子在此时已经找到了自己的幸福，他和一位有深色头发、漂亮面容的平民女儿伊达·迈耶（Ida Meyer）结婚了。但是，婚礼之后两人共处的时间也没有持续多久，在战事动员会后的第二天，他必须去洛林地区（Lothringen）的圣阿沃德（St. Avold）报到。他之前在这个小城进行了军事演习并且成为一个重骑兵的预备役军官。

重骑兵是手持长枪、身着制服的骑士部队，虽然他们看起来很有气势，但是从军事上来看，它已经很过时了。

预备役军官鲁道夫·厄特克尔在战事动员的一周后，还获得了一次回到妻子身边的机会。因为要征收培训新兵，鲁道夫·厄特克尔来到汉诺威，这时的帝国军队需要大量的新兵。在和平时期，德国拥有76.1万名士兵；而在战争开始后的几周之内，军队的兵力就激增至300万人。还有大量的志愿兵于1914年报名参军，为皇帝和自己的祖国奔赴沙场。

这对新婚夫妇在汉诺威度过了四个半月。当他在1914年秋天受命奔赴前线时，也许他还不知道妻子已经怀有身孕。这位预备役军官是怀着怎样的心情奔赴战场的，人们不得而知。也许他的想法和同时代大多数男人没什么不同。恩斯特·荣格尔（Ernst Jünger）在他的战争日记《在钢的雷阵雨中》是这样写的："我们离开了阶梯教室、书桌和工作台，我们经过数周的短暂培训，就融入一个强大而充满激情的集体中。在和平安全的年代里长大的我们，要去追求不寻常的东西，渴望冒险，迷恋战争。我们在花海的簇拥中，走进了一个令人迷醉的、充满死亡气息的战场，我们坚信，战争带给我们的一定是伟大、壮丽、辉煌。"

德国已经为这次大战做好了准备。从1905年起，普鲁士的陆军元帅阿尔弗雷德·冯·施利芬（Alfred Graf von Schlieffen）就制定了计划，他认为，在边界线上难以正面攻克法国的防御，只能从背后突袭。此役的成功证明了他判断的正确。

德国在1914年就开始进攻袭击比利时和卢森堡，虽然法国的边境军队被成功击溃，但是并没有被完全消灭。九月初，德军的推进在马恩河岸边陷入了停滞，快速取胜的希望已经破灭，"施利芬计划"失败了。从此，旷日持久的阵地战开始了。士兵们饱受雨水和寒冷的折磨，蜷缩在掩体中。

战事对任何一方都毫无进展，无论是德国人，还是法国人抑或英国联盟军。谁在西线发起攻势，谁就要以命相抵。隐蔽在暗堡和掩体内的士兵们因遭到敌军炮火的猛烈轰击而时时处于恐慌之中，但毕竟他们不像主动出击的战士那样暴露在外，掩体里的士兵就像挖洞的鼹鼠一样，在机关枪的掩护下进行远距离的射击。

前线的实际情况和德国人在家乡了解到的情况完全不一样。在鲁道夫·厄特克尔寄回家的明信片上，只见四处飘荡的彩旗，而丝毫不见战争的刀光剑影。然而真正的情形是潮湿寒冷的战场和忍饥挨饿、精疲力竭的士兵。战场上一片空旷，几乎见不到敌人。单调无聊以及对死亡、受伤、截肢的恐惧时刻笼罩在战士们的心头。人的生命在战争中似乎不足挂齿，就像一件随时会被丢弃的物件。恩斯特·荣格尔在这场战争的报告中写道："机关枪的子弹带仅仅需要滑行一秒钟，就能把25个足以开垦一个荒岛的男人扫射在铁丝网上，让他们的尸体在那里慢慢地腐烂。"

1914年底到1915年初，预备役少尉鲁道夫·厄特克尔在凡尔登（Verdun）作战。这个位于马斯河上游的地方，是战略上一个非常重要的城市，它有一个坚固的城堡，是法国的一个重要防线。去凡尔登之前，鲁道夫·厄特克尔从重骑兵团被调到了步兵团，他在步兵团接管了领导约200人的中队长职务。他到步兵团不久，就被授予了"铁十字勋章"，但比这个军事奖章更让他开心的是来自比勒费尔德的信件。在前线的鲁道夫·厄特克尔得到消息，他的妻子在1915年5月26日生下一个女儿，取名为乌苏拉（Ursula）。鲁道夫·厄特克尔已经迫不及待地想去看望他的女儿。

皇帝威廉二世在1914年夏天给他的士兵们一个许诺："树叶落下之时就是你们回家之日。"然而，这场战争在第二年的秋天依然没有走到尽头。柏林的总参谋部低估了法国的反抗，而且时间的天平也倒向了对手法国、英国、俄国和意大利一方。海上强国英国对德意志帝国内部的经济封锁逐渐明显，战时的消耗也让德国的原料资源日渐匮乏。

鲁道夫·厄特克尔在1916年回到比勒费尔德作短暂停留，这时他发现，战争的实情家乡的人们早已心知肚明。他获批回家医治伤寒，另外，在前线已持续停留12个月之久的官兵们也可以获得两周的探亲休假。在这段时间内，没有第二个国家像德国一样投入如此多的兵力。在这场战争中，全国有85%的17岁到50岁的男人应征入伍，超过130万人在前线或后方服兵役。

　　家里的男人越来越少，几乎有一万名比勒费尔德人置身于战争之中，城市的公务人员减少了一半，三分之一的教师在军队中服役。鲁道夫·厄特克尔在休假期间还了解到，奥古斯特·厄特克尔博士的食品工厂中也缺少工人。可这些烦心事都不会影响鲁道夫·厄特克尔和家人共同享受美好时光，当他痊愈返回前线时，他还不知道，他的妻子再次怀孕了。

　　当德国总参谋部决定将凡尔登定为袭击目标时，战争已经接近尾声。埃里希·冯·法尔肯海恩（Erich von Falkenhayn）逼迫法国军队不断投入新的兵力去保卫城堡。他的考虑是："如果法国军队这样做就会遭受惨重损失，因为他们没有退路。无论他们怎么做，我们都能达到既定的目标，他们则会对法国的损失遭到道义上的谴责。"

　　对凡尔登的进攻开始于1916年2月21日，马斯河东部的正前方。8点12分德国炮兵在大约两万米宽的地区全面开火，炮弹击中了火车站、堡垒、桥梁和街道。凡尔登笼罩在浓烟之中。下午，步兵的进攻全面开始，起初，第五军团似乎特别幸运，在第五天就已经占领了杜奥蒙要塞（Douaumant），这是凡尔登战略要塞中最坚固的设施之一。可是，法国人后来的抵抗愈加猛烈，德国的进攻几乎进入了停滞状态。这是一场寸土必争的战斗！法尔肯海恩所预言的"血战"终于开始，德法双方势均力敌，损失不相上下。

　　如所有的军官一样，鲁道夫·厄特克尔作为中队长也有一名年轻的贴身勤务兵埃里希·多施（Erich Dorsch）。战争年代的等级制度与和平年代别无二致，军官们会得到更好的伙食，他们可以喝酒，住条件更好的堡垒，只是在冲锋的时候大家才一样。

1916年3月8日，鲁道夫·厄特克尔的中队准备出发，中午12点时对沃克斯要塞发动进攻，进攻的模式和以往一样：首先是猛烈的连珠炮火，然后是步兵集结攻击。厄特克尔的勤务兵多施负责判断距离，并一直待在离鲁道夫·厄特克尔不远的地方。后来，多施在一封信中描述了这场进攻的过程："我们从一个弹坑跳到另一个弹坑，一直来到山脚下的铁丝网旁。我们每跳一次，都会有子弹密集地扫过。我对少尉说了不下50次，让他不要过于大胆鲁莽。"

当时的士兵都非常狂热，尤其是预备役军官一定要证明，他们的战斗热情丝毫也不比职业军官少。另一位少尉，时年36岁的艺术家弗兰茨·马克（Franz Marc）在一封从凡尔登写回的家信中，描述了自己当时的兴奋心情："现在，我们正处在战争期间最不同寻常的一天，法国全部战线都被冲破。没有参与这场战争的人无法理解德国人在进攻中所散发的怒气和力量。"

冲锋在前的军团一批接一批地向沃克斯山坡移动。在法国军队密集的枪弹中，有约200个士兵阵亡、受伤。还好，鲁道夫·厄特克尔的中队占据了一个战壕。后来，他们来到一个铁路路基前，山谷被这个路基分成了两部分。法国步兵的射击非常猛烈，他们在那里滞留了五个小时之久，当炮火减弱一些时，他们才得以继续前进。

鲁道夫·厄特克尔在战场上表现得无所畏惧，在后来的官方战报中，甚至记录了他的勇敢："冲锋的功绩应记在预备役少尉鲁道夫·厄特克尔的身上，他沉着、冷静，沿着路堤前进，他的英勇和无畏激励了行进中的队伍。"

可是，这种对英雄的描述却是有悖事实的。真实的情况是：沃克斯山谷发生了殊死的战斗。当天下午三点，军团团长命令两个中队去攻占一个采石场，这里是法国士兵的一个据点，此战带来的损失巨大，很多士兵在机枪的扫射中丧命。眼见进攻无望，部队于是停了下来。但是最高指挥部却命令山坡上的军团继续战斗。因此，这个军团几乎所有风华正茂的年轻人就这样把鲜活的生命留在了敌人的子弹下。

太阳在血腥的一天中落山了。筋疲力尽的法国人没有等到新一轮的进攻。然而，当黑夜降临的时候，德国的枪炮再次对法国的要塞发起攻势。鲁道夫·厄特克尔少尉和他的部分士兵潜伏在沃克斯小溪岸边。河岸的另一端是荆棘铁丝网，法国人用来保证要塞的安全。鲁道夫·厄特克尔命令他的侍从官在小溪上放置一些木板，以便过去把铁丝网剪断，而他自己回去迎接余下的士兵。很快，夜间的进攻开始了。多施以为鲁道夫·厄特克尔就在他的身后，然而，就在几个小时后他从另一位少尉口中得知，鲁道夫·厄特克尔牺牲了。

鲁道夫·厄特克尔可能是被法国步兵的枪弹击中，但也有可能是被德国战友的枪炮误伤，因为此时的法国要塞正遭到德国枪炮的狂轰滥炸，在黑暗中操作的枪炮手是不会发现他的。这位获得博士学位的化学家、未来的企业家鲁道夫·厄特克尔将自己27岁的生命留在了凡尔登战场。

这场战争总共夺去了近一千万人的生命，在这个群体中就包括年轻的鲁道夫·厄特克尔。

由于持续不断的战斗，多施在许多天里都不能去寻找鲁道夫·厄特克尔的遗体。他在一封给比勒费尔德的信中告知："高地的两旁都被法国士兵占领，他们的机枪无时不在扫射着整个地带。"3月12日的深夜，他终于发现了鲁道夫·厄特克尔的尸体，他的身体保持坐着的姿势。多施给鲁道夫·厄特克尔的家人写道："他肯定当场就阵亡了，因为他的一只手还张开着。"尸体被安葬在塞农的墓地里。后来，鲁道夫·厄特克尔的遗体才从法国运回比勒费尔德，被安葬在约翰尼斯墓地（Johannis friedhof）。

鲁道夫·厄特克尔代表了他同时代多数男人的命运。画家弗兰茨·马克先他四天在凡尔登战死。恩斯特·荣格尔在50年后对此写道："那是一场无法称之为战役的杀戮。"一位名叫弗里德里希·莱曼（Friedrich Lehmann）的步兵在他的前线日记中描写沃克斯山上打仗的情形："要塞的四周就是一个死人场，所有的生命都荡然无存，树木枯竭，草皮焦黄，地面的弹坑有四米深。我方和敌方的战士横尸遍野，还来不及埋葬，他们有的满身伤痕，有的面如灰土。地面上，这里突出一只手骨，那里露出德国钢盔下一个临近腐烂的头颅……"

凡尔登之战一直持续到1916年12月，共有337,000德国士兵和377,000法国人在战争中或死亡，或受伤，或成为战俘。准确的死亡人数一直没有查清。战时的官方数据也无法证明，有多少德国士兵在战争中挽回了自己的生命。所以，至今人们也不知道，在官方公布的81,668名死者和失踪者中，究竟有多少人在监狱中活了下来。但有一点是无可争议的：在人类的历史中，曾有如此多的生命同时消失在一个如此小的空间内——1916年的凡尔登。

7. "我们民族的灾难让我痛苦万分"
创始人奥古斯特·厄特克尔去世

被视为企业家推动力的经济学家约瑟夫·熊彼特（Joseph Schumpeter）所描写的正是奥古斯特·厄特克尔的情况：企业家首先要想到的是建立一个私人帝国，建立一个王朝。无论过去还是现在，像奥古斯特·厄特克尔这样的人总会考虑把自己的工厂建大，并世世代代地保存下去，为了能够经久不衰，他们有意无意地去寻找一种永世长存的模式。

然而，所有这些愿望随着他唯一儿子的战亡而破灭了。一夜之间，公司再也不是创始人构想下的家族企业了。难道他毕生的事业要付之东流吗？奥古斯特·厄特克尔是绝望的。

从公司的角度来看，战争的开始阶段是有利于公司的，在德国国内突然掀起一股"消费热"。当时没有一个人想到去节约食品，人民都确信战争会胜利，终日处在一种节日庆祝般的兴奋之中。历史学家米歇尔·萨莱夫斯基（Michael Salewski）写道："人们从来没有像1914年圣诞节那天烘烤如此多的糕点。那年的圣诞节完全是一场盛宴的狂欢。"在战场的士兵们得到了来自家乡的包裹。奥古斯特·厄特克尔也给他在前线的员工们寄去了爱心包裹，工厂主还特别强调要邮寄一些水果。

令德国人没有想到的是，战争持续了这么多年。德国在经济上也没有做好充分的准备。柏林的统治者虽然在战争爆发前一直提醒人们，要提防德国会遭到政治上的"围困"，但却忽视了战争状态下这种围困的结果，其实这就是一种"封锁"。当军事冲突开始时，同盟国立即对德国全面封闭。当德国对此有所关注时，这种状态已经持续了大约两年的时间。

德国依赖进口食品，但是这种依赖的程度却不是很大，依赖进口最多的是粮食，需要进口四分之一；其次是板油，战前德国从国外进口的板油量为40%。相反，国内的糖和土豆的生产量却大可满足德国人的消费量。因此，战时经济的组织者们很有信心，在非常时期供给军民足够的食品，只要人们能够改变一下饮食习惯并控制一下膳食。官方设置了许多负责配给的部门，如：帝国食糖中心、战时土豆公司、淀粉糖浆中心等，甚至有一个战时酸菜公司也开始了自己的工作。总之，此类组织机构有40家之多，战时食品局监管着它们的工作。

可是，所有这些部门都没能阻止饥饿潮的到来。1916年是个歉收年，德国的供应状况变得很差，军队要求提供大量的食肉、鸡蛋和牛奶。种田的男人们都在前线，田地里缺少了壮劳力。运输的困难也加剧了食品的匮乏，因为火车要为战争服务，所以粮食和土豆就无法按时运到被需要的地方。

虽然奥古斯特·厄特克尔自己得到了不错的供应，但他还是为祖国的灾难而感到痛苦。奥古斯特·厄特克尔在

1917年4月10日给皇家-威廉公司的总经理阿道夫•冯•哈纳克（Adolf von Harnack）写了一封信，他在信中说："我们民族的灾难让我痛苦不堪。"他思考着，究竟是什么原因把德国"搞得一团糟"。他认为"是德国人的愚蠢所致。他们总是盲目地轻信，却不用大脑思考"。奥古斯特•厄特克尔一直认为威廉二世是个有才能的帝王，可是，他身边却有一群无知的顾问。"我们无能的外交官们在俾斯麦被免职后获得了更多的话语权，这些阿谀奉承的家伙们欺骗了我们的皇帝。"

当奥古斯特•厄特克尔写下这几句话时，战争已进入了一个转折点。德国犯下了严重的错误，它不该将美国拉入这场冲突之中。美国原本的立场是反战的，总统伍德罗•威尔逊（Woodrow Wilson）和大部分美国人始终认为，欧洲的战争和他们毫无相干。华盛顿的首脑以及顾问们都知道，作为世界上主导经济的强国，美国对这场战争稳操胜券，可战争的目的是什么呢？他们又能从中得到什么好处呢？英国一直都试图争取美国作为同盟国去对抗德国，但是美国对此从未理睬。

可是，德国在1917年2月1日宣布，无限制潜水艇战已经开始！这就是说，德国的潜艇可以在事先不发任何警告的情况下，任意击沉商船甚至是客船，目的是切断英国从国外运来的商品，断其食粮。华盛顿随即中断了与柏林的外交关系。美国人还发现了这样的迹象：德意志帝国试图鼓动墨西哥对美国发动战争。就这样，美国在1917年4月6日对德国正式宣战。

企业家奥古斯特•厄特克尔深知美国的宣战意味着什

么，美国一旦加入，德国的失败已板上钉钉。懂经济的奥古斯特•厄特克尔要比其他同时代的人更加清楚，这场军事冲突的最后结局要靠一场经济大战来收场。他眼见德国政府和军队的高官以无限制潜水艇战相威胁，做出了这场战争中最为错误的决定。

对国家大失所望的人不仅工厂主一人。1916年至1917年，人们度过饥寒交迫的严冬之后，愤怒的情绪终于大范围地爆发出来。在春天，莱比锡、柏林和其他一些城市发生了大规模的罢工事件。就连那些保守的人们也纷纷诟病这个曾经被他们敬仰的国家。当权者既不能给人民以温饱，又不能制止那些在国难中趁火打劫、发战争财的黑市商人。

奥古斯特•厄特克尔在1917年4月的一封信中抱怨了战时经济的弊端："联邦议院怂恿一些人通过放高利贷去盘剥人民，这伙人对正处在苦难中的人民没有丝毫的同情心。我们的孩子们为了祖国而献出了生命，而他们却通过肮脏的国际交易使自己变得富有。他们的目的只有一个，那就是金钱，金钱，金钱！有了金钱，他们就有了控制人民的权力。"这封信在十年之后才被厄特克尔公司发表在公司的年记上，但是其中有些内容却被删掉了。奥古斯特•厄特克尔其中一句原话是："我们的男人为我们的祖国牺牲，人民忍饥挨饿，却还要被某某某榨取。"这篇文章涉及了反犹太人的言论，这些言论在当时有相当的代表性。那时，在德国非犹太人的阶层中，有越来越多的人对犹太放高利贷者和黑市商人不满，反犹太倾向蔓延。

谈及生意，奥古斯特•厄特克尔却没有抱怨的理由。

在打仗的那些年里，公司运行得还不错。比勒费尔德市在1915年曾列出了一个企业名单，军队需要从这些企业中订购物资。名单中除地方金属工业和纺织工业企业以外，厄特克尔公司也位列其中。当局在1915年末禁止把酵母用于烘烤，于是，人们对发酵粉的需求量便大大增加。因此，在1917年战争期间，食品的需求确保了公司的销售额，到1918年，公司还卖掉了三亿包小袋包装的发酵粉，这一年的销售额是1914年的一倍。当然，部分销售额的增长和价格的提高有关。他们的主打产品开始了新一轮的普及。在几十年之后的一本公司庆典日记中，人们看到了这样的文字："家庭主妇们在第一次世界大战期间认识到了发酵粉的价值，从那时起，我们的发酵粉就占据了厨房的一席之地。"

除此之外，战争期间国外公司竞争者在德国的市场上受到打压，这给厄特克尔企业带来了商机。奥古斯特·厄特克尔利用广告大打民族牌："德国的主妇们！从现在开始，你们要用德国的'Gustin'，放弃英国的'Mondamin'！"

因为厄特克尔公司不是股份公司，所以没有必要公布在战争期间的盈利。但是可以想到的是，它的盈利肯定不少。因为，比勒费尔德公司能够获得军队的订单。为公家购货时，很难控制供应商的价格，将军们急于在工厂主的帮助下赢得战争，他们不会考虑节约税金的事情，一心想着的是，如何在战争结束后去和战败者秋后算账。

厄特克尔公司遇到了原料短缺的问题，于是，在战争开始之前它就收购了许多竞争对手的公司，这一举动是厄特克尔公司的明智之举，现在，它可以顺理成章地使用哈默尔恩的黑泽子公司的原料。除此之外，公司还加大开发替代材料的实验，但是代替品的质量却差强人意，有的甚至不能利用现有的机器去加工处理。因此，这些新型的混合物必须用手工去灌装。后来，厄特克尔生产布丁粉所需要的淀粉断货了，公司里的人想出了把乳清烘干后代替淀粉的办法。

让奥古斯特•厄特克尔失去勇气和力量的不是眼前的困难，而是儿子的英年早逝。过度的忧伤导致他的健康每况愈下。1917年他罹患疾病，他感觉到自己将不久于人世，就用最后的力气制定了公司的继承规则，他想把自己的企业的领导权交给一个合适的人选。

人们都以为，当时在哈默尔恩的黑泽子公司担任领导的弟弟路易斯•厄特克尔该顺理成章地继承企业，可是，奥古斯特•厄特克尔在1917年决定让比勒费尔德的最得力的职员，弗里茨•贝林(Fritz Behringer)成为合伙人，他和奥古斯特•厄特克尔的关系比较亲近。他就是将鲁道夫•厄特克尔的遗体从凡尔登接回比勒费尔德的人。奥古斯特•厄特克尔拟定了一个合同，约定弗里茨•贝林在1918年开始成为企业的总经理和共同业主。他还同时规定，弗里茨•贝林在作出重大决定时，要和遗孀卡洛琳娜协商。此外，他在遗嘱中还表达了自己的愿望，把企业传到他的孙子鲁道夫-奥古斯特•厄特克尔(Rudolf-August Oetker)手中。男孩在1916年出生时，他的父亲在战争中已经牺牲了。

这位工厂主把该交代的事情一一交代后，在新的一年刚刚开始的时候，奥古斯特•厄特克尔离开了人世，那一天是1918年1月10日，四天前他刚刚过了56岁生日。

8."消除犹太影响"
理查德·卡斯洛夫斯基(Richard Kaselowsky)以及由继承引发的斗争

当欧洲的硝烟散去时，所有国家的状况都变得比战前更加糟糕，其中也包括战胜国。国家多舛的命运反映在无数被摧毁的家庭和每个人所经历的不幸中。240万士兵在战争中丧生，另外270万男人的健康受到了不可逆转的影响。厄特克尔家族也受到了严重的伤害，儿子鲁道夫·厄特克尔在战争中牺牲，父亲奥古斯特·厄特克尔在战争的最后一年也离开人世。此刻，厄特克尔公司在新的征途中缺少了两位重要的男人，一个是创始人，一个是继承人，家中如今剩下的只有两个寡妇和两个孩子。

此时的德国正处于变革之中。1918年10月，基尔(Kiel)和威廉港(Wilhelmshaven)的水手们发生了暴动，他们对抗了上级的错误决定，在最后一场战役中出海去攻打英国的舰队。11月，独立社会民主党员库尔特·艾斯讷(Kurt Eisner)在巴伐利亚(Bayern)宣布成立德国第一个民选共和国。德国的君主专制政权已经日落西山，皇帝威廉二世流亡到荷兰。1918年11月9日，社会民主党的政治家菲利普·沙伊德曼(Philipp Scheidemann)站在柏林国会大厦的一扇窗前，宣布了"德意志共和国"的成立。几个小时之后，卡尔·李卜克内西(Karl Liebknecht)在柏林皇宫前当众宣布"自由社会主义德意志共和国"的成立。

全国各地的守备部队和工厂都建立了士兵委员会和工人委员会。人们要求巴伐利亚、萨克森(Sachsen)和符腾堡(Württemberg)的国王退位,随后,其他君主国的大公、大公爵也相继退位。现在,德国这艘缺少舵手的大船由弗里德里希·艾伯特(Friedrich Ebert)来掌管。这位社会民主党人基本上是一个保守的男人,他的最高目标就是在德国避免发生俄国式的革命,阻止内战的发生,使人们免受饥荒之苦。因此,他要和军队结盟。

但是,内部之间的矛盾和争斗是不需要前线军队的,大多数士兵就想回归家庭。因此,最高的军队领导为了对抗革命者编制了一个特别的志愿部队。这个编队的意图是让德国共产党通过武装力量远离德国的政权,厄特克尔家族的一名成员也参加了这个部队。

卡尔·厄特克尔(Karl Oetker)是比勒费尔德家族的亲戚,他出生于阿托纳(Altona),他的父亲卡尔·克里斯蒂安·厄特克尔在那里拥有一家公司。战争开始前,卡尔·厄特克尔已经在上实科中学并且在一个殖民公司学习批发经营。1914年8月,他在18岁时自愿报名参战。他来到西部的前线战场,在法国的香槟酒产地阿拉斯作战。他也参加了凡尔登的战役,并在战斗中多次负伤。曾经有一次他由于被掩埋的时间过久,以至于被营救后无法再回到前线作战。

皇帝退位之后,德国的旧体制已经分崩离析,卡尔·厄特克尔在阿托纳和汉堡曾亲身经历了这个过程:满载水兵的卡车穿过城市的街道,他们手中都挥动着红色的旗子。他还看见饥饿的工人们占领工厂,抢走商店食品的情形。在这种情况下,这位企业家的儿子果断报名参加"大

2

汉堡"志愿部队，以反抗这些暴动者。

出身于一个古老商人家族的阿文·明希迈耶（Alwin Münchmeyer），10岁时在故乡经历了那些动荡的岁月。他后来回忆起这些，他所描述的完全是卡尔·厄特克尔的亲身经历："大量市民的儿子上学没多久就奔赴战场了，他们很难适应后来的和平环境，找不到自己的位置。他们在志愿军团联合起来，共同抵制暴动者以保护我们，同时也维护了新的政权，虽然他们中间没有一个人是在一夜之间就变成了共和党人或者社会民主党人的。"

事实上，这确实是一个令人奇怪的过程：社会民主党人和旧的武装力量联盟没有让德国发生革命，唯一做到的只是把君主制送到了终点。而魏玛共和国[1]在许多方面却恢复了旧的体系，私人企业的形式继续维持着，一如资本主义经济体系的继续存在，只不过这种经济体系已被嵌入到一种新的社会秩序中。

奥古斯特·厄特克尔博士的食品工厂在战后不久就再次生意兴隆。顾客对于厄特克尔公司发酵粉的需求在1919年大幅度增加，商人的订单一个月比一个月多，公司主管弗里茨·贝林不得不扩大生产。到了1919年秋天，工厂的销售额大有每月突破5,000万包的趋势，然而，原材料却无法满足如此大量的生产需求。

当时最重要的原料供应商是戈登伯格（Goldenberg）化学工厂，这个公司的所在地在莱茵高地区，一个比较偏僻的地方，它向比勒费尔德提供酒石和柠檬酸。弗里茨·贝

---

[1] 是指1918年至1933年期间采用共和宪政政体的德国。"魏玛共和国"是历史学家的称呼，不是政府的正式名称。——译者注

林不断请求这个供应商能够为他们设法提供更多的原料。"把你们能够提供的原料都发过来，厄特克尔有多少要多少。"戈登伯格化学工厂对此反应迅速，提供了大量原材料。1920年4月，厄特克尔生产了史上最多的发酵粉，4,000万包"巴克因"进入了商店。公司主管贝林和职员们都非常高兴。一个全新的时代在满满的希望中开始了！

卡洛琳娜和她的儿媳伊达也重新鼓起勇气。这期间，有鲁道夫·厄特克尔年轻时代的朋友理查德·卡斯洛夫斯基照顾他年轻的妻子伊达和两个小孩，渐渐地，他们的关系超越了关怀和帮助的层面，伊达·厄特克尔和比她大三岁的理查德·卡斯洛夫斯基日久生情，这也在情理之中，理查德·卡斯洛夫斯基是单身，而且他同样也出身于一个著名的比勒费尔德家族。

理查德·卡斯洛夫斯基生于1888年8月14日，比鲁道夫·厄特克尔年长一些。在比勒费尔德的高级中学上到二年级的时候，他和父母搬到柏林，在那里住了三年，因为身为商人的父亲老理查德·卡斯洛夫斯基是民族自由党的议员，他奉命前往普鲁士议会工作。理查德·卡斯洛夫斯基的母亲叫伊莉泽（Elise），娘家姓德利乌斯（Delius），她出身于当时比勒费尔德纺织品界一个重要的家族。

1907年，小卡斯洛夫斯基在比勒费尔德参加了他的高中毕业考试，和鲁道夫·厄特克尔不同，他对未来的职业目标并不明确，所以，他先在波恩（Bonn）和柏林开始了法律学习，但是在一年半之后，他就中断了学习。后来，他在位于北莱茵-威斯特法伦州波鸿市（Bochum）的迪斯康拓公司（Disconto-Gesellschaft）参加了银行职员的培训。

1910年10月，他报名参加为期一年的志愿军，并在慕尼黑驻扎，可是他在那里患了严重的疾病，慢性循环系统的障碍折磨着他，所以他不适合继续服兵役，只好退伍。

理查德·卡斯洛夫斯基再次回到了柏林，并且在德尔布吕克-施克勒银行（Delbrück Schickler & Co.）工作了一段时间。在首都他与他的同学鲁道夫·厄特克尔邂逅，两个人经常在一起度过他们的业余时间。1913年4月，理查德·卡斯洛夫斯基转至伦敦进修，在那里的一家银行观摩，可是这位20岁的年轻人很快就失去了对货币交易的兴趣。理查德·卡斯洛夫斯基在英国结识了一位成功的家禽饲养者，于是，他请求父亲允许他更换职业，他得到了父亲的许可，就在英国奥平顿的一个农场开始了相应的培训学习。

1914年春天，理查德·卡斯洛夫斯基返回德国并在埃尔朗根（Erlangen）上了几个月的家禽饲养学校，紧接着就在距离父母的居住地巴特瑙不远的地方开始经营自己的饲养工厂。不同于鲁道夫·厄特克尔的是，战争的爆发并没有给不宜服兵役的理查德·卡斯洛夫斯基的生活带来太多的变化。

1916年家禽饲养人卡斯洛夫斯基还是被征召入伍了，但幸运的是他并没有被送往前线，而是被派往法兰克福第18军团副司令的指挥部。那里的工作没有让他过分的劳累，所以他能够在下班后的时间旁听大学的企业管理学讲座。理查德·卡斯洛夫斯基不安分的性格一如既往，他对饲养家禽的兴趣也被证明并非持之以恒，然而他似乎又是一个大器晚成的人，他坚定不移地刻苦学习，并获得了商学硕士的学位，在1919年7月他通过了《北莱茵威斯特法伦的矿业股票市场》的博士论文答辩，并被授予博士学位。

1919年8月14日，理查德·卡斯洛夫斯基博士迎娶了好友鲁道夫·厄特克尔的遗孀，婚礼在新郎父母生活的巴登瑙海姆（Bad Nauheim）举行。让年轻的伊达尤为高兴的是，她的孩子们终于以这种方式获得了父爱。她的婆婆卡洛琳娜·厄特克尔也为他们的结合感到高兴，她和理查德·卡斯洛夫斯基已经认识多年，这位"女商务顾问"是一个极有等级意识的人，儿媳的婚姻能把比勒费尔德两个名门企业结合在一起，这自然让她喜出望外。

卡斯洛夫斯基家族起源于柯尼斯堡（Königsberg）附近的提尔斯特（Tilsit）地区，家族的名望归功于他们的先祖——费迪南德·卡斯洛夫斯基（Ferdinand Kaselowskys）。为了在比勒费尔德建造一个纺织厂，这个聪明能干且精力充沛的男人在19世纪中叶举家从波茨坦（Potsdam）搬到了比勒费尔德。费迪南德·卡斯洛夫斯基还是一位天赋异禀的机械工程师。他搬到比勒费尔德之前，接受了普鲁士的委托，在西里西亚的埃德曼斯多夫（Erdmannsdor）建造一个麻纺厂，为了积累经验，他甚至在英国的纺织业工作过。

一个由传统的亚麻布商人组成的小组在赫尔曼·德利乌斯（Hermann Delius）的领导下将费迪南德·卡斯洛夫斯基接到了比勒费尔德，他们要建立一个像在英国一样成功运行的机械纺织厂，有人推荐费迪南德·卡斯洛夫斯基做他们的技术顾问。1855年股东们任命费迪南德·卡斯洛夫斯基为拉峰斯贝尔格纺织厂（Ravensberger Spinnerei）的创办负责人并分给他一些股份。

在很短的时间内，理查德·卡斯洛夫斯基的叔爷爷就将纺织厂发展成一个非常成功的企业，他本人也同时变得富有起来，1860年初，他成为这个城市最大的纳税人。他在比勒费尔德购置了豪华的庄园，还让人在房子周围建造了一个有栗子树、山毛榉、悬铃木的花园，很快，这个花园在比勒费尔德人口中就被称为"卡斯洛夫斯基的花园"。后来，这个花园竟成了比勒费尔德的城市花园。这个庄园对于费迪南德·卡斯洛夫斯基来说远远超出了一个房子的概念，而是主人地位上升的证明。他的传记作者皮特·伦德格林（Peter Lundgreen）写道："卡斯洛夫斯基购买这块地产恰逢其时，因为他知道，这是他今后可以成为比勒费尔德亚麻新贵的象征。"

因为费迪南德·卡斯洛夫斯基结婚后一直没有孩子，所以这位企业家极力提拔家族的其他成员。费迪南德·卡斯洛夫斯基尤其青睐侄子理查德以及侄子的儿子小理查德，就是后来成为伊达·厄特克尔丈夫的理查德·卡斯洛夫斯基。费迪南德·卡斯洛夫斯基百年之后，老理查德·卡斯洛夫斯基搬进了豪华的别墅，后来，他的儿子小理查德也在那里长大成人。

理查德·卡斯洛夫斯基在1919年夏天和丧偶的伊达·厄特克尔结婚了，这是一段艰难时光成就的婚姻。婚礼不久，乌云就笼罩了这个家庭和厄特克尔企业。布丁粉和发酵粉的成功销售是战争期间需求的结果，而到了1920年5月，这种销售的热度已经大大削减。人们对销售量的下降早有预感，但却没有料到下降的势头来得如此猛烈：商人的订货量下降了75%。显然，当初对商品热销趋势的估计是错误的，真不该采购如此大量的原材料！

但是事实已经无法改变，商品已经订购，而且戈登伯格化学工厂也已经按照订单去备货，仓库已被占满。由于厄特克尔公司的收入锐减，公司无法向供货商支付货款。1920年夏天，莱茵高地区的生意好友们，对厄特克尔公司的债务之高感到极其不安。弗里茨·贝林甚至预测，这个家族企业已经到达了极为危险的境地，并且前途未卜。

一直以来，厄特克尔公司和戈登伯格化学工厂的关系还算稳固。奥古斯特·厄特克尔博士最初制作的发酵粉是一个自然生物制品，里面含有酒石酸氢钾，而不是后来被常用的酸性剂。酒石酸氢钾是一种白色的微细粉末，也是葡萄酒制作中用到的原料。奥古斯特·厄特克尔历来都买美国的产品，但并不直接从美国的生产商那里订购，而是通过戈登伯格化学工厂购买，因为戈登伯格是它在德国的独家代理商。

在第一次世界大战爆发前夕，奥古斯特·厄特克尔经常担忧，如果得不到供应商提供的酒石，那么后果会是什么。所以他不想再用惯常的方式去生产发酵粉，然而，他需要的酒石质量很高，很多地方都买不到。这种对于原材料的依赖使得奥古斯特非常苦恼，他一直都和儿子鲁道夫·厄特克尔讨论自己生产原材料的可能性，但是每次得出的结论都是否定的。

戈登伯格化学工厂的董事局和监事会的先生们自然知道，厄特克尔的公司必须依赖他们，但是他们自己也要面对同样的问题，因为厄特克尔公司在这些年中，已经发展成他们化学制品的最大买主，因此才有了两家企业在1916年交叉合股的经营模式。厄特克尔公司接管戈登伯格20%的股份，戈登伯格也相应地参与厄特克尔公司的营利，他们用这种方式来维持着双方的生意关系。

鉴于20世纪20年代初厄特克尔公司的困难状况，戈登伯格化学工厂的大股东们从中看到了商机，他们想到了一个最为便捷的办法：趁机收购厄特克尔公司！他们的这种做法完全可以找到逻辑上的说辞：公司创始人奥古斯特·厄特克尔已经去世，而发酵粉工厂还缺少一个继承人。信心满满的戈登贝格化工厂的大佬们向厄特克尔公司提出了他们的要求。

弗里茨·贝林经理在谈判中已经感到没有了退路。他知道：如果供货人到期收回贷款的话，厄特克尔家族的毁灭是不可避免的。厄特克尔企业根本无法立即清偿所有的债务。戈登贝格化工厂要求厄特克尔公司首先转变成股份公司，由他们控制公司的大部分股份。他们许诺，作为回报他们可以放弃所有的债权。贝林除了在这份意向书上签字已别无选择。

1920年秋天，失去丈夫的卡洛琳娜·厄特克尔和她的儿媳伊达参与到谈判中。当这两个女人听说情况已到了如此糟糕的地步时，她们完全惊呆了。已经去世的奥古斯特·厄特克尔在他的遗嘱中明确表示了意愿：家族企业要由他的孙子来继承。在公司创始人去世还不到三年的时间里，两个女人就要失去她们的遗产，曾给这个家族带来巨大财富的企业，难道就要变成一个被他人控股和失去自己名分的股份公司吗？企业的前途真令人担忧！

　　理查德·卡斯洛夫斯基正是在这种状况下参加谈判的。他的目的非常明确：保持厄特克尔企业的独立性。后来的公司年记称，理查德把参加这次谈判视为对死去的朋友鲁道夫·厄特克尔应尽的义务，当然，谈判的成败对理查德·卡斯洛夫斯基今后管理好厄特克尔公司也举足轻重，时年他32岁。

　　有卡洛琳娜·厄特克尔的支持，理查德·卡斯洛夫斯基向公司的经理弗里茨·贝林进一步施压，促使他找出另一个解决办法。理查德·卡斯洛夫斯基曾经怀疑，弗里茨·贝林为了追求个人利益，也赞同将公司转变成股份公司。贝林在战后成了烘干工厂的独资占有人，而这个工厂是在战争期间专为厄特克尔公司所建立的。在原材料匮乏期间，这里生产所谓的替代食品。战后，工厂因这些产品滞销而一直亏损，在贝林和戈登贝格化工厂的意向书中规定，这个工厂的所有设备要投入到厄特克尔股份公司中。

　　弗里茨·贝林并不是一个坚强的男人，在他的身上缺少一个勇敢者在冲锋陷阵时应该具备的大无畏精神和永不妥协的气概。三年前，奥古斯特·厄特克尔将管理公司的重任托付给他，从此，厄特克尔公司的未来就重重地压在了他的身上。由于他的盲目订货，使公司陷入了困境，为此他已经深感自责。接下来与戈登贝格化工厂的谈判以及和理查德·卡斯洛夫斯基的讨论，都让他心力交瘁。弗里茨·贝林无法承受这样的压力，于1921年2月9日撒手人寰。

　　从此，理查德·卡斯洛夫斯基的道路上没有了绊脚石，1921年3月1日，卡洛琳娜·厄特克尔正式让理查德·卡斯洛夫斯基成为厄特克尔公司的持股人，同时，她也让小叔子路易斯•厄特克尔进入了股东的行列。路易斯•厄特克尔在比勒费尔德继续主管销售和广告工作；生产、财务、原材料采购就落在了卡斯洛夫斯基的身上，他还进入了戈登贝格化工厂的监事会。

当接管公司的谈判继续进行时，理查德•卡斯洛夫斯基宣布，厄特克尔家族绝不会交出公司的大部分股票，这也就意味着，建立股份制公司的约定将不在考虑之中。对这个新的声音，对方提出，只有厄特克尔公司支付了他们的债务以后，才能接受这个条件，1919年繁荣时期所预订的大量原材料也可以不必认购，但前提是，厄特克尔公司必须把更多的盈利上交给戈登贝格化工厂。

这看似是一个双方都能接受的妥协建议，但理查德•卡斯洛夫斯基仍然坚持，公司一旦扭亏为盈，就不再支付更多的盈利。这位新上任的主管在谈话中信心十足，他反复强调，厄特克尔公司一定会在规定的期限内偿清债务，并且照章认购所有的订货。经过多轮的谈判，双方终于签订了合约，在合约中规定了尚未支付的信贷的偿还日期和未来原材料的购买价格。

这份合约对奥古斯特•厄特克尔博士的企业来说无异于一场赌博，是一个巨大的冒险，因为这个协议签署的时候，德国已显现出严重的通货膨胀迹象，货币贬值的走向将决定着这个家族企业是继续生存还是彻底消失。

许多德国人把通货膨胀归咎于年轻的共和国，而实际上它是战争带来的后果。战争的高额费用已经不能够通过税收来承担。根据威廉政府的计划，战争结束后，对方应该向他们支付赔偿费，德意志帝国就能够偿还在公民中所发行的债券。然而，这个计划落空了，德国不幸战败，国家满目疮痍，遍体鳞伤。根据战胜国在《凡尔赛条约》中的要求，德国必须割让西部的阿尔萨斯-洛林和尤本-马尔梅迪（Elsass-Lothringen und Eupen-Malmedy）以及东部的波森省（Posen）和西普鲁士。公投还决定了大部分北石勒苏益格回归丹麦，萨尔州的煤矿区由法国代管15年后再由公民投票决定其归属。对德国来说，这些损失是巨大的。本土工业失去了四分之三锌和铁矿的开采量，四分之一的无烟煤产量和六分之一的粮食收成。

新政府在停战之后别无选择，只能赊债度日，否则就有公共秩序崩塌的危险。1921年，战胜国要求，德国必须支付1,320亿金马克的赔偿费，赔款要在几十年间通过支付美元来偿清，可政府的第一批还款只能靠印制钞票，然后在外汇市场上换成美元来完成。然而，马克兑换美元、英镑的汇率很快就降了下来，德国的货币加快了死亡的进程，价格极速增长，进口商品的费用已经难以支付。1922年通货膨胀率达到了1300%。当年7月，德国外交部部长瓦尔特·拉特瑙（Walther Rathenau）在柏林的大街上被枪杀，人们对德国政治和德国货币仅存的信任也随之毁灭。在德国以及其他地区的存款人和投资人纷纷将他们的马克兑换成更稳定的货币。

比勒费尔德的厄特克尔公司内部也充满动荡，到1923年6月，一盒发酵粉的价格竟超过了1000马克。有员工记载："顾客是用洗衣篮装着纸币来买东西的，我们将这些纸币一一点清，然后运到银行换算成黄金的价值，就在去银行的途中，这些钱又会失去一部分价值。"企业需要用硬通货币美元来购买部分原材料，而自己却要接受贬值的货币。一位厄特克尔公司的领班回忆："如此赔本的销售持续了数周乃至数月，我们的物资却以这种极速的方式在大量流失。"

但是，通货膨胀也会给某些人带来机会，投机商们利用这个机会上演了货币的闹剧。像胡戈·斯廷内斯（Hugo Stinne）、弗里德里希·弗里克（Friedrich Flick）和奥拓·沃尔夫（Otto Wolff）这些股市鲨鱼们，他们可以在短时间内共同买下上百家公司，这其中的原理很简单：投机商在银行贷款的帮助下获得这些企业和其他固定资产，然后用贬值的货币去偿还。在操作中，其实这是非常困难的，因为没有人能准确地说出，货币通胀将会持续多长时间。德意志帝国银行逐渐也对此进行干涉，并且有效控制货币贬值，保持马克汇率的稳定。

在理查德·卡斯洛夫斯基和戈登贝格化工厂签订合约的这一天，又发生了一些意想不到的事情：马克对美元的汇率有了短暂的改善。戈登贝格化工厂的大佬们也注意到了这一变化，他们由此得出结论，通货膨胀可能会就此停止。在这种情况下，厄特克尔公司很有可能会面临新的挑战而受到打压，导致公司再次失守。

但是，预想的结果并没有出现。德国货币的贬值在短暂停顿之后又继续开始。这对理查德·卡斯洛夫斯基和他公司大有裨益。现在，厄特克尔公司为原材料所支付的费用比最初预期的要更少。相反，企业在不断提高发酵粉和布丁粉的价格，因为他们可以用低值的纸币去支付一部分配料。

1941年出版的公司年记从厄特克尔家族的角度复述了这场争斗。在年记中，人们甚至不愿意直呼那些身为犹太人的前任生意伙伴的名字，戈登贝格化工厂被称为"某某公司"，公司的监视则被称为"某博士"。年记的作者想以此表明，正是这些人试图利用当时的约定来骗过理查德·卡斯洛夫斯基，"就像奥古斯特·厄特克尔博士公司的管理者在后来得知的那样，某博士先生想通过这个协定将一个坚固的锁链牢牢套在厄特克尔公司的脖子上"。比勒费尔德公司的人真不愧是战略家，他们摸准了通货膨胀的脉搏，货币的价值反升为降，这足以证明了他们嗅觉的敏感。"某博士不管下什么圈套都不好使，现在他只能用妒忌的目光，眼见着厄特克尔公司的处境越变越好。"

理查德·卡斯洛夫斯基在20世纪20年代拒绝了戈登贝格化工厂的要求，将已贬值的账款转变成金马克，因此，工厂董事会将厄特克尔公司告上了法庭。在研究过相关法律后，厄特克尔公司想出了一个新的策略，他们拒绝支付所有款项，并且声明自己被多年的合作伙伴通过高昂的价格欺骗和剥削。理查德·卡斯洛夫斯基和路易斯·厄特克尔果真用这种方式成功地促使戈登贝格化工厂降低了他们的供货价格。

这场争端的高潮是戈登贝格化工厂为此召开了监事会会议，在这个会议上公布了所有出现的问题，由于积怨太深，理查德·卡斯洛夫斯基并没有被邀请出席会议，但这位厄特克尔公司的经理不顾阻拦，坚持与会，他要找一个解围的机会。在会议上他提出了一个调解的建议，希望能够一次性结束厄特克尔公司和戈登贝格化工厂之间的所有争端。经过反复讨论协商，大佬们终于接受了调解的建议。

在这次协商中，厄特克尔公司承诺，以金马克的价值支付货款。除此之外，厄特克尔公司还表明今后将继续和多年以来的供应商保持合作关系，继续采购他们的物资。就这样，理查德·卡斯洛夫斯基得到了许诺，厄特克尔公司和戈登贝格化工厂解除了交叉参股的关系。

这是一次巨大的胜利。在后来撰写的公司编年纪中，关于这一段历史的章节取名为"自由"。在为公司50周年庆典出版的手册中写着："厄特克尔自由了，创始人留给子孙的遗产被抢救了回来。"人们把卡斯洛夫斯基、卡洛琳娜在这场公司利益保卫战中的功绩与公司创始人奥古斯特·厄特克尔的功劳相提并论，"公司利益的维护者的功绩往往被忽略，可事实上，他们是与公司创始人同样重要的人物"。

当理查德·卡斯洛夫斯基在1941年周年庆典活动中谈到发生在20年前的争论时，他坦露，人们必须在"成为战争因素的犹太供应商面前"宣称奥古斯特·厄特克尔博士公司的独立性。理查德·卡斯洛夫斯基和创始人的弟弟路易斯·厄特克尔声称，"他们消除了犹太人的影响"。

在这场收购大战中卡斯洛夫斯基和厄特克尔家族在许多方面都很幸运，不仅通货膨胀恰逢其时地帮助了厄特克尔企业，而且就在厄特克尔和多年的供应商关系闹僵时，一个新的货源出现了。有一家布登海姆（Budenheim）化工厂，它想要和厄特克尔做生意并且向其供应自己的酒石产品，只是产品的质量远不及美国的产品。

　　路易斯・厄特克尔立即嗅到了一个机会，他决定，立刻摆脱美国人以及德国的中间人。他委托自己的实验室主管鲁道夫・符莱波（Rudolf Flebbe）和布登海姆化工厂的化学家们共同研制质量更高的酒石。合作最终取得成功，德国酒石的质量要比美国的产品更好。就这样，理查德・卡斯洛夫斯基得到了新的原料供应商。

　　在后来撰写的公司年记中，布登海姆化工厂被描述为困境中的意外帮手。但令人感到蹊跷的是，这个在1923年创办的企业就建在戈登贝格化工厂的附近，所以有人怀疑，是戈登贝格的员工在路易斯・厄特克尔的支持下自立门户，以排挤掉他之前的雇主。从戈登贝格化工厂倒闭到布登海姆化工厂成为厄特克尔集团的组成部分，这中间仅仅过了数年的光景。

　　比勒费尔德的食品工厂宣布独立经营时，克雷费尔德的厄特克尔工厂却决定让多伊斯&厄特克尔公司联合运营。早在1919年就有下莱茵河的四个纺织家族企业结合成了一个利益共同体，在采购和商品销售方面进行合作。鲁道夫・厄特克尔（Rudolf Oetker）和保罗・厄特克尔（Paul Oetker）兄弟俩在他们父亲死后掌管着生意，他们也对此类合作表现出极大的兴趣。1920年10月他们和这四个企业共同建立了联合丝织品股份公司，简称"费尔塞达（Verseidag）"。鲁道夫・厄特克尔和保罗・厄特克尔进入了公司的董事会，而他们的母亲在监事会中也担任要职。

9. "休想挤掉厄特克尔"
黄金20年代

理查德•卡斯洛夫斯基1919年夏天和伊达•厄特克尔结婚后，他就变成了两个孩子乌苏拉•厄特克尔和鲁道夫－奥古斯特•厄特克尔的继父。这个新的家庭在快速地扩大，结婚后一年他们的第一个女儿出生了，取名伊尔莎(Ilse)。在接下来的1921年，伊达•卡斯洛夫斯基又生了一个儿子，也取了他父亲和祖父的名字理查德(Richard)。卡斯洛夫斯基的第三个孩子在1922年出生，取名为特奥多尔(Theodor)，1927年，家里又添了一个姑娘英格博格(Ingeborg)。

路易斯•厄特克尔和理查德•卡斯洛夫斯基两个家庭紧密结合，休戚与共。作为公司的最高领导人，他们两个人各有所长，互补互帮，一个侧重销售，另外一个精于财务和负责组织工作。每当理查德•卡斯洛夫斯基一意孤行时，创始人的弟弟总是能通过他冷静又谨慎的方式让员工们和生意伙伴站在他的一边。在这两个男人中，理查德•卡斯洛夫斯基自然是热血贲张的那一个，因为他更年轻，更有野心。

在1923年货币改革之后德国经济又开始呈现上升的趋势。美国人在战争赔偿上态度很宽容，他们减轻了德国人的负担。但是更重要的是，美国通过购买债券和贷款来向德国经济提供资本。美国银行在德国市场上投入了巨大的资金，投资主要用于企业，并贷款给城市和社区。

在这种背景下，理查德•卡斯洛夫斯基在1924年决定在汉堡建立一个分厂。北德地区的市场由这个工厂的产品来供应。从汉堡出发都可以经水路到达柯尼斯堡（Königsberg）、什切青（Stettin）、柏林、德累斯顿（Dresden）、莱比锡（Leipzig）和哈勒（Halle）等城市，因此可以节省下一大笔运费。理查德·卡斯洛夫斯基来到汉堡并在易北河岸的阿托纳区买下了一个仓库。1924年4月，他将两名得力的员工派往北方，让他们在这里按照比勒费尔德的模式建设一个工厂。

理查德·卡斯洛夫斯基不想浪费时间，码头边上的仓库还在改建中，厄特克尔公司的人已经在汉堡的城区巴亨费尔德开始生产发酵粉，路易斯·卡尔·厄特克尔公司给他们提供了生产场地。此前，这个企业一直由比奥古斯特·厄特克尔小三岁的弟弟阿尔贝特·厄特克尔管理，这时，他已经去世了。除了做杏仁糖果，他们还做其他生意，例如把水果制成罐头并且生产果酱。

汉堡厄特克尔分公司在码头附近仓库中的生产终于开始了，总共雇用了70人。工厂的所在地就在栈桥旁的鱼市街上。没过多久，生产的产品就延伸到其他烘焙用品。老厂主的遗孀，如今工厂的主要持股人卡洛琳娜·厄特克尔很关注这个汉萨城内[1]的工厂。这位精明的商务顾问在装灌女工们那里看到了惊喜："原来阿托纳地区的姑娘们也和终日劳作的比勒费尔德姑娘们一样心灵手巧啊！"

1924年，第二个分工厂也投入生产。这个工厂建在了但泽（Danzig），那时的但泽还是一个独立的城市。理查

---

[1] 又叫汉萨同盟，是中世纪晚期波罗的海周围城市之间形成的商业、政治联盟，于1669年解体。当时包括吕贝克、不来梅等德国城市在内。——译者注

德•卡斯洛夫斯基让这个工厂给德国在第一次世界大战后失去的东部地区供应产品。

比勒费尔德本地的公司也有扩张的迹象，理查德•卡斯洛夫斯基和路易斯•厄特克尔将原来生产纸袋和折叠盒的部门扩建成一个独立的企业，他们置办了大量的剪切机和印刷机。之前，企业必须从其他公司购买大量的包装材料，现在，他们开始自己生产。1925年3月，工人们搬进了比勒费尔德石匠街上的新工厂。

一个男子的出现推动了厄特克尔广告的发展，他就是保罗•扎克维茨（Paul Sackewitz）。面对这个占据发酵粉市场份额95%的公司，他认识到，如果让更多年轻的家庭妇女对烘焙感兴趣，那么，销售量只会上涨。然而只有报纸上的广告是不够的，扎克维茨建议，厄特克尔公司应该在全德国开设关于烘焙课程的讲座，从而为公司进行大力的广告宣传。于是，公司在1926年建立了专门的外勤服务小组。小组成员们穿梭于乡村城镇，住旅店，租草棚，晚上为女村民们展示，怎样用厄特克尔博士的产品来烘焙糕点。在展示的过程中，他们还让听众们试吃品尝，并提醒他们在咀嚼中注意里面的杏仁。凡是吃到杏仁的女士就会得到一本烹饪赠书。为了给布丁做广告，扎克维茨在报纸上用严肃的语气向德国的母亲们发问："为了孩子的发育，你给他们吃足够的厄特克尔布丁了吗？"

厄特克尔企业和汉高公司共同在柏林以及一些大城市中建立了厄特克尔-宝莹（Oetker-und Persil）学校。年轻的妇女们不仅可以学习烘烤蛋糕，而且还学习如何使用洗涤用品。在听课期间，她们还可以获得赠品和广告样品，例如，用来搅拌煮锅衣物的搅拌棒，许多年轻人还把这个搅拌棒用在了棒球比赛上。

理查德·卡斯洛夫斯基集中精力，将食品厂的传统生产工艺不断合理化。他在当时一本美国工业家亨利·福特（Henry Ford）的书中了解到传送带的优点，于是，他就让人在自己的工厂中建立了一个悬空的缆车和滚带，这样，工人们的工作就变得容易了，只是生产的过程变得有些单调。

理查德·卡斯洛夫斯基在职能范围内尽量扩大自己的影响。1925年，除了厄特克尔公司之外，他还把传统的比勒费尔德企业纳入自己的监控范围。在理查德·卡斯洛夫斯基的推动下，厄特克尔公司收购了公德拉赫印刷出版有限公司（E. Gundlach AG）的大部分股份。

这个家族企业是1847年由一位名叫恩斯特·路德维希·公德拉赫（Ernst Ludwig Gundlach）的装订工人建立的。当公德拉赫创始人的儿子们在19世纪末接管公司时，他们的顾客中就包括年轻的药剂师奥古斯特·厄特克尔。公德拉赫为厄特克尔的发酵粉印刷包装，碰巧的是，公德拉赫两兄弟的名字和比勒费尔德厄特克尔两兄弟的名字一模一样：奥古斯特和路易斯。

与奥古斯特·厄特克尔不同的是，公德拉赫在很早之前就脱离了家族企业的模式，转而由外人来投资。世纪之交，他们将公司转变成股份公司并邀请了新的投资人。理查德·卡斯洛夫斯基的同名父亲就是新股东之一。

借助这些新股东的资金，公德拉赫股份公司在20世纪挺进了新的生意领域：出版和印刷业。他们于1900年9月将每日发行的《比勒费尔德汇报》投入市场。这次带有风险的投资是值得的。这份报纸通过一种公民自由的设计，成为当地除传统的《比勒费尔德日报》、带有社会民主党色彩的《人民守卫者》之外的第三份报纸。1918年公德拉赫董事将报纸更名为《威斯特法伦最新消息》，因为，该报纸在比勒费尔德之外也有许多读者，新的名称似乎更有影响力。

可以认定，理查德·卡斯洛夫斯基从他在1921年去世的父亲那里继承了公德拉赫的股份，之后他又借助厄特克尔公司的实力增加了大宗的股票。1925年，这位有权利意识的厄特克尔公司经理卡斯洛夫斯基接管了公德拉赫公司监事会主席一职。公司创始人恩斯特·公德拉赫的两个儿子在这个时候已经去世了，家族中只有一个成员还在公司中发挥着作用：当时31岁的汉斯·公德拉赫已做了五年的董事会成员。在新的权利关系中，年轻的公德拉赫无法在公司的高层站稳脚跟。1928年，他离开公德拉赫公司之后，立即建立了自己的公司，同样生产包装材料。他是自愿离开，还是被挤压走，这一点已无从考证。

对于理查德·卡斯洛夫斯基和厄特克尔家族来说，此次对公德拉赫的接管意味着进入了一个全新的生意领域。公德拉赫不仅印刷包装材料和广告，它也印刷书籍。除了《威斯特法伦最新消息》之外，它还出版大量的传统专业杂志，像自行车专刊《自行车市场》及《德国缝纫机报》等。

在理查德·卡斯洛夫斯基和路易斯·厄特克尔的管控之下，公德拉赫的公司发展良好。1925年，公德拉赫股份公司在附近的城市威登布吕克（Wiedenbrück）开办了一个分工厂，因为总厂的生产能力已经远远超出负荷。由于生产所需要的包装袋太多，所以，公德拉赫也收购了在马格德堡附近阿舍斯累本的小型工厂。公德拉赫公司为厄特克尔印刷烹饪书籍、烘焙手册以及菜谱配方，这些都是发行量很大的刊物。

在20世纪20年代，理查德·卡斯洛夫斯基和厄特克尔家族利用食品工厂的盈利不仅买下公德拉赫公司的股份，而且还入股其他公司，其中一家是非常著名的比勒费尔德老企业科赫斯·阿德勒缝纫机股份公司（die Kochs Adlernähmaschinen-Werke AG）。卡斯洛夫斯基和厄特克尔家族投资购买了许多股票，甚至占用了流动资金的多半。这一点可以从1928年厄特克尔公司经理担任缝纫机厂监事会副主席的职位中看出来。

这个位置并非理查德·卡斯洛夫斯基在厄特克尔公司之外的唯一职位，在1930年的股份手册中，理查德·卡斯洛夫斯基名字后面委托人的数量至少有五个，这位厄特克尔公司的经理同时担任着几家公司的监事会主席：其中包括美因茨的布登海姆化学股份公司、公德拉赫股份公司、居特斯洛（Gütersloh）的福格特-沃尔夫股份公司（die Vogt & Wolf Aktiengesellschaft）。福格特-沃尔夫公司是一家肉类食品工厂，当年，理查德·卡斯洛夫斯基的父亲就任职监事会中。显然，卡斯洛夫斯基家族在这里也拥有股份，后来通过厄特克尔公司又进一步扩大了资本，因为，路易斯·厄特克尔也在福格特-沃尔夫监事会拥有职位。

除此之外，理查德·卡斯洛夫斯基在20世纪20年代后期也是德意志银行监事会的成员。不难猜测，他和银行的关系是通过他的小舅子费迪南德·迈耶（Ferdinand

Meyer）来实现的。伊达·卡斯洛夫斯基的弟弟费迪南德·迈耶是德意志银行的法律顾问。理查德·卡斯洛夫斯基通过这一渠道成功地打入了一个在魏玛共和国中最有影响力的经济圈子，后来，这个圈子的规格远超当时，1930年德意志银行监事会的成员不少于115位。

20世纪20年代后期，发酵粉行业的竞争越发激烈。美国食品行业的跨国集团开始通过自己的产品打开德国市场。这些美国公司在德国报纸和画报上刊登大量的广告。但是厄特克尔公司坚决捍卫了自己的领域。路易斯·厄特克尔加强了"巴克因"的广告投入，成功地让"厄特克尔博士"这一品牌在德国的家庭主妇中站稳了脚跟。

在这段时间内，美国通用汽车（General Motor）生产商收购了著名的德国奥贝尔汽车股份公司（Adam Opel AG），还有其他许多企业都变更了公司的所有人。以美国银行摩根（J. P. Morgan）为首的一个财团也向厄特克尔家族和卡斯洛夫斯基开出价格，以购买厄特克尔公司的股份。这个银行在1929年还接管了多梅家族在夏普&多梅医药公司的股份。阿尔弗雷德·R. L. 多梅（Alfred R. L. Dohme）卖了他手中的股份，因为在这个家族中没有继承人。

理查德·卡斯洛夫斯基和厄特克尔家族与这些亲戚们相反，他们并没有卖掉自己的公司。比勒费尔德的企业拒绝了他们的报价，于是，美国发酵粉生产商在德国的营销活动变本加厉。这一次，理查德·卡斯洛夫斯基和路易斯·厄特克尔不仅用广告宣传来保护自己，而且还拿起了法律的武器，他们向德国法庭控告美国竞争者违反了相关的食品法。美国人被抓到的把柄是，他们的广告没有食品标记。比勒费尔德实验室的主管鲁道夫·弗莱珀（Rudolf Flebbe）是一个经验丰富的专业人员，他精通此道，几乎没有第二个化学家像他一样熟悉迷宫般的法律规定。在多年的诉讼过程中，厄特克尔公司对国外竞争者的起诉不少于12次，厄特克尔企业赢得了大部分诉讼。

美国的竞争者们清楚地认识到，他们很难进入德国的市场，于是就对厄特克尔公司说，他们可以完全撤出德国的市场，但要求厄特克尔公司来补偿他们在广告上的资金投入。对这个要求理查德·卡斯洛夫斯基和路易斯·厄特克尔与员工们一起商量对策。弗莱珀不同意这样做，因为他预测，接下来的两个诉讼案，厄特克尔公司同样也能胜出。而事实上这个诉讼最后是以和解的方式了结的，厄特克尔公司支付了美方的广告费用。但无论如何，这都没有改变厄特克尔企业赢得这场防御战的最后结果：美国的发酵粉生产商完全退出了德国市场。

生意上顺风顺水，资产在不断增加，这些都没有让厄特克尔家族忘记在比勒费尔德为在战争中牺牲的鲁道夫·厄特克尔建立一个纪念碑。这位公司创始人的儿子，不仅拥有自然学科的博士学位，他还是一个多才多艺的人，他会弹钢琴和管风琴，在开战之前他还在比勒费尔德乐队总指挥威廉·拉姆平（Wilhelm Lamping）那里上过课。苦于比勒费尔德没有一个像样的大礼堂，所以他无法举办一个由自己指挥的音乐会，鲁道夫·厄特克尔曾经有过一个想法，用公司的一部分盈利献给家乡一个音乐厅。

在自己唯一的儿子整整离开九年之后，卡洛琳娜·厄特克尔已经拥有了足够多的财富，筹备修建一座音乐厅。

杜塞尔多夫的建筑师缇特曼（Tietmann）和哈克（Haake）设计了这座雄伟的建筑，九根紧密相连的支柱和横梁构成一个拱廊，高耸的支柱如同这座建筑物一样高。1930年，音乐厅落成竣工。音乐厅可以容纳1,500多位听众，以鲁道夫·厄特克尔的名字命名，以此献给那些和他一起牺牲在第一次世界大战中的比勒费尔德的战友们。厄特克尔家族为音乐厅的建造花费了150万帝国马克[1]，几十年过去，音乐厅的音响效果仍受到人们极大的赞誉。

1930年10月，约翰·勃拉姆斯（Johannes Brahms）的C小调第一交响曲被选为音乐厅落成典礼上的演奏曲目。卡洛琳娜和卡斯洛夫斯基夫妇就坐在音乐厅的第一排。这是一个举行在灰暗时期的落成庆典。就在一年之前，纽约交易市场上的股票已经跌到谷底，经济的泡沫在1929年10月24日这一天完全破裂，在几个小时之内，被高估的股票猛跌了90%。对金融危机的恐慌顿时蔓延开来，整个信贷系统陷入了崩塌的状态。德国也成了惊弓之鸟，尤其当美国银行向他们的债务人宣布贷款到期时，整个世界的贸易到了岌岌可危的地步。

德国经济遭遇了巨大的打击。德国对国外资金的依赖，就像对他们工业商品的出口，可是，这就像一次已经开始的地狱之旅。1932年萧条时期的工业生产量降低了三分之一。官方数据显示，失业人员的数量上升到六百万之多，事实上，这个数字还要高，有可能达到了八百万。每三个人中就会有一人丢掉工作，而许多未被解雇的人也只

---

[1] 1924年起，德国的货币由"马克"变为"帝国马克"，直至1948年。1939年的帝国马克和美元的汇率为1美元兑换2.5帝国马克。——译者注

能拿到微薄的工资，没什么活儿可干。如此萧条的景象足足持续了五年之久。

这次世界性的经济危机也使比勒费尔德的人们陷入了极度的苦难。1929年，已经有11,000人失去工作，两年之后的失业人数在翻倍增长。在奥古斯特·厄特克尔博士的食品工厂中也有大批员工遭到裁员。1930年，厂里工程师制造出一台新型设备，用这个机器生产纸袋数量是相同时间内手工生产的很多倍。在经济危机中，这个神奇的机器也被停用了，据说，这是卡洛琳娜·厄特克尔的愿望，因为，她不想在缺少订单的时期里让更多的工人回家。但也有一说，是公司经理理查德·卡斯洛夫斯基因为害怕员工们闹事而为。

克雷费尔德亲戚那边的费尔塞达纺织品公司也每况愈下。工厂是施夫邦乡镇人们的生计来源，几乎所有从学校出来的年轻人都在这里工作，可现在，他们却找不到一个学徒的位置。1930年夏季，工厂开始招收临时工，可这也无法避免员工被解雇的情况发生，起初，最受影响的是那些多名成员都在工厂工作的家庭，他们无法扛得起多份收入同时的损失。《下莱茵日报》写道："联合丝织工厂是这里唯一的企业，可想而知，工人圈子中的气氛该是如何的消极！"

形势日趋恶化。1931年初，公司管理层获得了当局的批准，解雇950名员工中的250人，在余下的员工中，大部分人的周工作量也只有24小时。在后来的几个月中，经济曾经有过短暂的好转，所以有些在之前被解雇的人又回到了工厂，公司接到了做一批衣服和领带布料的订单。为了按时完成任务，董事局1932年春天提出了阶段性安排夜班的建议。可是，工人们也提出了条件，公司应该承诺在一年之内不得解雇工人和使用临时工。当董事局拒绝这个要求时，员工代表也拒绝上夜班。

费尔塞达在施夫邦的工厂实行临时工制，而其他分厂却还是全日制工作，冲突便加剧了。但是，迫于压力，施夫邦的工人还是上了夜班。当1932年8月订单的数量又再次下降时，工作的时间又必须再次被缩短。作为一家之主的父亲之前工作七天，而如今变成五天；未婚的工人则每周工作四天。共有60位领带织工也遭到了解雇。

发生经济危机的时间段对于厄特克尔家族在克雷费尔德的亲戚们来说，是家族历史上一段特殊的时期。克雷费尔德分支在那段时间里遭受了一连串灾难的打击。身为克雷费尔德费尔塞达公司董事的鲁道夫·厄特克尔在1930年10月去柏林出差期间意外死亡。就像在1918年去世的比勒费尔德的堂兄弟一样，以56岁的年纪离开了人世，身后留下了妻子和五个孩子。

克雷费尔德鲁道夫·厄特克尔的死亡对于这个家族和公司都是一个巨大的损失，因为在三年之前鲁道夫的弟弟保罗·厄特克尔也意外死亡。他是费尔塞达的人事经理，这位有绅士风度的先生在1927年11月的某一天，死于心肌梗塞，享年51岁。

　　米莉·厄特克尔因为遭到连续失去两个儿子的打击，抑郁成疾，她也于1931年7月离开人世。幸运的是，她的长孙罗尔夫-贝尔恩德·厄特克尔（Rolf-Bernd Oetker）已年过30岁，已经有能力接管公司，在费尔塞达股东们面前维护家族的利益。

1933—1945
"第三帝国"与厄特克尔

10. "感谢党员同志卡斯洛夫斯基的无私帮助……"
"希姆莱朋友圈（Freudeskreis Himmler）"中的卡斯洛夫斯基

1931年12月，阿道夫·希特勒要求企业家威廉·开普勒（Wilhelm Keppler）组织一个由经济专业人士组成的协会，这个协会的企业家和经理要为"德国国家社会主义工人党"在经济政策上出谋划策。开普勒是一位纳粹理想主义者，在很多年前，他就已经成为这个希特勒党派的成员，所以对这项任务乐此不疲，但是他在经济上并没有多大的作为。当时，他只是一个生产胶片的奥丁（Odin）工厂的经理，并不属于一线的骨干力量。

根据希特勒的建议，开普勒和一些企业领导人进行接触。他成功地将银行家哈尔马·沙赫特（Hjalmar Schacht）、库尔特·冯·施罗德（Kurt von Schröder）、钢铁业的阿尔贝特·弗格勒（Albert Vögler）、钾盐生产商奥古斯特·罗斯特克（August Rosterg）、西门子经理鲁道夫·宾格尔（Rudolf Bingel）等经济巨人组织在了一起。这些人已经预料到，希特勒在不久的将来会掌握大权，指望以此来让帝国总理希特勒推行对他们有利的经济政策。

"德国国家社会主义工人党"的计划纲领出自1920年，纲领要求"废除不劳而获的收入""中断交租义务"等。戈特弗里德·菲德尔（Gottfried Feder）是纳粹经济顾问委员会的主席，他认为，企业过于看重利润而忽视了消费者的需求。在党内具有发言权的奥拓·施特拉塞尔（Otto Strasser）和格雷格尔·施特拉塞尔（Gregor Strasser）是兄弟俩，他们甚至要求，工业必须国有化。他们认为，土地也应该转为公有财产。在大股份公司的监事会中，银行方面的代表占据了很大一部分，这在那些早期纳粹党员的眼中简直就是噩梦。

希特勒自己没有能力制定经济路线，他不精此道，对此也没有多少兴趣，在他的眼中，只有权力才是至高无上的，不过，为了达到这个目的，他需要企业家的支持。他早就意识到，如果他把自己反对布尔什维克主义勇士的一面展现在这些企业家的面前，他可能就会成功。希特勒在1932年1月杜塞尔多夫工业俱乐部的一次演讲中说："我们决心彻底消灭出现在德国的马克思主义"，以此来蛊惑企业家们。

开普勒圈中的经济人士们几次会面商讨，但没有拿出太多的建议。当然，经济政策也不由他们来制定。希特勒自己早已经决定保留之前的经济体系。他不再寻求工业家们在经济策略上给予帮助，而是希望他们在资金上支持自己的竞选。20世纪30年代初，"国家社会主义工人党"前途未卜，所以经济领域上的大款们更愿意给予保守党派资金的支持。在纳粹夺取政权之前，弗里茨·蒂森克（Fritz Thyssen）是唯一一个向纳粹慷慨捐钱的大企业家。

虽然开普勒圈子对纳粹的资金资助不大，但是一些成员的帮助也给希特勒夺取政权创造了条件。历史学家莱因哈德·弗戈桑（Reinhard Vogelsang）对此概括道："开普勒圈子打着指导纳粹经济政策的旗号建立起来，而实际情况是，它要设法唤起希特勒在竞选总理时所需要的共鸣。"

希特勒通向权力的道路并非一帆风顺。1932年，"德国国家社会主义工人党"似乎已胜利在望，在两年之前的国会选举中，它就已经得到18%的选票，取得了意想不到的成功，因此，"德国国家社会主义工人党"一跃成为第二强党，甚至在1932年7月的国会大选中，该党以37%的选票成为得票数最高的党派。然而，它在议会中却没有获得半数以上的选票，而其他资产阶级党派也没有获得多数的选票，即使他们和社会民主党人联合，选票依然未过半数。所以帝国总理由弗兰茨·冯·巴本（Franz von Papen）[1] 担任，他深得兴登堡（Hindenburg）[2] 以及库

---

[1] 1932年6月至11月担任德国总理，后任副总理。——译者注
[2] 德国陆军元帅，魏玛共和国时期的德国总统。——译者注

尔特·冯·施莱谢尔（Kurt von schleicher）[1] 的信任。

1932年，新的国会重新选出，虽然"德国国家社会主义工人党"还是票数最多的党派，但它还是失去了两百万张选票，希特勒政党的全盛时期似乎已风光不再。难道这位特立独行的领导人，会永远处于反对党的地位吗？在这种状况下，开普勒的成员沙赫特（Schacht），银行家冯·施罗德（von Schröder）和开普勒本人草拟了一封给兴登堡的请愿书，这封请愿书的目的就是要说服这位不情愿的帝国总统任命最强党派领导人希特勒为帝国总理。

许多不属于开普勒圈子的企业家也签署了这封请愿书，但这次努力却徒劳枉然，在两次接见希特勒之后，这位久经沙场的陆军元帅并不喜欢这位"国家社会主义工人党"的领导人。其实兴登堡拒绝的主要原因是，他的亲信库尔特·冯·施莱谢尔试图出任帝国总理。正是这位亲信在1932年的夏天，鼓动兴登堡扶持宠臣弗兰茨·冯·巴本上台，成为帝国总理，可如今，弗兰茨·冯·巴本不得不给他曾经的扶持者让位。

库尔特·冯·施莱谢尔的政治目标是建立另外一种制度的国家，对他来说，魏玛共和国的形式过于时新，他的愿望就是复辟。1932年12月，他当上了帝国总理，为了扳倒希特勒，他试图分裂"国家社会主义工人党"，并建立一个新的党派。然而，这位将军在大方向上走偏了路线，而此时的弗兰茨·冯·巴本正计划借助希特勒来夺回权力，他甚至已经准备好将总理的位置转让给希特勒，副总理的位

---

[1] 接替弗兰茨·冯·巴本，成为第三帝国之前的最后一任德国总理。——译者注

置已经让他很满足，这毕竟是一个被帝国总统关照的人，所以，他不会有任何的危险。

巴本要尽快和希特勒商讨他的计划，而且会面必须秘密进行。威廉·开普勒和工业家埃瓦尔德·黑克尔（Ewald Hecker）给两人提供了一个信息，开普勒圈中的另外一个成员，科隆的银行家冯·施罗德会对此提供帮助。1933年1月4日，巴本和希特勒在他的房子中会面了。两个人很快就达成一致。此次会晤仅仅过去不到一个月的时间，巴本就说服了兴登堡。

失去了靠山，施莱谢尔不得不于1月28日下台。仅仅两天之后，也就是1933年1月30日，帝国总统兴登堡任命阿道夫·希特勒为总理。公众对这个消息感到震惊。希特勒进入政府担任要职并不是因为选举，而是小集团权势影响的结果。

希特勒的拥护者和"国家社会主义工人党"在国内的庆祝活动此起彼伏。比勒费尔德的庆祝活动也一直持续到夜晚，大约1,200名纳粹党员手持火把，穿过市区。当时《威斯特法伦最新消息》是这样评论希特勒上台的："希特勒对这个国家来说，是一股潜在的政治力量，而他的身后是对元首充满信任的动力。"

奥古斯特·厄特克尔博士的家乡比勒费尔德，在魏玛时期就是社会民主运动的中心之一。在1930年9月的选举中，纳粹党在这里得到的选票低于平均水平。但是在两个月之后，因为一些城郊的合并，专区议会和市议会必须重新选举，这时纳粹党的议会席位由2个激增至12个。随着牙体技师埃米尔·伊尔冈（Emil Irrgang）当选市议主席，该城的纳粹党进一步扩大了势力。1930年，比勒费尔德成为第一个拥有纳粹党员代表最多的城市。

在1933年3月5日的国会选举中，也就是希特勒已担任帝国总理期间，比勒费尔德的纳粹党员数量超过社会民主党员的人数，这种趋势很快就蔓延到其他地区。1933年4月20日，在希特勒生日的这一天，鲁道夫·厄特克尔音乐大厅旁边的市民公园也以当权者的名字命名。晚上，纳粹十字旗在音乐大厅里闪闪发光，建筑外墙的正中央悬挂着"元首"希特勒的大幅画像。

1933年5月1日是德国的第一个法定节日，纳粹党认为，"国家工人日"对于德国的大众来说具有特殊的意义。希特勒在柏林的演讲中大谈劳动精神，前来听演讲的比勒费尔德大型企业的职工聚集在一起，与纳粹冲锋队、党卫军及警察一同站在行进的队列中。每个队伍的前列都由希特勒青年团成员打头，这些人都举着带有自己公司名称的牌子。

理查德·卡斯洛夫斯基也在队伍之中，所有企业家和公司主管都必须和员工一起参加游行，以此说明他们之间的团结。比勒费尔德的游行队伍共有五万人，集会结束时，还转播了来自柏林的帝国总统兴登堡和宣传部长约瑟夫·戈贝尔（Joseph Goebbel）的演讲。

就像许多企业家一样，奥古斯特·厄特克尔博士公司的经理理查德·卡斯洛夫斯基在1933年5月1日这一天加入了纳粹党，他的党证编号为2473×××，他几乎抓到了加入纳粹党的最后时机，因为从这一刻起，纳粹党对增补党员提出了很多限制条件，他们担心，之前曾发生的斗争会演变成党内的矛盾。希特勒出任帝国总理的那几个星期内，纳粹党员的数量激增至250万人。几乎是在很短的时间内，就有170万德国人同时申请加入纳粹党。"从前的反对者"只剩下了很少的一部分人。特别是在1933年3月5日的国会选举之后，人们大量涌入纳粹党中。这些人被讽刺为"三月殉道者"（Märzgefallenen）。

此前的理查德·卡斯洛夫斯基也许并不是纳粹的支持者，但是在希特勒夺取政权之后，他被视为一个坚定的纳粹追随者。1933年7月，比勒费尔德工业和商业协会合并在一起，需要选出新的董事，在组合后的董事会名单里，人们看到了理查德·卡斯洛夫斯基的名字。1935年，受纳粹党的委任，理查德·卡斯洛夫斯基成为比勒费尔德选出的25名市议员之一，任期六年。理查德·卡斯洛夫斯基成为纳粹支持者的核心成员，此时距离希特勒掌权并没有过去很长的时间。

1933年，一位年轻人开始掌管开普勒圈子，这个人就是开普勒的外甥弗里茨·克拉那弗斯（Fritz Kranefuß）。在三月的国会选举之后，开普勒被调往帝国办事处担任希特勒的顾问，于是，克拉那弗斯就成了这个圈子的中心。克拉那弗斯踌躇满志，开普勒圈子似乎就是他施展抱负的舞台。他早已熟悉了舅舅的工作，并在1932年春天加入了纳粹党。20世纪20年代时，克拉那弗斯曾在一家犹太人的银行工作，在希特勒夺取政权之后，他加入了党卫军并且为此全力以赴，死心塌地。

克拉那弗斯一心想把开普勒圈子和党卫军首领海因里希·希姆莱（Hrinrich Himmler）扯上关系，很快，他就找到了这个机会。在1933年党代会之前，希特勒想在经济界人士那里露上一面，于是让希姆莱邀请一些知名的银行家和企业家前往纽伦堡（Nürnberg）做客。

开普勒圈子由此得名——"帝国元首及党卫军的朋友圈"。这个新的名称既不是希姆莱，也不是克拉那弗斯或者开普勒本人想出来的，很有可能是一个党卫军的普通成员随口说出的，后来企业家们都证实确有其事，理由听起来有些荒谬：党代表会期间的贵宾都被安置在纽伦堡的豪华酒店中，许多人会利用酒店的会议室搞一些活动，其中不乏外交人员。因为有些客人常常忽视场地已经被预订，所以在开普勒圈中的党卫军成员就想出了一个主意，在会议厅门前放一个牌子，上面写着："该厅已为帝国元首及党卫军的朋友圈所预订。"

克拉那弗斯对这个名字欣然笑纳，正中下怀，开普勒圈子的影响获得了升值，同时，他们得到了一位颇有权力的指导者：海因里希·希姆莱。从海因里希·希姆莱自身来说，他很乐意接受这个角色，在由工业家和银行家组成的圈子中，希姆莱也捕捉到扩大自己权力的机会。另一方面，他本人也对经济政策感兴趣。他的目标是要通过建立自己的企业，给党卫军带来经济上的支持。在经济领域中争取知己、获得盟友无疑是至关重要的。希姆莱立即责成党卫军管理经济事务的奥斯瓦尔德·波尔介入该圈子。后来，又有一些更高级别的党卫军要人也参加了该圈子的聚会。

理查德·卡斯洛夫斯基是怎样进入希姆莱的朋友圈的呢？一个重要的因素是：1935年出售《威斯特法伦最新消息》。这次行动给理查德·卡斯洛夫斯基带来了不小的影响。希特勒当权之后,这份报纸立即改变了风头,许多文章都充满了浓厚的反犹太人色彩。1933年4月,比勒费尔德的犹太律师的数量被限制在不得超过两个,《威斯特法伦最新消息》还嘲讽一位被禁止开业的犹太律师:"没有了丰厚酬金,您现在能做些什么呢?"并公开建议这些被停业的人们去采矿:"多特蒙德四周煤矿密布,在那里您难道还找不到自己的位置吗?挥起铁锨,干吧,干吧!"

当地的纳粹头目早就瞄上了势头良好的《威斯特法伦最新消息》报,这个报纸很受读者的欢迎,广告生意也不错。相反,自己的《威斯特法伦纳粹人民报》却在赤字运营。大部分党报几乎都一样,内容对读者来说非常乏味和无聊,在纳粹党掌权之后,虽然该报被当局和一些生意人所订阅,但是订阅的数量仍然不能填平亏空,所以,北威斯特法伦区开始计划将《威斯特法伦纳粹人民报》和《威斯特法伦最新消息》合并起来。

如果两份报纸合并,这对于公德拉赫股份公司来说是不赀之损。董事局和监事会都对报纸生意即将丢失感到忧虑,对前景忧心忡忡。在1935年8月9日的监事会上,这个无理的要求终于被提上日程。但是,直接拒绝这个要求的时机似乎也不成熟,监事会主席理查德·卡斯洛夫斯基却另有打算。

理查德·卡斯洛夫斯基想帮助这些有权力的纳粹朋友,甚至希特勒的副手都介入到这桩合并案中。鲁道夫·赫斯[1]向理查德·卡斯洛夫斯基提出,《威斯特法伦

[1] 此人于1933年至1941年任纳粹党副元首。——译者注

最新消息》应该为党服务。公德拉赫的监事会会议记录
道："理查德·卡斯洛夫斯基为了满足纳粹合并两个报纸
的愿望，他无论如何都要找到一条出路。"

这次会议讨论的内容就是报纸的出售方式，关于出售
《威斯特法伦最新消息》之后，公德拉赫股份公司的印刷
机该如何得到充分的利用等问题。不久之后，他们就找到
了解决的办法。公德拉赫董事会买下了一个小型的专业杂
志，并且和其他两家杂志社进行谈判，而这两份杂志是在
《威斯特法伦纳粹人民报》的印刷厂中印制的。

1935年8月14日，《威斯特法伦最新消息》变更了主
人，和《威斯特法伦纳粹人民报》合并为一体。理查德·
卡斯洛夫斯基在合并报纸中的作为得到了纳粹领导人的肯
定。纳粹威斯特法伦出版社的负责人阿尔诺·施罗德（Arno
Schröder）后来是这样评价此次合并的："由于党员同志卡
斯洛夫斯基博士的谅解和无私，促成了这次迈耶州长博士
极力倡导的《威斯特法伦最新消息》和《威斯特法伦纳粹
人民报》的合并，此次合并意义非凡，作为实力雄厚的刊
物，它将成为威斯特法伦东部地区的经济支柱。"

这个评论暗示了1935年公德拉赫股份公司并没有从纳
粹那里得到收购价格。这个假设也可以从公司后来的年记
中得到证实。在年记中，没有找到"出售"《威斯特法伦
最新消息》的字眼，而用的是"转交"一词，也就是说，
这是一次并非情愿的捐赠。但是理查德·卡斯洛夫斯基和
公德拉赫股份公司寄希望于当权者用另外一种方式来补偿
他们。不久之后，公德拉赫的确得到了纳粹女性团体和德
国威斯特法伦北部妇女协会行政刊物的印刷订单。

　　纳粹政府在掌权后的第一年就给德国的出版商们提供了特别的商机。在"第三帝国"犹太人的企业中，首先遭到排挤的就是出版商。犹太人的出版企业在强力的打压之下，不得不将自己的部分报纸和杂志卖给所谓的雅利安人[1]（Arier）。在1935年8月的监事会会议记录中写道，公德拉赫也对合并此类报刊表示出极大的兴趣。在寻找《威斯特法伦最新消息》替代刊物的讨论中，记录是这样写的："我们还要和三家非雅利安人的出版商谈判，他们必须交出自己的报纸。"

　　与企业史中叙述的不同，公德拉赫的报纸在1935年并没有完全变为纳粹党的财产。从合并那一天开始后的五年，公德拉赫股份公司依然参股报纸经营，只是发行机构增加了"纳粹党总官方机构刊物"的字样。1940年公德拉赫公司才完全退出。州政府出版局负责人阿尔诺·施罗德在一份报告中说："从1940年6月1日起《威斯特法伦最新消息》完全成为纳粹的财产。"

　　根据一份文件的记载，公德拉赫股份公司为此得到了变相的补偿，即在东部边境地区收购了那些非雅利安人的报刊和杂志，也就是1938年已归属奥地利的犹太人的财产。

　　毫无疑问，理查德·卡斯洛夫斯基通过交出《威斯特法伦最新消息》向当地的纳粹示好，因此大获裨益。州长阿尔弗雷德·迈耶（Alfred Meyer）在一次纪念会上赞扬了理查德·卡斯洛夫斯基，他说："今天，我们能在明登-拉

---

[1] 雅利安人通常指讲印度-伊朗语族或者印欧语系语言的人。19世纪和20世纪上半叶，部分种族主义者鼓吹雅利安人是最优越的种族，这为20世纪30至40年代的纳粹德国的种族灭绝政策种下了祸根。——译者注

文斯贝格（Minden-Ravensberg）地区拥有如此完美并让我们引以为傲的机构体系，首先要感谢您，我们的同志卡斯洛夫斯基博士。"

这位迈耶州长在1935年对理查德·卡斯洛夫斯基表示了感激，"我们推荐卡斯洛夫斯基博士代表北威斯特法伦的企业领导人出席每年在纽伦堡举行的党代会。"他还在一次对食品公司员工的讲话中提到，理查德·卡斯洛夫斯基每年都能收到阿道夫·希特勒的邀请。

在纳粹党的历史上，1935年纽伦堡的党代会是一次重大的事件。按照希特勒的命令，需要制定出两条临时的法令，借1935年9月15日纳粹党代会之际，国会决议通过了这两条纽伦堡法规，被称之为"帝国公民法"，即"德国公民的血亲限制法"和"保护德国血缘和德国婚姻法"。根据这个法律，犹太人被禁止和雅利安人结婚。

理查德·卡斯洛夫斯基加入希姆莱朋友圈的确切时间，无据可查，但是多种迹象表明，卡斯洛夫斯基已于1935年或者1936年就在纽伦堡参加希姆莱朋友圈的活动。在一个1939年留下来的通信地址簿上，写着希姆莱朋友圈中36个成员的名字，其中就有理查德·卡斯洛夫斯基。假如他在名单出炉的前夕加入希姆莱的朋友圈，那么，这就会被视为罪证。纳粹党卫军经济管理局局长奥斯瓦尔德·波尔（Oswald Pohl）在战后的纽伦堡审判中说："从1937年开始，希姆莱朋友圈中的成员都是经过他精心挑选，是在政治上忠诚、可信的人，否则这些人就不会被邀请到这个圈子中。工业界的人士都是由希姆莱的亲信克拉那弗斯亲自选出的，因为，他本身作为企业家对这个圈子比较熟悉。"

接受理查德·卡斯洛夫斯基的圈子究竟是一个怎样的团体呢？1939年成员名单读起来就像是一个德国经济界名流的大比拼。这些"朋友们"是德国重要企业和银行中的董事或监事会成员。能进入这个圈子似乎并不是一件容易的事情，许多企业家在20世纪30年代都试图成为这个圈子的一员，甚至他们还会为此出大价钱。但是每个试图用金钱打通关节进入圈子的人，都会遭到克拉那弗斯的拒绝，希姆莱本人很反感那些只考虑自己经济利益的企业家和经理，他称这些人为"经济走狗"。一位圈中成员的供词说，申请人在经济活动中的"清白"也被视为进入希姆莱朋友圈的必要条件。克拉那弗斯会审核这些申请人，他每次都向希姆莱推荐参加下一次聚会的人选。

除了这些经济界的人士之外，希姆莱圈中的成员还有一些负责经济、财政、交通部门的高级官员。然而在开普勒圈与希姆莱建立联系之后，有更多的党卫军高级别长官也参与进来。有些经济界的人士与令人恐惧的党卫军国家安全部部长奥拓·奥伦多夫（Otto Ohlendorf）、希姆莱的副官卡尔·沃尔夫（Karl Wolff）和党卫军卫生部主管弗里茨·迪尔米策尔博士（Dr. Fritz Dermietzel）等人开始接触。但是希姆莱朋友圈仍然是一个既没有成员记录册，也没有规章的非正式俱乐部，在形式上它也不是党卫军的下属机构。

1939年，企业家、银行家和党卫军长官也只是进行不定期的会面，后来，克拉那弗斯邀请他们每个月聚会一次。在每月的第二个星期三，理查德·卡斯洛夫斯基便前往柏林赴约。理查德·卡斯洛夫斯基总是利用这个机会与其他企业家们单独会面。通常他们是这样做的：晚上先在"飞行员之家(Haus der Flieger)"见个面，他们边喝鸡尾酒，边交换着座位交谈，然后再回到俱乐部聚会的房间里。

这个地方对于理查德·卡斯洛夫斯基具有特殊的意义。"飞行员之家"的前身是普鲁士的州议会大楼，在德意志帝国期间卡斯洛夫斯基的父亲就在这个华丽的建筑物中当民主自由党的议员。赫尔曼·戈林作为最后一位主席的普鲁士议会在1933年被废除后，这个建筑物就被改建成"飞行员之家"。从此，这里就成了"第三帝国"期间专政独裁的舞台，它的帝国航空部就在旁边。

对于经济界的人士来说，希姆莱圈中的聚会是他们唯一可以和这些在政治上有巨大影响力的高官进行私人交流的机会。虽然在这个圈子中没有人敢对政治问题提出异议，但有时似乎也有不和谐的气氛。一次，他们谈及发生在不久前的一次事件，一个成员的发言让克拉那弗斯立即禁止了大家关于政治问题的讨论，后来，关于战争局势的话题也被禁止了。

可另一方面，克拉那弗斯又觉得，如果只是讨论一些无足轻重的事件或家长里短的话题，这似乎没有意义。可希姆莱坚决不让这些经济人士了解到党卫军的内幕和他们的犯罪行为，因此，克拉那弗斯就改用报告或放映电影的形式来组织晚会，内容包括巴约(Bayeux)[1]的挂毯，或波罗的海德意志人迁徙事件。

---

[1]法国西北部城市，是法国卡尔瓦多斯省的一个市镇。——译者注

有一次，党卫军领导人海因里希·希姆莱亲自作了一个报告，报告的内容是关于日耳曼早期历史的。他很早就对这段历史感兴趣。战争开始后，人们就很少在圈里的活动上看到他，一旦他出现，就会引起会场的轰动。所有与会者都起身相迎，希姆莱和他们一一握手。用餐之后他便起身离开。他唯一一次停留到午夜之后，是在国王海因里希一世的纪念会上。被希姆莱邀请来奎德林堡的教堂参加这次活动的，除了一些客人之外，还有他朋友圈中的一些成员。希姆莱的名字和这位国王一样，都叫海因里希。伴着午夜钟声的敲响，希姆莱献上了一个月桂花环，以示纪念。

1937年2月，希姆莱朋友圈的成员应邀来到柏林王子-阿尔布莱希特大街的盖世太保[1]总部，参加一个为期两天的活动。莱因哈德·海德里希（Reinhard Heydrich）作了关于情报工作和国家秘密警察的报告。一位党卫军少尉的报告是关于犹太民族的，另一位刑事官员在报告中谈到的话题是关于共产主义的。经济界的先生们在盖世太保军官食堂用过午餐，就被开车送去拜访阿道夫·希特勒。第二天，他们在警察局从一位党卫军冲锋队的高级军官口中听到，政府是如何对付那些同性恋者和堕胎女人的。

1939年来自金融界和工业界的先生们参观了位于萨克森豪森（Sachsenhausen）的集中营。这里的建筑都采用了新的施工工序和轻型建筑材料。三年之前，这个圈子还去过达豪（Dachau）集中营。当时，希姆莱亲自带他们参

---

[1]德语Geheime Staatspolizei，缩写GESTAPO，汉语音译为盖世太保，秘密国家警察。纳粹德国时期的秘密国家警察由党卫军控制。——译者注

观了集中营，还让囚犯们分别列队。弗里德里希·弗里克记得，在参观达豪（Dachau）集中营时，他们看到的是整洁的大厅，囚犯们正在里面生产金属柜。希姆莱的意图是给这些经济界人士一个印象：集中营的监禁条件是非常人道的。可是，还是有一些参观者从那些囚犯的脸上看出了端倪，那完全是另外一副表情。在看过集中营之后，参观者们来到党卫军所属的一个瓷器工厂，这时他们紧张的情绪才松弛下来。

希姆莱的朋友圈有时也在戈贝尔的宣传部聚会。在这里，理查德·卡斯洛夫斯基和成员可以观看空军或者武装亲卫队[1]的新影片。类似的聚会让先生们渐渐地失去了兴趣，因为，在战争期间他们有比出席俱乐部晚会更为重要的事情做。有的成员越来越频繁地拒绝参与聚会。克拉那弗斯对此恼羞成怒，他毫不掩饰自己的愤懑情绪，择时警告那些缺席的成员。他和理查德·卡斯洛夫斯基在这个问题上却没有矛盾，克拉那弗斯在一封信中曾向希姆莱的副官证明："尽管交通遇到重重困难，理查德·卡斯洛夫斯基博士先生一直尽力来参加我们的聚会。"

卡斯洛夫斯基有一张和帝国党卫军领导人同桌谈话的照片，但希姆莱和理查德·卡斯洛夫斯基在朋友圈中关系到底走得多近，却没有文件记载。无论如何，两人除了政治和经济的话题之外，还有一个共同点，他们都长期从事过一个特殊职业：养鸡。在希特勒1929年任命海因里希·希姆莱为300人的党卫军将领之前，他一直在瓦德特鲁德

---

[1] 德语Die Waffen schutzstaffel，简称Waffen SS，是纳粹德国时期的一支准军事部队。——译者注

尔经营一家养鸡场，而理查德·卡斯洛夫斯基从1914年至
1916年期间在巴登瑙海姆散养鸡群。

　　1943年12月，希姆莱朋友圈的成员拜访希姆莱在东普
鲁士的营地，卡斯洛夫斯基也随行前往。在乘坐了13个小
时的卧铺火车，并经过短途的汽车行驶后，他们在上午10
点左右到达了略岑（Lötzen）的司令部。在一个名为"植
物小屋"的营房内用了早餐，他们吃的是白香肠，之后参
观了整个营地。

　　中午，希姆莱发表了演讲，本指望能获悉最新战况的
人们大失所望，这位党卫军首领只是抱怨德国民众对自己
的不理解，但是他说，他的所为是以维护帝国秩序的稳定
为目的。看过电影，并听了年轻坦克手们的合唱之后，希
姆莱邀请大家去喝茶。大约在晚上九点钟，汽车将他们带
到了火车站。

　　希姆莱试图通过他的邀请，让这些俱乐部的成员心情
舒畅。在这些年中，这个朋友圈对于希姆莱来说已经变成
了一个收入来源。据历史学家莱因哈德·弗格桑（Reinhard
Vogelsang）的猜测，聚会的目的只有一个：让这些经济界
的人为帝国党卫军领导人打开钱包。大约有800万帝国马
克进入了希姆莱的囊中。

　　虽然党卫军由纳粹党财政处资助，但是这些钱却满足
不了希姆莱的胃口。希姆莱口中"特殊任务"的款项是根
本没有预算的。所以他很高兴，朋友圈中的成员能够慷慨
解囊，银行家冯·施罗德在他的施泰因银行里开通了一个
专项账户，希姆莱朋友圈中的成员可以向里面打款。

　　战后，这些钱只有一部分流向能够说清楚，详细的

捐赠人名单只保留着1943年和1944年的。最高的汇款金额来自弗里克（Flick）、西门子舒克尔特（Siemens-Schuckert）、威特沙尔（Wintershall）、联合钢厂（Vereinigte Stahlwerke）和染料公司（IG Farben-Konzern），这些公司各捐有10万帝国马克。德意志银行、德累斯顿银行各自捐赠了5万帝国马克。理查德·卡斯洛夫斯基为了向希姆莱示好，也动用企业的款项，分两次共捐赠4万帝国马克，只比经济雄厚的大银行的捐款略少一些。

希姆莱随心所欲地支配这笔资金，有时他用来补助那些在经济上陷入困顿的党卫军成员，有时又资助出国考察旅行，有时为"祖先遗产研究会"提供资金补助。他还资助一个研究人类繁衍的组织"生命之泉"[1]。在这个产科医院中，大约有11,000个非婚婴儿出生。他还为党卫军和警察机构置办书籍，为帕德博恩的维沃兹堡遗址的重建不惜重金。当然，在战争期间，希姆莱也把钱用在了扩充波斯尼亚和罗马尼亚的新党卫军上。

这位党卫军的领导人在和卡斯洛夫斯基的私人信件中，多次感谢他们这些捐赠者，但在信中从未提及这些钱的用途，1942年的一封信中说，多亏这些朋友的帮助，才使得"更多的创伤得以愈合，才使得许多人得到帮助，并且开始了对德国极具价值的科学研究"。

[1]纳粹在"二战"期间将"优生学"推向了极端，并建立了基因健康法庭，这个法庭会把患"遗传疾病"的人判定"自愿"接受绝育手术；有数以万计的"基因缺陷"儿童被纳入执行安乐死计划。而适合培育后代的雅利安女性则必须生育，如果有堕胎行为，就会被送进集中营。——译者注

希姆莱的朋友圈让理查德·卡斯洛夫斯基与许多战争罪犯私交甚笃，大屠杀执行者莱因哈德·海德里希（Reinhard Heydrich）便是其中一个。1942年6月，海德里希在布拉格遇刺丧生，克拉那弗斯为此还撰写了悼词，并在工业界和银行家们出席的纪念会上宣读。他谴责那个冷血无情的恐怖事件组织者，并慷慨陈词，他会"每时每刻与帝国同舟共济，誓与帝国的敌人战斗到底"。理查德·卡斯洛夫斯基也曾和奥拓·奥伦多夫（Otto Ohlendorf）见面，奥拓·奥伦多夫是东部D别动队[1]的指挥官，91,000多人命丧黄泉的罪责和他不无干系！

当然，人们不清楚，这些非党卫军的圈内成员究竟对这些罪行了解多少。历史学家莱因哈德·弗格桑经过详细的调查后认为，这些经济领域的先生们也许对此并不知情："总体上可以认定，他们的罪责能够对大众瞒天过海，对圈内的成员同样讳莫如深。"

在希姆莱朋友圈中，不仅有死心塌地的纳粹分子，也有像1958年成为德国联邦银行主席的卡尔·布勒辛（Karl Blessing）这样的反对派。20世纪30年代，布勒辛作为德意志帝国银行的经理被解雇，因为他没有为通货膨胀加剧后的军备支出提供资金。1944年7月20日，反叛者们希望这位有才能的专家成为德意志帝国银行的主席。在暗杀希特勒之前的几个月里，布勒辛在朋友圈中鲜有露面，因为，他正和那些反叛者们待在一起。

---

[1]是纳粹德国的由占领区党卫军中的一等兵组成的部队。他们的任务是大规模执行抓捕、屠杀、搜索的部队，抓捕犹太人、异己分子与地下反抗组织，并把他们送上开往集中营的火车。——译者注

　　没有任何资料显示，理查德·卡斯洛夫斯基对这些反对派和反叛者们表现出同情之心。当然，他在圈内也不属于有党卫军身份，并拥有荣誉军衔的那一拨人，比如党卫军分队长、德累斯顿银行的埃米尔·迈耶（Emil Meyer）、党卫军冲锋队分队长、德累斯顿银行董事卡尔·拉舍（Karl Rasche）。莱因哈德·弗格桑后来撰文说明了构成希姆莱朋友圈的成员身份："精明能干的商人、有才能的官员、狂热激进的纳粹分子、反叛分子的同情者、党卫军谋杀者，但大多数还是那些机会主义者。"

　　隐藏在理查德·卡斯洛夫斯基所有行动背后的动机显而易见，这位企业家的初衷就是想利用"第三帝国"中的强大关系。虽然希姆莱朋友圈不是体系中重要的控制中心，但它在纳粹经济关系网中，为成员们提供了维护自己利益的机会。卡斯洛夫斯基能够借此与政府和纳粹对上话。在关乎原料和订单分配的谈判时，他就会提醒对手，自己和那些强权有不错的关系。

　　在纳粹当权期间，厄特克尔博士公司的生意蒸蒸日上。战争期间的食品由国家统一调控，其中也包含布丁粉，甚至在食品配给卡上，对这两样产品还做了特殊标注。战争过去20多年后，曾为厄特克尔工作多年的产品代理人古斯塔夫·普斯（Gustav Puls）说："当时我非常吃惊，连发酵粉和布丁粉在政府的眼中都如此重要，由此可见，其他商品的不凡意义该有多大"，"与1914年和1918年相比，厄特克尔博士公司的发展形势在各个方面都更加有利。"

　　在"第三帝国"期间，厄特克尔企业越来越多地从国家的订单中获利。自1939年以来，食品的配给证就由公德拉赫公司来印制。这家企业也印制鞋子、大衣、香烟和其他商品的配给证，因此，为纳粹官僚机构印制表格的生意在逐渐扩大。除此之外，公德拉赫也为前线士兵的膳食印制包装，为参谋部印制地图。在战争结束的前几个月，公德拉赫还在印制宣传品，但那并不像在和平年代宣传布丁粉一样，而是说"敌人们，你们都听着！"以此来警示人们提防外国间谍的渗透和悲观主义情绪的产生。由于政府的订单量加大，超过了企业的生产能力，所以职工们必须分两班工作。

战争期间，公德拉赫企业的生意更多地来自政府的当权者，而来自军工企业的订单则寥寥无几。印刷和出版公司的产品与战争并没有多大关系，所以地方劳动局试图从企业中抽调劳动力到武器和弹药的生产中，公德拉赫的董事们无法每次都成功阻止这一状况的发生。

公德拉赫公司董事会不惜使用强制劳工来填补劳动力的缺口。企业向政府提出申请，要求分配185名所谓的外来工人，并在不久之后得到了这些劳动力。大部分强制劳工是由纳粹国防军从被侵略的东欧国家强行带到比勒费尔德的。其中一些人受到了严重的虐待。在一封公德拉赫女工的信中，记录了战后公德拉赫总经理弗里德里希·沙尔施密特（Friedrich Schaarschmidt）处置他人的事件："他让盖世太保的头目和其他两位公务人员前来调查，缘由是一位俄国女人的偷盗行为。后来，这个女人就被男人们带到了地下室。随之，从那里传来了撕心裂肺的叫喊声。几天以后，她让德国女工们看了她血迹斑斑的下体。"

在另外一个厄特克尔参股的企业中，劳工们被迫干的活儿就更多，科赫斯·阿德勒缝纫机工厂完全转向了军备生产。在那里工作的外籍工人数量已经达到了670人，其中大部分人是从苏联胁迫而来。

11."国家社会主义[1]的模范企业"
"第三帝国"中的企业

路易斯·厄特克尔逝世于1933年9月。这位企业创始人的弟弟是比勒费尔德食品工厂的执行合伙人。在一份追悼词中这样写道："在工厂里，死神夺走了他的生命，而他将最好的自己留在了工厂。"

现在，理查德·卡斯洛夫斯基是唯一的公司经理，作为"公司的领袖"，他成为厄特克尔企业至高无上的统治者。企业的工会委员会被废除，转而由帝国劳动阵线参与管理。这个雇主和雇工并存的群众组织被迫成立于1933年，因为那时的工会遭到了解体。这个新的组织要成为一个"服务至上的人民的团体"，并将"工人阶级融入纳粹国家的体系"。这个名为"欢乐的力量"的组织是帝国劳动阵线的一个分支，因为给成员提供休假和旅游的机会，它成了最受纳粹政府欢迎的组织。

德国劳动阵线和公司之间的联系人是一个叫奥拓·克吕格尔（Otto Krüger）的人，他是纳粹党内的政治专员。克吕格尔的任务就是要根据纳粹的要求来建立企业。起初，

---

[1] 国家社会主义，德语Nationalsozialismus，简称纳粹。——译者注

他在厄特克尔公司内部建立起由少数人组成的监控机制，每10个到20个员工组成一组，每个组都由一个组长负责，每四到七个这样的小组又组成一个支部，在企业中大概有13个这样的支部。

除此之外，在企业中还安排一名女性监工专门负责企业的女职工，一名青年监工负责企业的学徒工。厄特克尔公司的职工在下班后的业余时间里，常由劳工阵线的工作人员组织起来，参加郊游或交谊晚会。劳动阵线还安排了一个专管企业体育活动的负责人，克吕格尔曾经这样描述体育活动的重要性："真正健康的人才能够无所畏惧、镇定自若、直面危险、勇往直前，我们应该也必须造就这样的人。为了德国的长治久安，我们需要健康强壮、热爱生活、乐观向上的人。"

此时的公司领导理查德·卡斯洛夫斯基更愿意把精力放在具体环节的改进上。他正努力解决比勒费尔德的住房紧张问题，公司为职工提供了低息贷款，让他们自己盖房子。公司请人在平原地带为多子女的家庭建造了100幢私人住宅，每座房子都有五个房间、一个牲畜饲养圈和一个大约1,000平方米的花园。他们还请来农林师给妇女们讲授如何在自家的菜园里种植蔬菜。到1938年时，企业资助建造的不动产房屋的数量就上升到了800幢。

但是这些建筑物不只是为了帮助这些新家庭解决住房问题，该"家庭住宅区的建设计划"也在为新的大战做准备。蕾娜特·哈尔特-迈耶（Renate Harter-Meyer）在她自己的书中，撰写了纳粹统治下的家庭主妇生活：用"生产大战"的方式"增加食品的出产，以确保未来战争中的食品供给。不计其数的城市妇女都在接受专业训练，以备在困境中能够自给自足，因为养活她们的男人们都会奔赴前线"。

为了让国家在紧急情况下不依赖进口，纳粹统治者在之前就有目的地制定了"食品自由"政策。在第一次世界大战中，许多城市曾爆发抗议饥饿的示威活动，正因为此，人们早已厌烦了战争，所以希特勒也不想重蹈覆辙。

帝国妇女联盟（Reichsfrauen）领袖格特鲁德•舒尔茨-克林克（Gertrud Scholtz-Klink）在1937年曾这般鼓动女性同胞："虽然我们的武器仅仅是手中的饭勺，但它的威力却丝毫不亚于真正的武器。"她是纳粹权力中一个级别较高的领导，曾在20世纪30年代视察过厄特克尔食品公司。

早在第一次世界大战之前，厄特克尔公司就开始培训德国的家庭主妇，怎样用节省的方式制作食物。1936年，公司就印刷了70万册《低油烘焙佳品》的食谱。一年之后，又发行了300万册题为《低油少蛋，快乐烘焙》的食谱。"二战"开始没多久，理查德•卡斯洛夫斯基委托公司的实验厨房，进一步改进这些食谱，目的就是让家庭主妇们用更少的调料来烹饪。在实践中诞生的这份《流行食谱》的印刷量几乎达到了一千万份。

在1936年和1937年间，厄特克尔的职工举办了25000次培训课程。在大城市，一堂课的参加人数一般是500人，小城市是300人。广告部主任扎克维茨（Sackewitz）打算举办更多类似的活动："这种辅导主妇们烘焙的宣传方式更有说服力，主妇们在听过这样的课程之后，再也不会去使用其他品牌的食谱和发酵粉了。"

纳粹妇女联盟和所谓的帝国农业和农业政策组织的女性领导人非常支持厄特克尔公司建立家庭住宅区的项目，而对开设烹饪课程的活动却常常持以质疑。因此，国民经济和农业经济部长特意在一份报告中指出："令人担心的是，区县的女主管们不主张人们来参加由发酵粉厂、煤气工厂以及电厂共同举办的烘焙和烹饪课程，说参加工业产品的广告宣传，本来就不是她们的工作。"

相反，厄特克尔公司的广告却和纳粹政府的政治宣传非常契合，汉斯-格尔德·康拉德(Hans-Gerd Conrad)以厄特克尔公司广告中的女性形象为例说明了这一点："女人的角色就是宠爱丈夫和孩子，关心他们的身体健康，照顾他们的生活起居。厄特克尔博士企业通过广告词中的女性形象来贯彻纳粹所制定的路线。"其他行业也一样，1937年，有30家德国企业获得了"国家社会主义模范企业"的称号，其中就有厄特克尔博士公司。它在纳粹的眼中是"完美实现企业精神"的公司之一。这些"模范企业"是从一场名为"为成绩而战"的竞赛中选拔出来的。选拔获胜者的决定权在劳动阵线手中。这个称号对于"企业领袖们"来说是莫大的荣耀。1937年4月30日，理查德·卡斯洛夫斯基前往柏林出席颁奖仪式。在普鲁士会议大厅中，他从阿道夫·希特勒手中接过了帝国劳动阵线的"金色旗帜"。

在1941年的年记中，记录了理查德·卡斯洛夫斯基针对这次嘉奖所发表的言论："为什么我们能成为'国家社会主义'的模范企业？回答这个问题就意味着要追溯我们公司的历史。公司的创始人奥古斯特·厄特克尔博士也应该被视为忠心耿耿的'国家社会主义者'。"理查德·卡斯洛夫斯基还要求他的继任者们不应只看到公司经济利益，要更多地"关怀全体员工"。

奥古斯特·厄特克尔博士公司像大部分德国企业一样，在"第三帝国"的有力支持下，迎来了新的繁荣。有年记记载："自1933年以来，对生产的要求在不断提高。"纳粹上台后不久，曾经因经济危机、生产萧条而停运的高功效机器再次运转起来。从1934年以来，汉堡分工厂一直推行两班工作制，它的产量是公司成立的那一年即1924年的10倍。这些产品被运往柏林、东普鲁士和西里西亚（Schlesien），也有船把货物运到海外。大量新的机器也应运而生，其中一台是折叠盒自动机，用于包装大受欢迎的"甜食果冻"。

厄特克尔企业为了进一步提高产品的销售量，广告部经理们找到了一个新办法。他们设计出许多电影放映车，将电影屏幕安装在这些车的背面，这样，他们放映影片时就不用安装支架了。来到电影车前的观影者常常达到上千人。

1935—1936年，厄特克尔公司拆除了创始人在20世纪初建造的两个厂房，其目的是建造新的工厂，以促进生产的合理化。建造工厂还出于另一个动机：公司领导人想拥有一个活动大厅，"一个可以让公司的员工们在节日期间聚会的地方"。纳粹期间庆典活动频繁举办，以前这些活动是在布丁粉的灌装大厅内举行的。为了建造这个新的工厂，企业在铁矿开采了超过400吨的铁，因为工厂的设计考虑到了战争的因素，根据公司的要求，"厂房的设计要有防空的功能"。

　　在新建厂房的过程中，卡尔·厄特克尔扮演着重要的角色。1934年，他被理查德·卡斯洛夫斯基接到比勒费尔德。卡尔·厄特克尔来自汉堡的阿托纳，是比勒费尔德公司创始人奥古斯特·厄特克尔的侄子，他在第一次世界大战之后加入了志愿军。1932年，他成为发酵粉和布丁粉工厂在柏林的全权贸易代表。起初，他在比勒费尔德仅仅是个代理，之后当上了经理，最终成为企业的"二把手"。1937年，卡尔·厄特克尔也成为纳粹党的候选人，但据说他并不是自愿的，而是在理查德·卡斯洛夫斯基的强迫之下提出的申请。一位叫作埃米尔·伯克迈耶（Emil Berckemeyer）的朋友，在战后为卡尔·厄特克尔出具了证明："我记得，1937年，卡尔·厄特克尔先生在理查德·卡斯洛夫斯基的压力下不得已加入纳粹，他从此陷入了一场灵魂的战争，这让他付出了惨重的代价。"

　　厄特克尔家族成员的纳粹党员身份不是私密，理查德·卡斯洛夫斯基以及他的弟弟从1933年起就已经是纳粹党员，他的妻子伊达也加入了纳粹党并效力于纳粹妇女联盟。

　　在20世纪30年代期间，奥古斯特·厄特克尔博士企业获得了高额的盈利，食品工厂的流动资金非常充足，所以，理查德·卡斯洛夫斯基在1936年2月轻而易举地就给公德拉赫股份公司提供了超额信贷，这样，厄特克尔公司就持有了公德拉赫的大部分股份。公德拉赫为了在战时的经济中继续存在和发展，用这笔钱增加了纸张和皮革的库存投资。当时公德拉赫的最大顾客之一是雷姆茨马烟草厂（die Reemtsma Cigarettenfabriken），它为雷姆茨马生产了上百万的收藏卡和纪念册。吸烟的人常把这些附在香烟盒里的国王、诗人、电影明星的图片当作书签。

1938年，厄特克尔公司在柏林设立了一个办事处，自从"四年计划"实行之后，许多原材料公司都不能够再自由采购，需要政府的分配和批准。理查德·卡斯洛夫斯基清楚，在这种状态下，如果公司在首都柏林有自己的人就会方便很多。为了能得到所需的份额，他们去拜访党内的要人和高级官员。

1938年，奥地利"选边"站到了德意志帝国一方，理查德·卡斯洛夫斯基借机前往奥地利，去收回一个由奥古斯特·厄特克尔之前的代理人哈恩贝格（Hornberg）独立经营的分公司。该公司位于维也纳附近的巴登地区，现在，它重新回归比勒费尔德总部。同样的事情也发生在位于布尔诺（Brünn）、布达佩斯（Budapest）、马里博尔（Maribor）的三家公司身上。比勒费尔德的厄特克尔总部也大力赞同德国对波兰发起的攻击。20世纪20年代中期，厄特克尔博士公司在但泽地区（Danzig）曾经设有一个工厂，但这里的生意并不太好。1940年一位公司编年史作者写道："波兰的沦陷之时就是企业的转折之日，从此，公司的发展突飞猛进。"

战争期间，厄特克尔博士公司在比勒费尔德和汉堡的工厂都在进行高速的生产。随着时间推移，易北河旁的分工厂的面积被证实太小，因为这块在阿托纳港口附近的地皮已经没有扩充的余地，而且将来肯定会由于易北河岸的改造而被放弃。理查德·卡斯洛夫斯基决定搬迁。汉堡为厄特克尔公司在哈姆布鲁克（Hammerbrook）城区的绿色堤岸旁提供了一个15,000平方米的场地。这里是一个建筑群，曾是一个倒闭了的羊毛精梳工厂的厂房，它位于比勒河旁，所以水上运输很便利。卡斯洛夫斯基认为这里状况还不错，于是就买下了这块地皮。

1941年，新工厂万事俱备，汉堡分工厂的员工们终于可以搬到更加宽敞的厂房区生产了！在工厂的年记中写道："在新工厂的建设过程中，由于战争造成的困难，工厂建设的进度非常缓慢，劳动力和原材料匮乏、夜间宵禁的规定、频繁的空袭警报以及第一次空袭后造成的损失使建设进程走走停停，但无论怎样，工作还是在缓慢地进行着。"

1941年12月，新工厂的生产开始运行。鉴于发酵粉、布丁粉、调味粉和儿童麦粥淀粉的订单较多，新工厂的投产大大减轻了企业生产的压力。"在相对较短的时间内，总产量就达到了和平年代也不能企及的高度。"380名一线工人中，女性工人占了一大半。因为工厂的场地很大，所以厂长阿尔贝特·弗格桑让人修建了一个报告厅和一个厨艺教室，在这里，汉堡的家庭主妇们每天为她们在前线的家人们烘烤蛋糕和饼干，但烘焙用的调料必须自备。

家政协会一直鼓励这些妻子和母亲们给她们的丈夫或儿子寄送装有爱人照片和自烤点心的包裹，"士兵会联想到圣诞节前夕飘过窗前的蛋糕香味，虽然他们不能待在家里，但是我们能够给他们寄去家的味道！"但是在1941年，人们明显感觉到原料的匮乏，"虽然我们烘焙的点心不像和平时期那样量大料足，但是他们至少还可以收到配料简单的蛋糕和饼干"。

无论怎样，发酵粉必不可缺，由于国防军对发酵粉的大量需求以及战争期间家庭主妇们烘焙量的增加，使得厄特克尔公司的销售额从1943年逐年增加。在"二战"开始的第三年，厄特克尔公司为了控制购买量，甚至在广告中用上了这样的词语："请您按照您的实际用量来购买厄特克尔博士'巴克因'，以便让所有人都能买到。"当时德国的烘焙大多根据厄特克尔博士公司提供的配方，战争之初，《快乐烘焙》等书籍的印刷量已经超过了700万册，食谱教材的销售量甚至超过了800万册。

1941年1月13日，企业在比勒费尔德举行了50周年庆典。从奥古斯特•厄特克尔博士接管药店，并把药店变为工厂，一直发展到当时的规模，这中间已经走过了半个世纪的时光。员工们手持彩旗，列队进入大厅，庆典随即开始。首先，纳粹企业政治专员奥拓•克吕格尔向所有的与会者致以问候并宣布庆典的第一项内容是"为保家卫国而光荣献身的将士默哀"。

大约2,500名厄特克尔公司的员工参加了庆典，其中还有一些身着灰色制服的人，这些人是回家休假的士兵。在宾客中，名气最大的当属阿尔弗雷德•迈耶博士，他是纳粹威斯特法伦北部省分部的党部头目。这个组织在这一周内也举办了他们的10周年庆典活动，厄特克尔公司的周年庆典也被列入到他们的活动安排中。理查德•卡斯洛夫斯基表达了对这份荣耀的感谢，并且说："这个庆典活动因此有了一种仪式感，这种仪式感在战时是多么的难得啊！"

理查德•卡斯洛夫斯基在他的报告中重述了企业的发展史，他讲话的用词很是应景：他的企业从来就是一个社会型的企业，是员工的"劳动之家"。理查德·卡斯洛夫斯基神采飞扬地讲着："只有通过权利的更迭，消除偏见的障碍和阶级的差别，企业领导人和员工如同军中的将士一样并肩作战，我们才能把自己的满腔热情投入到工作之中。"这话听起来简直就是漂亮的口号。

理查德·卡斯洛夫斯基强调，厄特克尔在但泽和维也纳的企业"回归帝国"之后，在"为成绩而战"的运动中取得了巨大的经济成就。他坦言，战争的爆发让企业受益匪浅，"尽管由于征兵、服役以及劳动力短缺带来了困难，公司还是通过技术设备的合理化利用大幅提升了产品的批量生产，而且还保证了公司的收支平衡。"

理查德·卡斯洛夫斯基因为担心有间谍活动，所以没有举出厄特克尔公司供给纳粹国防军产品的具体数量。"但是在没有泄露军事机密的情况下，我可以说，在我们士兵战斗过的地方，无论是波兰还是挪威，无论是比利时还是荷兰，他们都能邂逅代表厄特克尔博士产品的商标，那个'明亮的头像'。每每此时，一个个'明亮的头像'就像一声声来自家乡的亲切问候。"

理查德·卡斯洛夫斯基以卡洛琳娜·厄特克尔的名义宣布，给员工发放周年纪念日津贴，提高退休金的金额。卡洛琳娜·厄特克尔一直都拥有70%的公司股份，在1927年60岁生日以及后来的70岁生日时，这位商务顾问都向她的职工们展现了她的慷慨。

理查德·卡斯洛夫斯基用呼吁的口吻结束了他的演讲："让我们满怀对元首的信任，在德意志民族永生不灭的信念中继续工作吧！"

紧接着，省长迈耶开始讲话，称理查德·卡斯洛夫斯基"无比尊敬的经理，卡斯洛夫斯基博士同志"，称在场的其他人"尊敬的劳动同伴们"。他说，他以个人的名义前来祝贺，他一直信守"为了忠诚而忠诚"的诺言。"有一段时间，我们表明对党的信仰，却不能获得广泛的认可，还被视为目的不明。当时我们党正处于最艰难的斗争时期，是你们企业的领导人，还有你们这些劳动伙伴依然坚守信念。"他感谢理查德·卡斯洛夫斯基有"申明支持元首和'国家社会主义工人党'的勇气"。

迈耶称赞厄特克尔企业是民族存亡与共的支柱，在战争的特殊时期，这显得尤为重要。"今天，我们的后方之所以坚固，正是因为在艰苦的环境中，我们民族与共，命运与共，患难与共。所有这一切不再仅仅是一个理想和幻想，而已是现实。今天，元首之所以能够全身心地干大事，这是因为我们的后方秩序井然。"在演讲的最后，迈耶要求在场的厄特克尔全体员工三呼"纳粹万岁"，以示祝愿。

纳粹企业政治专员克吕格尔对理查德·卡斯洛夫斯基在社会公共服务设施建设的慷慨解囊深表感谢，并称赞他建立退休基金、修缮运动场以及实行婚假制和提供假日补助金的行为。这位纳粹头目以全体职工的名义对公司领导人理查德·卡斯洛夫斯基大声说道："全体职工都会与您心心相印，'明亮的头像'的孩子们将和'明亮的头像'的父亲同在！"最后，厄特克尔公司的员工和来宾一起向阿道夫·希特勒总理肖像行"纳粹礼"。集会之后，迈耶和贵宾们参观了生产设备。下午他们来到"鲁道夫·厄特克尔音乐厅"，欣赏了城市交响乐团和教师合唱团演出的莫扎特、贝多芬和托马斯的作品。

12. "一个非常幸福的男人"
鲁道夫–奥古斯特·厄特克尔的学徒生涯和战争岁月

鲁道夫–奥古斯特·厄特克尔1916年9月20日在比勒费尔德出生时，他的父亲已经去世。距离鲁道夫·厄特克尔在凡尔登中弹牺牲，已经过去了半年。鲁道夫·厄特克尔少尉在一次回乡的时候，女儿乌苏拉已经出生，他还抱过她，可是却与他的儿子从未谋面。

这个男孩在取名时，和他父亲和祖父用了同样的名字。发酵粉和布丁粉工厂的创始人奥古斯特·厄特克尔在1918年离世时刚满56岁，他是一个内心郁结、易受困扰的男人。他在孙子两岁时就去世了。因此，这位未来企业的继承人鲁道夫–奥古斯特·厄特克尔对企业的创始人并没有什么记忆。

因为有母亲和祖母在，所以公司还在。与后来的情况不同，当时每个家族企业对于长子有更为特殊的规定。银行家阿尔文·明希迈耶（Alwin Münchmeyer）是一个古老汉堡商人家族的后代，他这样描述处于这种地位子女的生活："生活就像是一件已经定制好的西服，每个后代只需要穿进去。"对于年轻的鲁道夫–奥古斯特·厄特克尔来说，这样的生活也限制了他。当他长大时，并不确定自己在任何时候都可以控制整个企业；对公司能否作为一个家族企业继续存在下去，他也不确定。

　　未来企业的继承者在一位女家长的严格监管下成长着：卡洛琳娜·厄特克尔。她在公司创始人去世之后，继承了企业，这个失去丈夫的女人完全胜任了女业主的角色，她自己的母亲就是一位成功的生意人。卡洛琳娜·厄特克尔擅长数字计算，而且从来没有被人所骗。

　　鲁道夫-奥古斯特·厄特克尔在约翰尼斯堡10号别墅中度过了一个被人呵护的童年，他有一个长他一岁半的姐姐乌苏拉，还有母亲和理查德·卡斯洛夫斯基所生的四个同母异父的姊妹。鲁道夫-奥古斯特·厄特克尔在比勒费尔德上市立中学，他的成绩并不算好，但是就像成绩单显示的那样，他给老师留下了学习勤奋的印象："他尽管很努力，但成绩一直在中下等。"相反，他在体育运动方面却表现出了优势。鲁道夫-奥古斯特·厄特克尔对骑马非常感兴趣，因为继父理查德·卡斯洛夫斯基在居特斯洛（Gütersloh）的埃北斯劳养马场（Ebbesloh）里育马，所以，他充分利用了这个机会。

　　鲁道夫-奥古斯特·厄特克尔并没有感觉到世界经济危机给上百万德国人带来的苦难。这个家族在黄金20年代财富急剧增加。但是这个处于青春期的男孩已经足以感受到20世纪30年代早期德国内部动荡不安的气氛。

　　1933年9月，他的叔爷路易斯·厄特克尔去世。对这个企业的继承者来说，这是他走上人生道路的一个标志：鲁道夫-奥古斯特·厄特克尔和他的姐姐乌苏拉各得公司10%的股份；余下的70%在祖母那里；另10%在理查德·卡斯洛夫斯基手里。

　　鲁道夫-奥古斯特·厄特克尔早就和海因里希·希姆莱

的党卫军（SS）[1]在比勒费尔德接触过，也许这并不是他故意所为。希特勒夺取政权之后，希姆莱全力将自己的党卫军打造成为新国家的精英。他公开宣称要建立一个有"真正勇武精神传统、德国贵族高尚的思想、举止和教养良好的骑士兵团，并且在这片土地上，将企业家的创造能力和这个时代的要求结合在一起。"希姆莱在他的演讲中勾画了他憧憬的模式，这和以武力为主的冲锋队相比更具有优势。当时这些穿黄褐色制服的低阶层的冲锋队（SA）[2]队员特别反感正在上升的中产阶级。

但是希姆莱缺少群众基础，1933年春天，他着手开始扩大自己的王国。海因茨•霍纳（Heinz Höhne）在他《骷髅下的骑士团》中写道："为了让这些愿意做出改变的上层社会人士进入党卫军，希姆莱用力打开了大门。"希姆莱在贵族、中产阶级和财政界为党卫军做宣传，他将党卫军的形象以"纳粹精英"示人，有"大量不同阶层的人涌入党卫军中，这些人彻底改变了党卫军的社会阶层"。他取得了成功。

在征募的过程中，希姆莱也将一些完整的组织合并到他的党卫军中，例如：国家骑术协会。几乎所有在东普鲁士（Ostpreußen）、霍斯坦（Holstein）、奥尔登堡（Oldenburg）、汉诺威（Hannover）和威斯特法伦的骑术协

---

[1]党卫军在德语中为Schutzstaffel，缩写SS，德国纳粹党中用于执行治安勤务的编制之一，是与纳粹党武装战斗执行部队的冲锋队并立的另一支纳粹党情报和监视、拷问行刑组织。——译者注

[2]冲锋队在德语中为Sturmabteilung，缩写SA，是希特勒于1923年创立的武装组织。成员穿黄褐色卡其布军装，右袖戴"卐"字袖标，因此或称"褐衫队"。——译者注

会骑士都穿上了黑色的党卫军制服，无论新成员的政治态度如何。党卫军中老成员对德国国家人民党[1]成员加入党卫军甚为不满，在他们的眼中，该党就是"反动派"。

也许鲁道夫-奥古斯特·厄特克尔就是在这种情况下成为党卫军骑士团成员的。在1934年6月《威斯特法伦最新消息》的体育板块中，一个比赛的结果至少可以证明，其中写到鲁道夫-奥古斯特·厄特克尔在"党卫军和冲锋队成员的障碍赛马A级赛事"中取得了第五名的成绩。他的这匹马名叫哈拉尔德，它属于姐姐乌苏拉。在"党卫军和冲锋队成员的A级马术考试"中，年轻的鲁道夫-奥古斯特·厄特克尔甚至名列前茅。

1934年秋天，鲁道夫-奥古斯特·厄特克尔参加了拉文斯贝尔格协会（der Ravensberger Rennverein）在季末举办的最后一轮比赛。据一份报纸报道，只有国家协会、国防军、警察局的成员可以同场竞技。因为其中有人不能证明这种成员身份，所以，在最初报名的八名骑士中，有三位被取消了参赛资格。但是鲁道夫-奥古斯特·厄特克尔骑着埃北斯劳养马场的阿尔法拉，站在1,400米的赛道上，并取得了比赛的胜利。《威斯特法伦最新消息》报道："比赛的过程一目了然，随着发令声的响起，比赛的结果似乎早已确定：阿尔法拉胜券在握。"

鲁道夫-奥古斯特·厄特克尔在中学毕业之后开始实

---

[1] 德国国家人民党，德语：Deutschnationale Volkspartei，魏玛共和国时期的保守右派政党，1929年后，国家人民党与纳粹党合作，1931年在一些州组建联合政府，支持希特勒在1933年1月被任命为总理。起初，国家人民党在希特勒政府中有很多部长，但很快就失去了影响力，最终在1933年6月解散，让位于纳粹的"一党专政"。——译者注

习，可能是在一家和厄特克尔企业有合作关系的公司中。
1936年，他应招服劳役。所有18岁到25岁之间的年轻男子，
必须进行为期六个月的劳役，这位工厂主的儿子也不例外。
这些年轻人通常被派去开垦土地，他们根据土地的质量来处
理沼泽中的积水，或者用来灌溉田地。鲁道夫-奥古斯特•
厄特克尔有生以来第一次每天用铁铲干活儿，很多时候，他
要站在齐腰深的水中工作。

劳役是为达到所谓的民族共同体的多种手段之一。
年轻人在营房里的共同生活和劳动是为了消除社会中的等
级差别。鲁道夫-奥古斯特•厄特克尔必须学习适应这种生
活。但是在这些年轻人中，他显得很特别。鲁道夫-奥古
斯特•厄特克尔懂得怎样去取悦他人。《明镜周刊》在20
年以后的报道中称，为了让他的同伴们高兴，鲁道夫-奥
古斯特•厄特克尔当时设法组织了几次"来自比勒费尔德
工厂年轻女孩的礼品客车"活动。

1937年，鲁道夫-奥古斯特•厄特克尔搬到了汉堡。他
的继父安排他到联合银行（Vereinsbank）实习。对于他来
说，实习和劳役的区别在于，现在的他再次被家族控制。
祖母找了一个名叫哈泽（Haase）的佣人来照顾这位企业继
承人，并定期向比勒费尔德的家人汇报他的情况。鲁道
夫-奥古斯特•厄特克尔没有让家人担心，两年之后他通过
了汉堡工商会的结业考试。

鲁道夫-奥古斯特•厄特克尔的兵役义务本应该在侦察
部队完成，但由于健康原因，他提前退伍。1939年9月，
德国开始突袭波兰，当时23岁的鲁道夫-奥古斯特•厄特克
尔并没有参军入伍，这可能是由于他的继父利用自己的关

系帮助了这位年轻的企业继承人。理查德•卡斯洛夫斯基可以对此找到充分的理由：鲁道夫-奥古斯特•厄特克尔是第一次世界大战凡尔登战役中牺牲者的唯一儿子，厄特克尔家族已经为祖国牺牲了一位继承人。

鲁道夫-奥古斯特•厄特克尔在坐落于汉堡阿托纳易北河大街上的分工厂工作，他熟悉这里的工作并且帮助车间里身着白色工装的工人。在这段时间里，工人们认识了一个亲如同事的少东家，他守时、精明、乐于创造。在10年后的公司文件里还能找到这样的字眼："他也像其他人一样，推着双轮手推车干活儿。"

但是不同于"常人"的是，这位企业家的儿子已经过起了奢侈的生活。鲁道夫-奥古斯特•厄特克尔在汉堡的黄金地段拥有一幢住所，它位于阿尔斯特河（Außenalster）东岸别致的贝尔维尤（Bellevue）街道上。之前他就已经建立了自己的家庭，他认识了一位名叫玛莲娜•阿尔曼（Marlene Ahlmann）的女士并在1939年娶了她。玛莲娜•阿尔曼是一位来自伦茨堡的工厂主的女儿。她的家族拥有一个铸铁厂。这对年轻的夫妻很快就有了后代，1940年7月16日，玛莲娜•厄特克尔在汉堡产下一个女婴，取名为罗斯莉（Roselie）。

夫妇俩在贝尔维尤的门牌是15号，住在13号房子的是一位名叫艾丽•利普曼（Elli Lipmann）的女士，在她的名字中，还必须用双名：扎拉（Sara），因为她是一个信仰犹太教的德国人。利普曼家境富裕，除了这个别墅之外，她还拥有一块超过3,200平方米的地皮，这是卡尔•利普曼（Carl Lipmann）在1925年买下的，并在这块地皮上请一位吕贝克的花园建筑师建造了一个私人网球场和果园。

1940年，这位邻居被迫要卖掉这块地。此时，大范围的歧视和逮捕犹太人的运动已经开始，移民似乎已经迫在眉睫。艾丽当时作为丈夫的全权代表在处理这件事，显然，此时她的丈夫已逃往国外或者已被逮捕。

鲁道夫-奥古斯特•厄特克尔对邻居的这块地显示出巨大的兴趣，和邻居利普曼的联系由一个中间人来促成。这位企业继承人对购买犹太人的财产似乎并没有什么顾虑。在几次协商之后双方达成了一致，1940年，鲁道夫-奥古斯特•厄特克尔来到汉堡的一位公证人那里，为奥古斯特•厄特克尔博士公司签署了购买合同，艾丽•扎拉•利普曼女士则委托了一位全权代理人签合同。

这些在纳粹期间买下犹太人资产的德国人，大部分在战后为自己辩护，说他们支付了相应的价钱，而鲁道夫-奥古斯特•厄特克尔的案件显示的却是另外一种情况：利普曼当初为这块地皮支付了117,000帝国马克，并为网球场和果园额外花费了14,000帝国马克。鲁道夫-奥古斯特•厄特克尔"在长时间的谈判之后"仅支付了58,000帝国马克，这比最初的购买价格低了一半，甚至更少。他利用了卖家的困境，乘虚而入，就像利普曼在给当局一封信中抱怨的那样，"我们在最近10年里遭受了巨大的财产损失。"

事实上，鲁道夫-奥古斯特•厄特克尔得到这块地的价格更便宜。审查出售犹太人地产的最高机关是纳粹省长和帝国行政长官，所有合约必须交由他们批准。当局很照顾这位来自比勒费尔德的年轻商人，在1940年6月13日的申请回复中，官方当局将价格降低到对鲁道夫-奥古斯特•厄特克尔有利的45,500帝国马克。历史学家弗兰克•巴约尔（Frank Bajohr）在汉堡的国家档案馆中发现了这件事情的过程，并对"这种财富积累的特别形式"作出了评价。

艾丽•利普曼在1940年7月对这次交易提出申诉。利普曼的律师恩斯特•考夫曼（Ernst Kaufmann）在给当事人的信中写道："如果厄特克尔不能拿出他不够富有的证据，那么，在他接受了58,000帝国马克的购买价以后，就不允许有继续降低购买价格的理由。"由于考夫曼是个犹太人，所以也只以"法律顾问"的身份为当事人争辩，但是申诉还是遭到了当局的驳回。

人们可以推测，当局让鲁道夫-奥古斯特•厄特克尔以低价获得地皮的举动是对厄特克尔企业转让《威斯特法伦最新消息》做出的某种示好，推测的证据是，购买地皮获得批准的时间，刚好和厄特克尔的报纸股份转到纳粹资产的时间重合。

鲁道夫-奥古斯特•厄特克尔将如何使用这块地皮，是修建房屋还是自己使用的花园和网球场，这些都没有记载。在完成了这块地皮的交易之后，他就被征军到柏林。公司年记记载，1940年，鲁道夫-奥古斯特•厄特克尔在陆军总司令部任职，除此之外，他也在奥古斯特•厄特克尔博士公司的柏林办公室工作，这个公司的代办处要维护和官方部门的关系并设法为比勒费尔德和汉堡的公司得到原材料的配额，另外，几乎所有厄特克尔集团在国外的活动也掌控在柏林办事处中。

在"第三帝国"期间，柏林的厄特克尔公司的唯一代理人是由汉斯·克拉姆珀（Hans Crampe）领导的劳动处，这个部门正计划着，如何让公司在被国防军占领的国家开展业务。1941年的公司年记中写道："在战争期间，政治的因素导致了欧洲其他国家的食品工业严重依赖德国，在这种情况下，柏林办事处对于所有厄特克尔的企业而言具有特别重大的意义。"年记作者似乎不想讲明个中细节，只是说，"奥古斯特·厄特克尔博士公司由于众所周知的原因以及这些国家内部政治变革的因素，所以要面临许多新的任务。"

随着战争的深入，鲁道夫-奥古斯特·厄特克尔最终进入了武装亲卫队。他加入该部队的背景并没有解释清楚，他自己也从未在公开场合说过这件事。文献资料仅表明，企业继承人在1942年3月22日正式加入武装亲卫队。

武装亲卫队是一个从1940年春天起建立的独立军事组织，这个组织被投入到前线和占领区。起初它由所谓的党卫军支队和骷髅总队（Totenkopfverbände）[1] 组成，这些部队负责集中营的护卫工作。在波兰战役之后，希姆莱开始加强扩充武装亲卫队。在战争的末期，亲卫队的人数已经达到了将近一百万，人数比1940年增加了10倍。从1943年起，武装亲卫队才实行了兵役制度。1942年3月，鲁道夫-奥古斯特·厄特克尔自愿报名加入该组织。

武装亲卫队由希特勒亲自领导，而不属于纳粹国防军的总司令部，但它的士兵依然按照陆军的部署作战。这个部队的士兵无所畏惧，同时也残酷无情。许多亲卫队的成

---

[1] 骷髅总队是一个泛称，是指"二战"时期管理纳粹集中营的党卫队、亲卫队、别动队。这些人员滥杀无辜、草菅人命，强夺受害者的钱财。——译者注

员都有战争罪犯的行为，整个部队都参与了谋杀犹太人的突击行动。

今天的专家和历史学家认为，尽管武装亲卫队和党卫军不可同日而语，但"作为纳粹党的精锐卫队，他们已经形成了狂热的世界观，他们的性格既有征服欲又表现得冷血无情。随着时间推移，武装亲卫队的宗旨越发偏离了希姆莱骑士团的初衷。第二次世界大战的血雨腥风让这些志愿兵变成了几乎和国防军没有区别的普通士兵。" 海因茨·霍纳这样写道。

战后见诸报端的关于"布丁王子"鲁道夫-奥古斯特·厄特克尔的战时生活，却都是他忙于后方膳食补给的寥寥数语，后来还有报道，说他在柏林的工厂工作，虽然那时柏林根本就不存在这个工厂，但这正验证了有些资料说他在柏林武装亲卫队的膳食部门任职的记载。

人们在战争结束10年后偶然得知，武装亲卫队成员鲁道夫-奥古斯特·厄特克尔绝对没有仅仅身处办公桌旁，或者食品公司里，他也参加了在苏联的战役。这是他自己无意中揭开的秘密。鲁道夫-奥古斯特·厄特克尔在1986年他70岁生日时邀请《世界报》的记者汉斯·保曼（Hans Baumann）给自己写人物传记。保曼见识了这位还算健谈的老先生，他在文章中这样描写鲁道夫-奥古斯特·厄特克尔，"他喜欢讲述故事，但也会聚精会神地倾听。"保曼的传记有这样的文字："他很惊奇，说自己活到了现在！在战争中，他独自待在苏联数月之久。经查明，这个村庄位于一个游击队区的中部。"

鲁道夫-奥古斯特·厄特克尔安然无恙地度过了战争，

而他同母异父的兄弟小理查德·卡斯洛夫斯基却腹部中弹受伤严重。关于他的情况在1944年一封信中被提及：他由于长期非常糟糕的身体状况，可能在以后无法从事任何工作。小理查德·卡斯洛夫斯基在这段时间内生活在比勒费尔德埃贝斯劳农场里。

理查德·卡斯洛夫斯基在进入厄特克尔公司之后就签订了一份合约，合约里规定只要鲁道夫-奥古斯特·厄特克尔满27岁，他必须上交厄特克尔公司的领导权。这个时间点有特别的深意。鲁道夫·厄特克尔在1916年27岁时于凡尔登战役中牺牲，他的儿子要遵照祖母的愿望沿着父辈的轨迹继续走下去。

然而当这一天来临时，理查德·卡斯洛夫斯基并不能如期上交领导权，因为，鲁道夫-奥古斯特·厄特克尔是武装亲卫队的士兵。在当时复杂的战争情况下，厄特克尔家族也不想放弃这位多年"企业领导人"的经验和关系。

13. "我要买股份"
纳粹时期厄特克尔公司的扩张

理查德·卡斯洛夫斯基从青年时就对航海非常感兴趣，这些年里他一直在收集船模。1928年，他第一次产生了要开店的愿望，并参与投资了一艘名叫"维尼图"（Winnetou）的油船。对运输船的兴趣应该和公司的核心生意有关。几十年以来，厄特克尔食品公司都从海外进口大量的原材料。

所以，比勒费尔德的食品公司参与经营海运公司的业务也并非空穴来风。据公司的编年记记载，"今天，汉堡南美船运公司的资产完全属于厄特克尔家族，1934年时，奥古斯特·厄特克尔博士公司仅拥有汉堡南美四分之一的股份。"

厄特克尔公司加入南美船运公司的日期不够准确。约阿希姆·约尔夫（Joachim Wölfer）出版了一本关于航运业历史的书，根据他的调查研究，理查德·卡斯洛夫斯基和厄特克尔家族在1936年才进入汉堡南美船运公司。90%的股份当时还在国家手中。之后帝国财政部将它卖给了个体投资人。买家是汉堡的联邦银行和一些股东，理查德·卡斯洛夫斯基就在其中。这种说法才是正确的。当时的公司工作记录显示，理查德·卡斯洛夫斯基于1937年6月30日才被选入监事会。

纳粹是怎样获得船运股份，而后又将其卖掉的？传统航运公司国有化并非纳粹所为，而是世界性经济危机的结果。在危机爆发之后，商品交换缩减到最小量。在20世纪30年代初期，航运业的发展几乎进入了停滞的状态。德国航运公司也陷入了巨大困境之中。他们欠下了高额债务，收入却很少，所以必须削减生产力而加强合作。

在经济危机时，德国大的航运公司在不断合并，1930年初，北德劳埃德（der Norddeutsche Lloyd）得到了汉堡南美公司的大部分股份，然后加入了哈帕克（Hapag）。从这时起，三家大型航运公司联合起来，成立了哈帕克-劳埃德联盟（Hapag-Lloyd-Union）。公司试图通过处理掉不再需要的船只和解雇船员来降低花费，然而，这些措施都无济于事。大量的外币急剧贬值，经济危机更加严重。公司80%的收入由外币构成，因此，外币贬值又掠走了本来就微薄的大部分收入。这时，魏玛政府对德国的商船表现出巨大的兴趣，一直介入其中。航运公司因此获得了公共资金的支持，一方面得到补贴，另一方面通过信贷。但是接受这些资助就意味着国家对公司的影响力在不断扩大，最终大部分股份还是会落到国家的手中。

纳粹夺取政权之后，航运公司联盟逐渐被拆散，帝国财政部让航运公司划分海域，其中一条规定是，哈帕克和北德劳埃德停止航行，并将这部分业务转交给汉堡南美船运公司。

但是纳粹政府并没有兴趣长时间在经济上直接控制这些航运公司。当经济复苏，世界经济状况开始好转时，帝国财政部便开始寻找它的买家。不久之后，汉堡经济圈的官员们就被相中了。

1936年9月，联合银行在报纸上发表声明："汉堡联合银行(die Vereinsbank in Hamburg)旗下的一家私人财团，其财团隶属汉堡商业私人银行股份公司(die Commerz-und Privat-Bank AG)、诺特博姆两合公司(Nottebohm & Co.)、施罗德兄弟公司(Gebrüder Schröder & Co.)和特奥多尔·维勒公司(Theodor Wille)汉堡联合组织，获得了掌控在帝国手中的汉堡南美船运公司的800万帝国马克股份（1,000万帝国马克股本）。"值得注意的是，这时并没有提到厄特克尔公司是汉堡南美的新股东。

汉堡《外报》在"汉堡南美船运公司再次成为私有财产"的标题下报道了此次股份出售。《科隆报》的经济报

编辑将汉堡南美私有化作为纳粹谨慎经济政策的例子加以
称赞，认为新的国家领导人在按照基本原则行事，"国家
在经济中的作用只是安排和看管，而经济任务要通过企业
的力量和责任来落实"。除此之外，报纸还报道了银行财
团遵照国家的要求，将大部分股份继续转给其他投资人。

据猜测，买家之一就是当时和汉堡联合银行交往甚深
的理查德·卡斯洛夫斯基。厄特克尔-卡斯洛夫斯基家族当
时所持有的联合银行大宗股票的事实可以证明这一点。

厄特克尔家族在之后也没有进一步解释他们加入航
运生意的动机和方式。但无可争议的是，无论是在1934年
抑或两年以后，厄特克尔家族在"第三帝国"的初期均有
所行动。当时，是卡尔·林德曼（Karl Lindemann）和埃米
尔·黑尔费（Emil Helfferich）让理查德·卡斯洛夫斯基对船
运生意加大了关注力。这两个人是德国航运公司哈帕克和
北德劳埃德的监视会主席，也同属于希姆莱的朋友圈。另
外，与圈中的纳粹汉堡市长卡尔·文特森·克劳格曼（Carl
Vincent Krogmann）的结识也对他大有裨益。

加入船运公司是厄特克尔工业王朝历史中的一个重要
转折点。这次购买行动是比勒费尔德厄特克尔家族在食品
领域之外的第一次大手笔投入，标志着他们进入了第二个
生意领域中。入股汉堡南美船运公司意味着公司多元化发
展的第一步，而多元化发展是厄特克尔家族在之后非常重
视的一点。

通过入股汉堡南美船运，厄特克尔家族加入了拥有
悠久历史的航运公司。1871年，这家公司由汉堡的商人团
体创立，世纪之交，它用32艘船把德国、巴西（Brasilien）

以及拉普拉塔（La Plata）（属南美洲）的重要港口连接起来。汉堡南美船运公司将大量德国移民运到了南美洲，将德国的工业产品出口到国外，并在归途中将咖啡运回。可是，第一次世界大战之后，它必须将所有船只上交给同盟国。到了20世纪20年代，汉堡南美重新打造起一只新的船队。欧洲的移民可以乘这些船前往南美洲，一些富有的阿根廷人也可以乘船去欧洲旅行游览或者避暑观光。自从1927年以来，豪华的开普艾柯纳号（Cap Arcona）一直是汉堡南美船运公司中令人赞叹的船只。

在"第三帝国"期间，汉堡南美船运公司与帝国劳动阵线开始了生意往来。劳动阵线的分部"快乐带来力量（Kraft durch Freude）"是一个巨大的旅游活动组织，它包租了公司里的"蒙特·奥莉维亚（Monte Olivia）"和其他一些船只，以便让德国工人和那些"人民的同志"乘船度假。"快乐带来力量"在之后也让人建造了自己的专用船只，例如，由汉堡南美船运公司经营的威廉·古斯特洛夫号（Wilhelm Gustloff）。

在20世纪30年代期间，汉堡南美除了旅游业之外也经营货运业务，它将来自南美洲的甜橙、香蕉和苹果带回"第三帝国"。汉堡南美在一些船只中还安装了制冷设备，因此可以将来自阿根廷的冷冻肉品运回德国。20世纪30年代的乘客数量一直在下降，但也有两个例外的情况：在1936年奥运会期间，有许多南美洲的有钱人乘船前往德国观赛；另外，20世纪30年代的第二批乘客潮是那些为躲避纳粹的犹太商人、律师、医生和银行家，乘坐汉堡南美的轮船前往巴西和阿根廷（Argentinien），只不过他们买的是单程船票。

汉堡南美船运公司的股东们第一次获利时，世界经济危机已过去了七年之久。1937年，航运公司分发红利，可不久之后红利就贬值了不少。另外，在这段时间内，汉堡南美大规模扩充船舰数量，在1939年战争开始时，它已经拥有注册吨位为385,423吨的船只52艘。

企业家理查德·卡斯洛夫斯基的偏好不仅只有轮船，他的另一个爱好就是旅游，而且他利用自己的特权把大把的钞票花在喜欢的地方。他的继子鲁道夫-奥古斯特·厄特克尔曾说："我的父亲有个习惯，当他喜欢某个地方时，他就会在这里买个房子。"在20世纪30年代，厄特克尔家族已经在波罗的海、北海、巴伐利亚等地购置了房产。后来，喜爱马匹的理查德·卡斯洛夫斯基又发现了巴登-巴登(Baden-Baden)这个地方。

黑森林(Schwarzwald)地区的温泉疗养城早在19世纪初已经成为富人和上层人士聚集的地方。厄特克尔公司经理卡斯洛夫斯基在赛马比赛期间也曾多次莅临此地。当他决定在巴登-巴登购置一座房产作为休假地时，引发了家庭的激烈争吵。伊达·卡斯洛夫斯基坚决反对再次购置房产，不是因为钱的问题，而是由于房子带来的附加工作。她的儿子鲁道夫-奥古斯特·厄特克尔后来回忆说："从房子的修缮到员工的雇佣，她一直都为这些房子操心受累。"

卡洛琳娜·厄特克尔也对理查德·卡斯洛夫斯基和家人的争执略知一二。到目前为止，这位老夫人一直都是生意场上的决策人物。她一丝不苟地将现金支出记入到家庭账簿中，并认真听取银行商业顾问的私人理财建议。一个慕尼黑的银行给她直接提供了巴登-巴登布伦纳酒店（Das Brenner's Park-Hotel）的股票报价。拥有这家酒店的布伦纳家族由于资金短缺，正在委托银行寻找新的投资人。

卡洛琳娜·厄特克尔起初对这个提议并不感兴趣，但是当她听到伊达和卡斯洛夫斯基为在巴登-巴登买房子的事情吵架时，她有了新的想法。她的孙子鲁道夫-奥古斯特·厄特克尔回忆起他们在理查德·卡斯洛夫斯基房子里的谈话："我的祖母加入到这次商讨中。她对我的父亲说：我要给你一个建议。布伦纳酒店的股份要出售，我准备买下它的股份，你在那里可以建一个住所，你的妻子就不会为此生气了！"

就像入股汉堡南美船运公司一样，人们也不清楚，他们购买布伦纳酒店股份的确切时间点。根据鲁道夫-奥古斯特·厄特克尔在20世纪90年代中期的描述，布伦纳酒店的股份是在1938年进入厄特克尔家族手中的，留下的信息仅此而已。但是，据酒店的年记记载，厄特克尔家族是在欧洲全面爆发战争时才获得了酒店的大部分股份。

布伦纳花园酒店的变故事出有因，由于世界性经济危机的爆发，酒店在20世纪30年代初处于亏损状态。虽然仍有许多富有的美国人来巴登-巴登度假，但是其他地区的客人却不再光顾此地。酒店严重收支失衡，所以库尔特（Kurt）和阿尔弗雷德·布伦纳（Alfred Brenner）兄弟不得不动用他们的储备资金维持运营。

在经济转好的1936年初，酒店的入住率再次提升，但后来战争的爆发完全打乱了布伦纳酒店的计划。希特勒的军队在1940年5月10日开始袭击法国，巴登-巴登就处在部队行军和作战的区域，因此，包括布伦纳在内的所有酒店都必须停业。强制性的停业对酒店的主人来说是经济上一次沉重打击，所以布伦纳兄弟俩商议决定迎接一位新的合伙人。这件事的结果可以从酒店的年记中找到："当酒店在法国战役结束后又可以重新开张时，布伦纳和交情颇深、往来频繁的厄特克尔家族商议，将大部分股份转到厄特克尔的名下。"根据这个记载，股份购买事宜最早发生在1941年3月。正是自这个月起，布伦纳花园酒店重新开张。

此时的鲁道夫-奥古斯特·厄特克尔才20多岁，据猜测，他并没有参与接管酒店的工作。也许他真的认为，厄特克尔家族是在和平时期接手这个酒店的。但也可能他出于其他原因，宣称酒店并非在战时接手，因为他担心，在整个欧洲处于战争的状态下，公司却斥资购买豪华酒店的行为会遭诟病，这也会给他带来麻烦。

从经济层面来说，这次购买对厄特克尔家族并没有太大的意义。和食品的销售额相比，酒店的生意回报较低，但是厄特克尔家族却另有考量。这次接管布伦纳酒店标志着厄特克尔家族的社会地位有了一个重大的改变：它能带给厄特克尔家族耀眼的光环。

如果人们了解这个酒店的历史，就会明白它对于厄特克尔家族意味着什么。很早以前的罗马人就已经在巴登-巴登享用温泉并建造了皇家疗养浴场。19世纪中期，这个城市成为一个享有国际盛誉的浴场。这个处于山谷之间的城市由于温和的气候而备受游客喜爱。1858年，在这里举办了伊费茨海姆（Iffezheim）国际赛事，发起者是法国职业骑士赛俱乐部。巴登-巴登的赌场宾客满盈，俄国作家陀思妥耶夫斯基（Dostojewskij）就是知名的赌徒之一。一位记者在1860年写道："巴登-巴登市是巴登地区一颗令人骄傲的璀璨明珠，从初夏到深秋，这里一直是所有国家上层人士的聚集地。在德国，此类浴场绝无仅有。"

从前的布伦纳花园酒店是用法语"施特凡妮-中心-浴场（Stéphanie-les-Bains）"来命名的。当时最著名的客人当属法国皇帝拿破仑三世（Napoleon III.），他来巴登-巴登休养并与普鲁士摄政王以及萨克森和汉诺威国王在此会面。可是，就在10年之后，德法两国置良好关系于不顾，最终发生了战争。

普鲁士帝国的建立并没有给巴登-巴登带来利益，普鲁士的政府机构关闭了赌场，所以俄国贵族和其他一些安于享乐的客人选择了蒙特卡洛（Monte Carlo）。至此，法国上层社会的"施特凡妮-中心-浴场"就这样倒闭了。在1872年的强制拍卖中，一位普福尔茨海姆（Pforzheim）富有的裁缝和宫廷供货商阿洛伊斯•布伦纳（Alois Brenner）中标。他们将酒店的名字变成了德语"施特凡浴场"。尽管更名，但来自世界各地的名人名流仍络绎不绝。在19世纪70年代，威尔士王子爱德华（Eduard）曾多次来此地疗养并在布伦纳酒店下榻，约翰•施特劳斯（Johann Strauß）也是这里的常客。奥拓•冯•俾斯麦、阿尔贝特•冯•图尔恩亲王（Albert von Thurn）、塔克塞斯（Taxis）也曾入住这个奢华酒店。

1883年，布伦纳的儿子卡密勒（Camille）接管了酒店。库尔特•格罗贝克（Kurt Grobecker）在酒店年记中提到了卡密勒："世纪之交，卡密勒被视为最成功的酒店老板，是他制定了全新的酒店标准。酒店不仅有漂亮的装潢，而且还有后来被多家酒店效仿的管理体制和令人惊叹的技术设备。在当时的条件下，整幢房子都安装了明亮的煤气灯，浴室的装修奢华讲究，里面装有冷热自来水，甚至在当时巴登-巴登最豪华的别墅中都没有这样的配置。"

卡密勒·布伦纳在1914年去世，他的儿子库尔特和阿尔弗雷德已经准备好接班。20世纪20年代，他们再次提高了自己的声誉，大艺术家们纷纷入住兄弟俩的酒店，在到来的人中有亨利·伯恩斯坦（Henry Bernstein）、威廉·富特文勒（Wilhelm Furtwängler）、弗朗茨·勒哈尔（Franz Lehár）、卡尔·楚克迈耶（Carl Zuckmayer）。获得1912年诺贝尔文学奖的格哈德·豪普特曼（Gerhart Hauptmann）是酒店的常客。战争爆发前，来巴登-巴登的既有加冕的首领，也有无冕之王，如：胡戈·斯廷内斯（Hugo Stinnes）、亨利·福尔特（Henry Ford）、伯爵罗特席尔德（Rothschild）等。来自世界各地的工业精英们都首选巴登-巴登的布伦纳作为下榻的酒店。

在20世纪40年代初能拥有这样的酒店，对于厄特克尔要成为一个重要的工业家族的目标，无疑是重要的一步。布伦纳酒店不是一个平凡的企业，它代表了欧洲文化历史的一部分，因此也是一种地位的象征。随着比勒费尔德这家发酵粉生产商接管布伦纳酒店，说明他们已经踏入了德国杰出家族的行列，在德国和国际财阀的阶层中，他们显然提高了自己的声誉。

不仅如此，这个酒店也盈利颇丰，即使在战争期间它也生意兴隆。厄特克尔接管酒店之后，布伦纳兄弟依然做酒店的经理。许多曾在酒店工作的男人们都去了前线，女人们也都去了军火工厂上班，所以酒店里缺少人手。尽管如此，酒店里的岗位安排却井然有序。不过并不是所有的客人都是自愿入住该酒店的，1942年，外交部就把美国大使馆的成员拘留在这家奢侈的酒店里。

酒店的生意越来越好，收入不断增加，以至于酒店欠下的债务很快就被清偿。1942年，比勒费尔德的股东第一次得到了分红。1943年，也就是发生斯大林格勒惨剧[1]的那一年，厄特克尔家族再次得到了巴登-巴登的盈利分红。

厄特克尔家族几乎不知道该把这些钱花到哪里。在战争期间，理查德·卡斯洛夫斯基成功地在德国航运业进一步扩大了自己的影响力。1941年初，他和其他六个商人联手入股了一个两合公司，这个公司买下了德国地中海航线股份公司(Levante-Linie AG)的股份，其中，理查德·卡斯洛夫斯基拥有6.1%的股份，1944年4月他再次将股份增加到11.5%。

理查德·卡斯洛夫斯基和厄特克尔家族在纳粹独裁统治期间，不仅参股了像汉堡南美船运和布伦纳花园酒店这样的传统公司，而且还在"第三帝国"成立了新公司，而且理查德·卡斯洛夫斯基和党卫军做生意并没有感到任何的恐惧。

---

[1] 是第二次世界大战中纳粹德国对争夺苏联南部城市斯大林格勒（现名：伏尔加格勒）而进行的战役，时间自1942年6月28日至1943年2月2日为止。伏尔加格勒战役是第二次世界大战东部战线的转折点。该战役是近代历史上最为血腥的战役，双方伤亡约200万人。——译者注

1943年，党卫军、厄特克尔公司、汉堡的费利克斯股份公司（Phrix-Werke AG）共同创建了一个生产人造食品的企业，公司坐落在汉堡，并被命名为罕萨研究有限公司（Hunsa-Forschungs-GmbH）。公司名字要追溯到一个喜马拉雅地区古老的民族。1942年，在瑞士和德国，一本由拉弗·比尔希尔撰写的书《罕萨，一个从来不生病的民族》出版了。作者是医生和混合麦片的发明人马克思·比尔希尔-贝纳尔（Max Bircher-Benner）的儿子，他在书里描写了一个在今天的巴基斯坦（Pakistan）地区生活的游牧民族罕萨[1]，这个民族几乎从不被疾病所困扰。比尔希尔说："按照现在的饮食标准，人们会说，这个民族的食物内容单调，缺少健康、幸福以及生活所需要的一切元素。这样一个长期生存于艰苦条件下，能够忍饥挨饿，需求很小的民族，却没有表现出我们想象的样子：身体虚弱、疲惫不堪、闷闷不乐、疾病缠身；相反，他们的身体健康，充满朝气。他们让全世界的人都知道，这是一个没有疾病、不惧寒冷、积极能干、乐观向上的民族，他们始终坚守本民族的优秀品格。"

拉弗·比尔希尔（Ralph Bircher）在他的书中将罕萨人视作"文明民族"的榜样。这个民族的人几乎只吃一些植物、生鲜水果和蔬菜，他们很少吃肉类和食盐。他们的食物来自"自然健康的土地"，而且数量极少。每年的春天，罕萨民族必须在饥饿中度过一段时间。比尔希尔用大量的词汇批评"所有精致的、提炼的、单一的、美化的并

---

[1] Hunza, 罕萨, 在今巴基斯坦的北部山区, 是一处被喜马拉雅山包围的地方, 海拔2,438米, 被誉为世界五大长寿乡之一。——译者注

用特殊方法来保存的食品，这些食物在市场上以低廉蛊惑的价格出售"，这些文字读起来就像在控诉现代食品的生产商，就像一纸写给厄特克尔公司的诉状。

厄特克尔、费利克斯（Phrix）和党卫军创立罕萨研究有限公司时，他们的本意并非做健康的食品。党卫军的动机更多的是要解决前线与后方食物匮乏的问题，希姆莱想找到新的解决办法。记者皮特-费迪南德·科赫（Peter-Ferdinand Koch）在他关于党卫军生意的书中写道："'第三帝国'正处于全线撤退的状态，要时刻预防食品断档那一天的到来。人工合成食品也许是德国人应对饥饿的办法。"

厄特克尔公司决定参与这笔生意。它用180,000帝国马克购买了三分之一罕萨研究有限公司的股份。经营范围规定，这个合作企业的目的是"促进所有食品领域的研究，包括生产食品的原料，尤其是通过工业再加工而产生的副产品"。换句话说，也就是从工厂的剩余材料中提取新型的食品。

厄特克尔和费利克斯公司的合作已经持续了很长时间。费利克斯在维滕堡利用集中营的囚犯来生产人造短纤维、纤维素和植物纤维物质。这些产品的生产带来了副产品，例如：食用酵母。这种产品的销售是通过厄特克尔和费利克斯共同的子公司，图克优贸易有限公司（Toq-Handels-GmbH）来运行的。

比尔希尔在他的罕萨一书中，介绍了长期在克什米尔地区生活的苏格兰医生，罗伯特·麦克卡里森（Robert MaCarrisson）的实验。麦克卡里森试图通过实验来印证，罕萨人的健康完全归功于良好的饮食习惯。为了这个目的，他用罕萨民族的食物喂给一批老鼠吃，而用人们在伦敦等城市常见的食物，如：白面包、细粮面食、果酱、肉、鲱鱼、罐头食品、甜食、煮熟的蔬菜去喂食另外一批老鼠。实验的结果表明，用城市食品喂食的老鼠极易生病而且会咬人，而另一批老鼠却非常健康。

党卫军也做了麦克卡里森同样的实验，只不过实验的对象不是老鼠而是人。党卫军非常重视大批量生产之前的检验结果，想知道罕萨研究有限公司的专家们设计的食品是否对人体有害。负责检验监督的是一位名叫恩斯特-京特•申克（Ernst-Günther Schenck）的医生，他从1940年起就开始担任武装亲卫队的食品检察官，并监督纳粹国防军队的膳食供给情况。这位医学教授在1942年从希姆莱那里得到了一个任务，"要立即在集中营中对每种食品进行试验"。希姆莱担心作为强制劳动力的集中营囚犯会因为饥饿而死，所以迅速开始人体试验。科赫说："申克几乎没有在试验中亲自品尝罕萨的制剂，而是让消瘦的集中营囚犯去做这些，让他们吃这些香肠的替代品，用这些全是昆虫液体和稻草做成的面包来填饱自己的肚子。但是由于'第三帝国'的结束，这些'令人作呕的食物'终究没有批量生产。"

人们从毛特豪森集中营的一名囚犯恩斯特•马丁（Ernst Martin）那里了解到，用来做试验的究竟是哪些产品。他作为党卫军集中营医生的抄写员，后来回忆起一种所谓的"蛋白香肠"。马丁这样描述它："从外观和气味来看，它就像一种猪肝香肠。我从党卫军医生的通信中得知，这些香肠原料来自伦青的纸浆厂和造纸厂，我先是将信将疑，后来经调查后我才知道，这些香肠是由废水和纸浆分解物以及肝味添加剂制成。"大量囚犯在吃完这些食物之后，死于肠道疾病。

14."由于骇人的袭击我们被……"
空袭中的理查德·卡斯洛夫斯基和厄特克尔家族

1940年夏天，第一颗炸弹落到了比勒费尔德。德国在对英国的工业设备和居住区进行空袭后，英国人做出了反应。起初，损伤还很小，比勒费尔德的市民们还能以幽默的心态面对，用"愿你的夜晚没有碎石"来互致慰问。但是随着时间的推移，夜晚的空袭警报愈发令人紧张，心情沉重。

1940年9月和1941年春天，本应该落在铁路线上的炸弹落在了伯特尔疗养机构。在这次空袭中，有十三名儿童和一位女护士被炸死。纳粹负责安葬了他们，并利用政治宣传手段，强烈控诉"杀害伯特尔儿童的凶手"。其实，这一切举动的背后隐藏着虚伪，这些党阀们暗地里都很开心，他们的控诉听起来就好像在说"我们有良心，你们难道还没发现吗？"事实上，当权者和医生们早就在谋划使用安乐死的手段，把事情闹大。弗里德里希·冯·博德尔施文格牧师[1]在一封信中问明登市（Minden）的政府官员："是否应该对英国人在比勒费尔德伯特尔地区

---

[1]德国的神职人员，出生于一个著名的牧师之家。——译者注

（Betel）的'儿童谋杀案'进行声讨，并且将其影响进一步扩大？"

1939年9月，随着德国突袭波兰的开始，德国空军拉开了对华沙的恐怖式炸弹空袭的序幕。有人说，是德国人发明了炸弹战争，这是不符合事实的。1911年，第一个投到黎波里（Tripolis）附近的引爆装置是由一位意大利空军飞行员所为，受害者是一些阿拉伯人。后来法国人、英国人、西班牙人也用空中袭击的手段，镇压各自殖民地的暴乱者。在后来的西班牙内战中，德国秃鹰军团（Legion Condor）[1]将大量的引爆装置投到了像格尔尼卡（Guernica）这类没有防备能力的城市中。

战争开始仅仅几个月，德国人便亲身感受到了来自空中的威胁。1940年春天，英国空军对"第三帝国"发动了第一次空袭。英国皇家空军（Royal Air Force）的飞机炸毁了工厂和居民区。温斯顿·丘吉尔（Winston Churchill）还能有别的选择吗？德国当时已经占领了法国、比利时、荷兰、波兰和捷克斯洛伐克，英国与一个捷报频传的德国在殊死作战。希特勒对伦敦、伯明翰（Birmingham）、考文垂（Coventry）和格拉斯哥（Glasgow）轮番轰炸，以此来回应英国的进攻。

厄特克尔公司在汉堡-哈姆布鲁克新建的分厂尚未安装机器时，就已经被炮弹击中了一次。1940年10月的袭击炸毁了堤岸旁的厂房顶层。这个工厂正好位于轰炸目标的区域。在这个轰炸区域里还有铁路、水闸、发电厂和易

---

[1]是一支由阿道夫·希特勒下令组织的军团，包括空军、坦克、通信、运输、海军和教练人员，其目的是在西班牙内战中支持弗朗西斯科·佛朗哥的法西斯国民军。——译者注

北河桥。1941年5月，一组炸弹落到了食品工厂的建筑物内。损坏的部分很快得到了修复。之后，工厂还遭到了燃烧弹的轰炸，可每一次工人们都能及时将大火扑灭。

1941年7月22日，德国纳粹国防军开始进攻苏联，丘吉尔扩大了对德国平民地带的空袭。他任命性格倔强的亚瑟·哈里斯（Arthur Harris）为轰炸机队的总司令。这位空军元帅的轰炸机从空中把吕贝克城变成了一片火海。1942年5月，他调动了近千架飞机对科隆进行狂轰滥炸。1942年初，美国也加入到战争中来，并开始对德国的军备工厂和军事目标进行空袭，而英国皇家空军则集中对德国城市进行夜间袭击。就像丘吉尔所言："要摧毁德国平民的自信心，尤其是工厂的工人。"

到1943年夏天，汉堡已经遭遇了141次空袭，空袭带来的损失并不是很大。可是，在7月24日到25日的夜晚，有700枚英军的炸弹同时投向这座汉萨城，汉堡西部城区的阿托纳、圣保利（St. Pauli）和艾姆斯比特尔（Eimsbüttel）遭到袭击。被炸毁的不仅有大量的建筑，古老的易北河水库也在其中。1941年之前，厄特克尔的分工厂就位于中弹区域的水库旁。

阿尔斯特河东岸厄特克尔家族的别墅同样也遭遇了袭击， 这所房子在此次空袭中变成了废墟。很明显，这次轰炸是针对一座铁路桥的。当局为了保护这座桥，用帆布盖住了内阿尔斯特湖，并且在厄特克尔房子旁边的阿尔斯特河上安装了一座假桥。这一天鲁道夫-奥古斯特·厄特克尔是否在汉堡，人们不得而知，但可以确定的是，几天之后他的确在汉堡停留，当时正好发生了第二次世界大战中最大的灾难：蛾摩拉行动(Opreation Gomorrha)^[1]，那是一场吞噬生命的灾难。

在第一次空袭中，厄特克尔位于绿色堤岸旁的分厂完好无损地保留下来，但工厂却完全停产了，许多职工无家可归。恐惧笼罩着这座城市。至此已有近1,500人失去了生命。但直觉告诉汉堡的人们，最糟糕的情况还在后面。厄特克尔工厂的男人们也为第二次空袭做好了准备。

在7月27日到28日的晚上，由30个男人组成的工厂防空小队随时待命。经过了炎热的白天，夜晚悄然而至。晚上6点时，温度已达到了30摄氏度左右。厂长阿尔贝特·弗格桑和鲁道夫-奥古斯特·厄特克尔都在厂里。晚上11点40分警报声响起，每个人都在自己的岗位上待命，接下来又是将近一个半小时的宁静。

刚过凌晨1点，第一颗炸弹落到了汉堡。它击中了工人居住区哈姆布鲁克。厄特克尔工厂的工人们立即意识到，所有防守都无济于事，各种型号的炸弹不间断地袭击着工厂。在这个夜晚，英国出动了700架轰炸机。为了干扰德国的防空雷达，他们先是投下了铝箔条，铝箔条与炸弹无一例外地落在了汉堡市，炸弹从房顶直接穿入一楼的楼层，顷刻间，一幢幢楼房被大火吞没。

厄特克尔在比勒河旁的库房也被炸弹炸毁，一座木结构的行政楼在熊熊大火中燃烧，除了墙基，楼房已经化为灰烬。要想扑灭火势已经根本不可能，巨大的火舌阻断了

---

[1] 又名：汉堡大轰炸。是指第二次世界大战期间，从1943年7月24日开始到8月3日，英国皇家空军对德国第二大城市、重要港口和工业中心汉堡进行的多次猛烈轰炸。这是空战史上最大的战役之一。——译者注

通向河边的通道，即使能到河边，把火扑灭的可能性也微乎其微，来自空中的进攻实在强烈！鲁道夫-奥古斯特·厄特克尔和厂里的消防员都明白，这一次他们还能做到的就是只身脱逃！所有人都逃到了工厂的防空室。鲁道夫-奥古斯特·厄特克尔在那一夜的果敢表现，在事后得到了工人们的赞许，工人们夸奖他的细心与投入。

工人们的家属也逃到地下室寻求保护，藏身的空间就在混凝建筑物和塔楼下，这些建筑也被炸弹击中，大火自上往下蔓延，庞大的机器渐渐显露出来。被困在下层的人们祈祷上面的混凝土能够经受住流火的冲刷。幸运的是，这些建筑物在烈火中，证明了自己的坚固，地下室完好无损。

工厂防空室里的温度已经上升到令人无法忍受的程度。可与其他防空洞相比，这种炎热在工厂的防空室内还不足以致人于死地。厄特克尔和工人们无论如何也想象不出，地下室外面究竟发生了什么。外面所发生的一切从来没有人经历过，他们又怎能想象得出来呢？

空袭还在进行，点点火星连成火海，烽火爆就这样发生了：炎热的空气就像从巨大烟囱中喷射出来，极速向上涌动，蔓延至近千米外。被炸弹轰炸过的城区呈现出低压状态，所有新鲜空气都被挤压到了高空，有些地方的温度甚至上升到1000摄氏度。

烽火爆的中心在厄特克尔工厂的所在地——哈姆布鲁克，大火的威力带来了灾难性的后果。逃过炸弹袭击的建筑物片刻间变成了遇到烈火的干柴，大风以每秒75米的速度撕扯着地上的树木。活人或被大火吞噬，或因窒息而死。户外想活下来的人，都躺在了地上，他们想呼吸到救命的氧气。所以，后来许多死者被发现时，都是躺卧的姿势。

在长达一个小时的时间里，燃烧弹不停地落在这座城市里，点燃了汉堡东部的大约16,000座住宅。这场可怕的烽火爆肆虐了三个小时之久，大约有40,000人在这场火灾毒气中丧生，具体的数字至今也没有查明。许多被炸弹击中的楼房下面的地下室由于温度升高，变成了死人的火葬场，许多地方的大火在两周之后还在燃烧。

1944年7月29日早晨，鲁道夫-奥古斯特•厄特克尔和其他被困在面粉厂地下室的人，终于走了出来。周围的建筑物都变成了废墟，只有残垣断壁还矗立在废墟中，那是一幅荒凉、凄惨的画面。在工厂所在的地区有几千人死亡，活下来的人不仅受到了惊吓，而且已变得心灰意冷。

哈姆布鲁克城区已被完全烧毁，有人把汉堡的轰炸后果与广岛原子弹爆炸的后果相比。英国轰炸机指挥官哈里斯甚至被人称为屠夫，之前没有哪一次空袭造成过如此巨大的灾难。

1942年和1943年，同盟国的炸弹夺去了至少十万人的生命，导致几百万人无家可归。但是，想通过这次空袭来破坏德国军事设备的目的并没有达到。德国的军事工业在1944年秋天甚至还扩大了坦克、飞机和弹药的生产。当然，军事历史学家也认为，同盟国的炸弹还是给德国的战争经济带来了极大的影响，如果没有空袭，德国的军事巨头也许会变得更加强大。

鲁道夫-奥古斯特•厄特克尔准备在哈姆布鲁克重建工厂。公司领导和员工在空袭之后以顽强的毅力重新投入工作。在轰炸中，共有20名女工和2名男工丧失了生命，还有许多人逃离了这座城市，另一部分人在责任心驱使下留了下来。数米高的废墟阻断了通往工厂的道路，人们很难穿过废墟进入工厂。这片区域被纳粹宣布为封锁区，肯定还有大量的尸体埋在这里，政府不得不调来了附近瑙恩哥姆（Neuengamme）集中营的囚犯来做清理工作。

苦恼的人也会发出笑声，人们幽默地把厄特克尔工厂附近的区域称为"百货公司"（德语中"百货公司"与"那时这里有房子"同音。——译者注）。工厂失去了许多办公楼房，许多机器严重受损，所有的车辆都遭到毁坏，所有的书面文件荡然无存。厂长弗格桑在奥特玛深的私人住所里，设立了一个临时办事处，以便领导工厂的重建工作。灾难过后，许多工厂对参与重建的工人额外支付了一些工资，厄特克尔工厂也不例外。

虽然糖粉熔化后已经结晶，但是，其中的一部分原材料还可以利用。令人吃惊的是，变压器设备完好无损地保留了下来，这对厄特克尔重建工厂发挥了关键的作用。工人的精神已大不如前，可是除了继续走下去，也别无选择。

在接下来的几周里，比勒费尔德公司总部送来了机器和设备。许多在汉堡没有工作岗位和失去住所的厄特克尔员工被比勒费尔德总部收留。汉堡公司核心员工试图重新开始生产食品。生产取得了令人瞩目的成功，公司年记写道："在10月28日，确切的是在灾难过后的三个月，工厂用两个装瓶机重新开始了小型生产，公司领导和员工对此感到骄傲，仅仅过了三个月，他们重新起航，这给废墟中的生命带来了新的希望。"

烽火爆期间，鲁道夫-奥古斯特•厄特克尔躲在汉堡分工厂的防空地下室，他的妻子苏珊娜（Susanna）在比勒费尔德。她是当时27岁的鲁道夫-奥古斯特·厄特克尔的第二任妻子。他的第一段婚姻很快就结束了，女儿罗斯莉和她的母亲及外祖母在伦茨堡（Rendsburg）生活。鲁道夫-奥古斯特·厄特克尔是在柏林与他的第二任妻子结识的。人们称她为苏斯（Susi），她的婚前名叫扬奇-舒斯特（Jantsch-Schuster）。苏斯的父亲是一位经营保险公司的企业家。

1944年3月17日，苏斯在比勒费尔德为鲁道夫-奥古斯特·厄特克尔生下了第一个儿子，即家族的继承人和公司未来管理者。这个孩子获得了其曾祖父的名字：奥古斯特。在汉堡轰炸灾难过后的八个半月，他来到了这个世界。小奥古斯特·厄特克尔不像自己的父亲，出生时是个失去父亲的孤儿，他在父母的关爱下长大。

在第二次世界大战中，美国和英国向德国投了大约140万吨炸弹。其中大部分集中在战争结束前的九个月中。有50万德国人成了这场空袭的牺牲品，其中包括厄特克尔和卡斯洛夫斯基家族的四个成员。

1944年9月30日，这是威斯特法伦一个阳光明媚的秋日，美军的轰炸机在这个星期六出现在晴朗的天空中。在此之前，同盟国从未动用如此多的飞机来袭击比勒费尔德。他们的袭击目标是什么，是要炸掉铁路，还是在制造恐怖气氛？下午两点钟左右，呼啸的炸弹落在了比勒费尔德，大部分老城区和新区在轰炸中变成了废墟。

公德拉赫工厂有多处被击中，就在轰炸开始前的一个小时，工厂还在正常生产，炸弹落下来时，有少数工人在印刷车间干活儿，其中一人被炸弹击中致死。工厂的锅炉房被完全炸毁，电力供应也被切断。当时在公德拉赫公司当学徒的库尔特·乌托夫(Kurt Uthoff)回忆说："比勒费尔德的上空乌云蔽日，明亮的太阳完全被烟雾遮住了。"

那时，比勒费尔德缺少足够的公共防空区。许多市民用木头支柱来加固地下室。理查德·卡斯洛夫斯基也在他约翰尼斯堡10号的别墅下面建造了一个防空室。当空袭警报响起时，他和家人就逃到别墅的地下室里，来躲避炮弹的袭击。躲进防空室的除伊达和理查德·卡斯洛夫斯基夫妇外，还有他们的女儿，24岁的伊尔莎·布鲁埃勒曼，17岁的英格博格·卡斯洛夫斯基。当时，伊尔莎已经和比勒费尔德的一位企业继承人结婚。突如其来的炸弹击中了他们的房子，同时也夺去了这四个人的生命。

也许是炮弹直接击中了他们，也许家里存放的煤炭是这场不幸的罪魁祸首。卡斯洛夫斯基家的地下室里贮存了许多煤炭，虽然此举在当时是被禁止的，可许多家庭都这么做。如果煤炭不存在地下室，那又该存到哪里呢？可煤炭带来的危险却被人们大大地低估了。很多人在第二次世界大战的轰炸中死于自家的地下室，他们没能够逃出去，是因为一氧化碳中毒窒息而死。高温中的煤炭经常会开始自燃，也许这样的事就发生在卡斯洛夫斯基的家里。工厂经理理查德·卡斯洛夫斯基的别墅地下室完全能够安全抵御炸弹的袭击，在通常情况下，当用铁和木支撑的屋顶倒塌时，地下室完全可以撑得住倒塌房屋的负重。

连同理查德·卡斯洛夫斯基在内，比勒费尔德共有600人丧生，其中最知名的就是这位厄特克尔公司的领导人。他死亡的消息很快就被传开。理查德·卡斯洛夫斯基死时

56岁，巧合的是，他和公司创始人奥古斯特·厄特克尔都是在这个年龄去世的，而且都在持续多年的战争即将结束的前几个月内。

理查德·卡斯洛夫斯基的讣告以当时常用的话语开头："由于一次毁灭性的轰炸我们失去了……"他去世的消息传到了柏林，1944年10月，"朋友圈"的组织人克拉那弗斯认为，应该把理查德·卡斯洛夫斯基去世的消息转告希姆莱。克拉那弗斯并没有直接致信给这位纳粹党卫军领导人，而是写给了他的发言人——党卫军分队长鲁道夫·勃兰特博士（Dr. Rudolf Brand）。因为传达类似的消息，要符合纳粹党卫军的内部程序。克拉那弗斯评价说："众所周知，卡斯洛夫斯基先生是我们圈中的一员，虽然他不是权利接管之前的老朋友，但他是一个非常可靠的人。论人论事，他都是企业管理者中为数不多的榜样，由他领导的公司在还没有'国家社会主义模范企业'称号的时候，就是一个模范企业。"

对于鲁道夫-奥古斯特·厄特克尔来说，继父的死换来了他在战争中存活下来的机会。理查德·卡斯洛夫斯基在世时，努力让他的继子从危险中脱身。他的去世会帮助厄特克尔摆脱上一代人在"全面战争"中罹难的命运。1944年，鲁道夫-奥古斯特·厄特克尔在结束学习之后，被提升为武装亲卫队的下等军官。这是最低级别的头衔，和陆军中的少尉一样。但是在1944年10月炸弹袭击之后，鲁道夫-奥古斯特·厄特克尔被免除兵役。这时他可以前往比勒费尔德管理自己的家族企业。

两周之后，弗里茨·克拉那弗斯给希姆莱的发言人勃兰特写了第二封信。在信中他提到了一位来他家做客的人。"昨天鲁道夫-奥古斯特•厄特克尔先生,也就是已经去世的理查德•卡斯洛夫斯基博士的继子到我那里做客,我有机会问他,如果帝国元首回信,应该写给他们子女中的哪一位?他说,应该写给代特莫尔特豪瑙登庄园里的姐姐,乌苏拉•厄特克尔女士。"这位姐姐被视为当时的"家族族长"。而克拉那弗斯却认为,希姆莱把吊唁信给年轻的鲁道夫-奥古斯特•厄特克尔会更合适。"他是真正的厄特克尔企业的继承人,有可能成为接任他继父的企业经理。"

鲁道夫-奥古斯特•厄特克尔在1944年接管公司时,正好28岁。他现在只能依靠自己。不过在战争年代,他能够从继父那里学到许多关于管理公司运行和财政方面的知识。自1941年以来,鲁道夫-奥古斯特•厄特克尔就是管理者中的一员,1942年末,他已经进入了汉堡南美船运公司的监事会。50年后鲁道夫-奥古斯特•厄特克尔说:"我几乎无法想象,还有谁能像理查德•卡斯洛夫斯基这样更好的父亲和老师。"

1945年3月,美国军队一直推进到比勒费尔德附近。就如何保卫比勒费尔德以及应该怎么做,地方当局始终没有达成一致。纳粹党的区县领导人在最后的时刻仍然心存狂热与偏激,而市长布德(Budde)则认为,战争已经接近尾声。4月4日这一天,市政厅的旗杆上飘起白旗,它宣布了这个城市的投降。大部分纳粹党人已逃之夭夭,布德骑着自行车进入了被占领区,以表示他不采取任何抵抗行动。

在美国人进入比勒费尔德的第三天,卡洛琳娜•厄特克尔死在了邻村埃北斯劳，卡斯洛夫斯基的养马场里，时年77岁。卡洛琳娜·厄特克尔一生命运多舛，她在第一次世界大战中失去了唯一的儿子，后来又失去了丈夫。在第二次世界大战期间她又必须经历儿媳和她丈夫以及他们两个女儿在炸弹中丧生的惨痛。

不过，死后的卡洛琳娜未曾知道，1945年，汉堡南美船运公司和船运业中一个最大的灾难会联系在一起。就在战争结束的前几天，公司的轮船变成了上千无辜之人的坟墓。

配有游泳池、健身房和网球场的豪华客轮开普艾柯纳号于1927年建造。其船顶有三个大型的烟囱，当时被许多人视为最美丽的船只，是"南大西洋的女王"。德国突袭波兰之后，这艘船被转移到"哥滕港（Gotenhafen）"，当时占领军称这个波兰港口为"格丁尼亚（Gdynia）"。在这里它作为居住船，服务于海军舰队。年轻的水兵在开普艾柯纳号上为潜水工作做准备，而年轻的女人为成为海军助手参加培训。1942年，这艘船还为拍摄第一部泰坦尼克号沉没的电影提供了布景。

在战争结束前，苏联正向波兰推进。舰长和全体船员已经做好出航的准备。他们计划用开普艾柯纳号将德国东部的难民、受伤的士兵、纳粹机关工作人员以及平民带到安全的地方。开普艾柯纳号已经连续三次出海，共有26,000人被安全运到西部。舰长盖尔茨（Gerdts）很为自己和他的船员感到骄傲。可是接下来的路又在何方？

1945年2月，开普艾柯纳号停泊在了荷尔斯泰因（Holstein）的新城区。轮船的机器已有损坏，不宜再次航海。2月20日，海军舰队的专家上船并且检查技术设备。

他和舰长讨论了修理工作和轮船进一步的使用情况。专家离开了船长室，却把大衣和制式手枪遗忘在那里。开普艾柯纳号舰长就是用这把手枪于晚上十点钟对准了自己的头部。他自杀的动机到底是什么？对此，他没有留下任何解释，但可想而知，他也许预感到了什么。

新的舰长海因里希·贝特拉姆（Heinrich Bertram）接管了开普艾柯纳号的指挥权。党卫军开始清空最后的集中营。希姆莱不仅要消除犯罪的证据，而且还在清除证人。上面下达的命令是：囚犯们决不能活着落到同盟军的手中。集中营的撤离和接下来的死亡行军，是对集中营受害者登峰造极的迫害。

汉堡的纳粹省长卡尔·考夫曼极力避免让英国人在城市中遇到集中营受害者。所以党卫军部下将大约2,700名瑙恩哥姆集中营囚犯赶到了石勒苏益格-荷尔斯太因。在那里他们将这些囚犯和来自其他集中营的几千人带到了船上。有人猜测，当时的计划是让船和人一同沉没，可直到今天，这还是个未解之谜。

开普艾柯纳号的舰长海因里希·贝特拉姆试图在1945年4月为他的公司营救这艘豪华轮船，并拒绝接囚犯们上船，但是没有成功。他和汉堡南美运输公司的董事局主席约翰·埃格特（John Eggert）通话，并借助海军舰队熟人的关系，来阻止党卫军征用该船，但是一切的一切都枉然，因为强权之命是不可违背的。党卫军司令部逮捕了他，并以军法处置来威胁他。这时贝特拉姆只好服从命令。也许汉堡南美船运公司的大股东和监事会成员理查德·卡斯洛夫斯基和党卫军可以有更多沟通，可惜他已经不在人世。

1945年4月30日晚上，大约有4,600名囚犯被带到开普艾柯纳号上，监管囚犯的人也达到500人之多。一些囚犯很幸运能够被监禁在奢华的客舱内，虽然有12个男人挤在一块。更多囚犯被关进甲板下没有窗户的储藏室中。没有饮用水和食物。在接下来的每一天都有15至30个人死亡，他们的尸体就堆积在甲板上。

1945年5月3日大约下午2点30分，英国的轰炸机用导弹袭击了开普艾柯纳号和梯尔贝克号轮船，在这艘轮船上也载有2,800名集中营囚犯。英国人可能怀疑纳粹头目会混迹其中，借机逃往挪威。所以，他们还要摧毁余下的船舱。但也有证据指出，他们的目的是为试验新型的武器。

舰长贝特拉姆升起了一面白旗，绝望的囚犯们摇晃着手中的白毛巾。可是，由于轮船遭到了严重的袭击，燃起了大火，许多囚犯在浓烟中窒息而死。其他囚犯像一把活火炬来回乱窜寻找出口。人们陷入了惊慌。楼梯间掉落的甲板埋葬了这些正在逃跑的囚犯。在一个小时里超过3,000人被活活烧死。成功逃到甲板上的一小部分囚犯又遭到轰炸机的扫射。大约在下午3点30分开普艾柯纳号沉没。海水非常的冷，许多囚犯很快溺水而亡。诺伊施塔特市派来了水手船，但是只有少部分人得到了救援。水手船的船员甚至枪杀了那些紧紧抓住船边的囚犯。幸存下来的囚犯不足350人。

大约7,500人在吕贝克海湾事件中悲惨地死去，因此遭袭击的开普艾柯纳号和梯尔贝克号是一场比威廉·古斯特洛夫号（Wilhelm Gustloff）[1]沉没更大的灾难，在那次沉船事件中有5,000人丧生，泰坦尼克号事件中约有1,500人溺亡，所以，开普艾柯纳号和梯尔贝克号与泰坦尼克号相比也更具灾难性。但是因为两条船上丧生的是集中营囚犯，悲剧的制造者是英国轰炸机飞行员，所以，人们在后来几乎不会注意到这场不幸。

　　纳粹省长对汉堡的部署终于兑现：英国军队在1945年5月5日进入瑙恩哥姆时，集中营里已经空空如也。就像同盟国军队在其他集中营看到的一样，英国人没有见到瘦弱憔悴的囚犯，第一眼看上去也没有发现任何犯罪的证据。当其他集中营的照片、录像在全世界传播时，这个汉萨城市在纳粹期间似乎是一个不太糟糕的地方。

---

[1]是一艘纳粹德国邮轮，由来自纳粹党瑞士分部的领导人威廉·古斯特洛夫的名字命名，于1937年5月5日下水。在"二战"末期，此船用来载运遭苏联红军围困在东普鲁士的德国人，最后在1945年1月30日于波罗的海被苏军潜艇发射三枚鱼雷击沉。——译者注

自1945年起
家族与公司

15. "大多数消费者需要我们的产品"
货币改革和美食热让厄特克尔获益颇丰

1945年4月8日，美国把比勒费尔德交给英国军队管辖。在1945年7月到8月举行的波茨坦会议上，杜鲁门(Truman)、斯大林(Stalin)、艾德礼(Attlee)通过决议：逮捕或拘留前纳粹头目、有影响力的纳粹拥护者以及纳粹机关的领导人。不久，鲁道夫–奥古斯特•厄特克尔被英国军队警察扣押，他成为战后第一年被拘留的70,000人之一。

鲁道夫–奥古斯特•厄特克尔被带到了帕德博恩–施陶米勒(Paderborn-Staumühle)，这里有一个大战俘营，5号民事拘留营。纳粹时期，这里曾是纳粹武装亲卫队的临时驻地。"二战"结束之后，施陶米勒成为英国人最大的战俘营地。曾经有超过10,000人在这里被短暂关押。起初，许多人都不知道，他们为什么会被关押，他们也并不清楚，英国人制定了一个分门别类的羁押标准，被羁押的犯人是被自动归档的。

不少被关押在施陶米勒的党卫军成员认为，在西方同盟国和苏联之间一定会爆发一场战争，他们很快就会重新投入到反对布什维尔主义(der Bolschewismus)的战争中。从当时集中营的军人、神职人员留下的文字中得知，许多囚犯最害怕被引渡到苏联或者东欧国家。而真实的情况是，那些被怀疑为战争罪犯的人，的确被英国人交给了波兰。集中营里谣言四起，说这些被引渡者并没有按规定执行法律程序，有的人遭到虐待，有的人被立即杀害。

鲁道夫-奥古斯特•厄特克尔亲身体会到了东欧国家对战争期间德国人的仇恨。波兰的看守把在纳粹时期遭受的痛苦，如今都发泄在他的身上。鲁道夫-奥古斯特•厄特克尔曾是武装亲卫队的一员，这些看守们一眼便知，因为，每一个武装亲卫队成员的左腋下都有一个文身。即使把文身去掉，留下的伤疤也足以证明他们的身份。他遭到看守们的合力殴打，他的健康因此受到了严重的损伤，后来，他不得不拄拐走路。

据说，在拘禁期间，鲁道夫-奥古斯特•厄特克尔就已被去纳粹化，但是关于他被去纳粹化的诉讼过程，人们却不得而知。现在，相关档案还被封存在杜塞尔多夫的国家档案馆中。对鲁道夫-奥古斯特•厄特克尔案子的审理时间相对来说比较漫长。他曾担任食品工厂的高层管理工作，还是汉堡南美船运公司的监事会成员，而最特别的是，他是纳粹武装亲卫队的下级军官。曾在这个武装亲卫队服役的有数万名集中营的看守，对他们来说，枪毙战俘就如同家常便饭。1946年9月，武装亲卫队被同盟国宣布为犯罪组织。

鲁道夫-奥古斯特·厄特克尔的去纳粹化档案据说有175页之多，比卡尔·厄特克尔档案的内容长了七倍，尽管卡尔·厄特克尔也是食品工厂的副经理，他的去纳粹化诉讼在1946年就已完成。卡尔·厄特克尔为自己提供了大量减轻罪责的供词。在这些供词中，企业委员会的"证明"发挥了最大的作用，因为上面有两个常年任职于企业委员会成员的签字，这两个人是社民党[1]党员。在这份文件中他们说："我们从未见过像卡尔·厄特克尔这样的积极分子。作为人事主管，他一直实事求是，从来没有对任何人施加压力，迫使他人加入纳粹组织。"还说，在雇用和晋升员工的过程中，卡尔也没有对纳粹成员给予特别的优待。他甚至阻止狂热的企业经理向盖世太保告发同事的举动。卡尔最终被归到V类（免除罪责），最终的结论是："政治上过关"。这说明，他只是名义上的纳粹成员，在政治上并不突出。

只有为数不多的德国企业家要为自己在纳粹时期的行为负有法律责任。其中一位便是军工厂的厂长，弗里德里西·弗里克。他与1944年在空袭中丧生的理查德·卡斯洛夫斯基是希姆莱朋友圈中的熟人。1947年，弗里克在纽

---

[1] 德国社会民主党的简称（德文全称：Sozialdemokratische Partei Deutschlands），是德国的主要政党之一，政治倾向为中间偏左。

伦堡审判庭接受审判。法官们研究了希姆莱的这个工业俱乐部，但没有特别深究弗里克在朋友圈中的会员身份。检察机关宣称，"我们在俱乐部的活动中，并没有发现公诉机构所认定的罪责。"美国的军事法官们并不认为那些经济、企业巨头的聚会"是犯罪行为，他们仅仅违反了一些道德标准"。所以，审判得出的结论是：希姆莱的朋友圈只能称之为一个团体，而算不上一个组织，这个圈子并没有参与"第三帝国"的政治决策。

在战争期间，德国人占领了欧洲，让整个欧洲为德国人过上一段好日子而付出了沉重的代价。1945年，饥荒爆发，配给卡上的食品不足以使人们活下来。市民们走投无路，只能用值钱的东西去和农民换取食物。1946年到1947年的冬天异常寒冷。据估计，严寒和营养不良夺去了近两万德国人的生命。同盟国在德国西部帮助寻找最好的劳动力，英国人从他们的家乡运来成吨的食品。

与其他企业相比，厄特克尔企业安然无恙地度过了战争。虽然将近40％的建筑物和设备被炸毁，但战争结束之后，比勒费尔德的工厂马上就恢复了生产。可是要生产淀粉、发酵粉和布丁粉还缺少必要的原料。在战后的头几年，为了充分利用工厂的生产能力，厄特克尔公司也生产调味品、茶片和樟脑粉。

1947年9月，31岁的鲁道夫-奥古斯特·厄特克尔接管了公司。一些有经验的管理人员在背后辅佐他。鲁道夫-奥古斯特·厄特克尔后来回忆说："那时，公司的高管至少都比我大15岁。" 公司的最高领导人是卡尔·厄特克尔，他父亲的一个堂弟。1949年，卡尔被一个资格更老的经理卡尔·里德(Karl Liedl)所替代。

后来，这位卡尔·里德常说：鲁道夫继承的只有一堆废墟和一个好听的名字。然而，鲁道夫-奥古斯特·厄特克尔却靠着自己的实力，创造了一段传奇的故事。在1966年发现的一份公司文件中，看到了一些描述公司真实状况的文字："虽然比勒费尔德和汉堡在空袭中严重受损，但是厄特克尔博士公司很快就用留存的机器设备，为整个德国生产了发酵粉和布丁粉。"

厄特克尔公司的情况反映了整个德国工业当时的状况。1945年，德国清除了废墟，这样的速度大大超出了所有人的预料。战争结束时，德国西部至少有四分之三的工业设备可以投入使用，在东部，这个数字甚至会更高。食品工业的复苏要比其他行业更快一些。

起初，购买食品还要用配给证，可没过多久，消费者就可以随意选择自己喜欢的物品了。这表明，厄特克尔公司十几年来大量的广告投入是值得的。"我们的品牌要恢复生机，因为消费者需要我们的产品"，在被发现的企业文件中这样写着。

如同比勒费尔德和汉堡的食品工厂一样，公德拉赫印刷厂在战后也很快复苏。虽然四分之三的厂房已被炸毁，但是余下的设备足够应付接下来的生产。工人们用40部被炸毁的印刷机部件组装成了4部功能齐全的机器，就像在纳粹期间一样，印刷食品商标的机器再次运转起来。

时光荏苒，在艰难的1947年，企业迎来了100周年厂庆纪念日。在比勒费尔德，没有一个活动大厅能够完好无损地幸存下来，因此，厂庆只能在一个大车间内举行。下午，公德拉赫的全体员工享用了厄特克尔公司食堂准备好的黄油糕点，还有令大家惊喜的磨豆咖啡。纪念会还安排了抽奖环节，有520位员工获得了小小的奖品，例如：煮锅、小刀和鞋带等。

那时，在比勒费尔德的商店里几乎没有可买的东西。因为工商界把大部分产品囤积起来。人们已经意识到，一场货币改革势在必行。纳粹政权把大批贷款用于战争，为此，帝国银行印制了大量的钞票，由此导致了通货膨胀。1945年，3,000亿帝国马克的现金和银行存款，只相当于500亿帝国马克的劳动力和商品的价值。钱币已经变得一文不值，除了将它们从流通领域收回，已别无选择。

1948年6月20日的货币改革[1]被许多同时代的人视为一次富人间的利益均摊，从中受益最大的是那些不动产的拥有者和企业家，而其他大部分人的钱财却大大缩水。存款余额和借贷的换算结果使100帝国马克变成了6.50德意志马克；而地皮、厂房、仓库的价值却没有降低，也就是说，为战争付出代价的是那些小额存款者，而大部分不动产的拥有人却毫发未损。这些不动产的拥有者将永远占据财富的优势。后来通过的《战争损失赔偿法》也没有改变这种状况。在德国，像厄特克尔这样的工业家族并没有受到货币改革的影响。

西部占领区的经济腾飞给新的货币注入了动力。1948年年末，工业生产已经达到了1936年繁盛时期的80%。

---

[1] 货币改革的第一个法律《通货法》于1948年6月通过，同时通过相关的西柏林《货币条例》。法律规定，从6月20日起发行新货币，名曰"德意志马克"，即DM，原帝国马克等旧币从1948年6月21日不再流通。——译者注

厄特克尔家族由于新货币的推行而获利颇丰。一部分新纸币由比勒费尔德公德拉赫股份公司印刷。公司的大部分股份在乌苏拉和鲁道夫-奥古斯特•厄特克尔姐弟俩以及异父胞弟小理查德•卡斯洛夫斯基的手中。不久之后，公德拉赫为美国香烟好彩(Lucky Strike)、骆驼(Camel)、金元(Gold Dollar)印制烟盒。

可是，印刷公司的另一些计划并没有实现，例如：借助《德国缝纫机报》等专业杂志扩大公司的生意领域，出版纪实文学、消遣文学、画报等。这些杂志是需要广泛读者来支撑的。同样，入股报社经营的计划也没有实现，因为，小卡斯洛夫斯基没有获得英国占领区当局颁发的许可证。拒绝颁发许可证也许是因为英国人知道他父亲把《威斯特法伦最新消息》转让给纳粹的事情。

随着新货币的引入，讲究美食的风气也随之而来。引进德意志马克后的第一天，人们在商店里就看到了以前只能在黑市上才能买到的货物。西德人面对琳琅满目的货架，欣喜若狂。在物资匮乏的年代，他们的需求欲望被紧紧地遏制，可他们早已吃够了青菜和土豆，迫切需要肉食、黄油、奶油和酒水。没过多久，这些东西就供大于求了。一位《星报》记者汉斯•瑙格里(Hans Nogly)回忆道："每天早晨，我从面包师施泰因克那里买来10个小面包，给它们抹上厚厚的黄油，然后整齐地摆放在1.5米长的桌布上。我从桌子的左边开始吃，用左手拿食物，因为我的右手要负责手边的一升全脂牛奶。"

厄特克尔企业从德国人补充营养的热潮中得利不少。货币改革过后，鲁道夫-奥古斯特•厄特克尔已经有能力建立起自己的淀粉工厂。不同于其他企业，厄特克尔从来都不缺少资金，厄特克尔食品工厂在货币改革几天后，便开始了生产。饱尝过饥荒和物资匮乏的痛苦，人们把一个能生产食品的工厂看得比什么都重要。眼见厄特克尔公司的销售额直线上升，银行自然愿意提供进一步的贷款。工厂从未像现在这样生意兴隆。1950年，企业的生产量创造了新的历史纪录，发酵粉的年产量达到了四亿包，布丁粉达到三点五亿包。即使到了后来，企业在战后五年内创造的纪录也从未被打破。

在战后的几年中，厄特克尔家族成员开始分割财产。就在"二战"结束的前几天，卡洛琳娜·厄特克尔去世了，乌苏拉和鲁道夫-奥古斯特·厄特克尔姐弟俩各得了45%的财产，另外的10%分到理查德·卡斯洛夫斯基儿子的手中。

货币改革之前，鲁道夫-奥古斯特·厄特克尔就已经按份额给比他年少5岁的异父弟弟付清了钱款。小卡斯洛夫斯基的银行存款由于通货膨胀的发生，已经严重缩水，他得到的遗产在慢慢贬值。后来，异父姐姐乌苏拉为了维护弟弟的利益，让卡斯洛夫斯基入股食品公司，持股一直到货币汇率稳定为止。

1949年，28岁的理查德·卡斯洛夫斯基也成了厄特克尔家族持股人一员，并成为公德拉赫股份有限公司的股东。由于接管了第三手的大宗股票，他变成了公德拉赫大部分股份的持有者。鲁道夫-奥古斯特·厄特克尔从股东中退出，而姐姐乌苏拉以近25%的股份继续参股印刷厂。她的丈夫恩斯特·厄特克尔也进入了公德拉赫的董事会。

已担任公德拉赫公司董事会主席多年的弗里德里希·沙尔施密特，由于在政治上被指控，不得不退出董事会，所以，公司需要一位新的领导人。1949年7月，小卡斯洛夫斯基进入董事会接手这个位置。那时，他对印刷业还一窍不通，1947年，在公司百年庆典时，他才涉足这个传统印刷出版公司。

小卡斯洛夫斯基的异父姐姐乌苏拉，不仅在公德拉赫公司有股份，她也是厄特克尔公司的持股人。据说，在那些年，她在同母异父的兄弟俩之间一直扮演着调解者的角色。乌苏拉和比她小一岁的弟弟鲁道夫-奥古斯特之间，有时候也会有矛盾。1957年的《明镜周刊》曾引用过这位姐姐的一句话，"他需要有一个人常在身边敲打他"。但姐弟之间的关系却从未破裂。"智慧始于对他人的宽恕"，这是乌苏拉的信条之一。

年少时候的乌苏拉就很特立独行。她本应遵照父母之命嫁给一位侯爵，但是，她却为自己选择了另外一种生活方式。她热爱自然，热爱动物，乐于享受乡下的生活，所以，她嫁给了一位农场主的儿子。乌苏拉的丈夫恩斯特·厄特克尔（Ernst Oetker）与她同姓，是一个旁系第四代的堂兄。1907年，他在施塔特哈根附近的维登萨尔村出生，这个地方是厄特克尔家族的发源地。

1939年起，乌苏拉和丈夫经营着代特莫尔特（Detmold）附近的大片贵族地产。"二战"德国突袭波兰后，乌苏拉的丈夫恩斯特加入了纳粹党，并被招入国防军。战争结束时，乌苏拉已经生育了四个孩子：1939年阿伦德，1940年蕾娜特（Renate），1941年恩斯特-奥古斯特

(Ernst August)和1944年蕾吉娜(Regine)。1949年，又生下最小的儿子罗兰德•厄特克尔(Roland Oetker)。

战争过后的几年，鲁道夫-奥古斯特•厄特克尔的家庭也在逐渐壮大。继1944年长子奥古斯特出生后，1947年女儿贝尔吉特出生(Bergit)，之后苏珊娜生了儿子克利斯蒂安(Christian)。1951年理查德•厄特克尔(Richard Oetker)来到世上。不久之后，他们的婚姻破裂。1952年苏珊娜•厄特克尔嫁给了萨勒姆-霍斯特玛尔(Salm-Horstmar)的王子卡尔-瓦尔哈特(Karl-Walrad)。在"二战"中卡尔-瓦尔哈特指挥一个骑兵团，并在20世纪60年代短暂加入了德国国家民主党。鲁道夫-奥古斯特•厄特克尔离婚后，保持了一段单身的时间。他第二段婚姻中的四个孩子都在杜塞尔多夫跟着母亲长大成人。

厄特克尔家族企业实行世传制，因此，母公司的继承人只能是唯一的。鲁道夫-奥古斯特•厄特克尔完全可以在那时和他的姐姐完成清偿，但他并没有这么做，到1954年，乌苏拉还拥有奥古斯特•厄特克尔博士食品有限公司20%的股份，这是公司持股人中的最高数额。直到1961年，乌苏拉仍然持有公司的股份。

卡洛琳娜•厄特克尔和理查德•卡斯洛夫斯基为他们的继承人留下了很多的企业股份。1947年，船运公司德国黎凡特航线的股份转到了继任者们的身上，乌苏拉得到了225,000帝国马克的最大份额；她弟弟鲁道夫-奥古斯特的份额是125,000帝国马克；小理查德•卡斯洛夫斯基的股份为25,000帝国马克，但是三年之后，他将股份转让给了姐姐乌苏拉。1956年姐弟俩接管了剩下股东的所有股份，至此，德国黎凡特航线完全归厄特克尔家族所有。不久之后，乌苏拉·厄特克尔将自己的那部分也转让给了弟弟鲁道夫-奥古斯特·厄特克尔。

遗产还包括一些不动产，大部分是理查德·卡斯洛夫斯基置办的度假村，也有巴登-巴登的布伦纳花园酒店，它已归在鲁道夫-奥古斯特·厄特克尔的名下。当时这个效益不佳的酒店更多地被视为一种负担，而不是家族的财产。十几年后，鲁道夫-奥古斯特·厄特克尔还说起那次令人感到蹊跷的财产划分："战后，我的兄弟姐妹们得到了令自己满意的房产，却把布伦纳酒店留给了我。当时的法军总司令科尼希将军在这里下榻，酒店内部的装饰处于一个非常糟糕的状态。有风言风语说，反正我得到的遗产最多，所以，这个酒店也应该由我接管。"

其实，他真不该对此有什么后悔，1949年10月，法国占领区当局将该豪华酒店原封不动地还给了它的业主，还在入住期间，他们就支付了所有费用，并且在迁出之前还支付了一定的补偿。几个月之后，巴登-巴登的赌场重新开业，第一批疗养者纷至沓来，当地唯一的大酒店只有布伦纳酒店一家。

"二战"之后，国家迎来了新的气象，这与鲁道夫-奥古斯特·厄特克尔此时的心情非常吻合。现实中的人们，并不在意是否要"维新"，而是尽情去体验生活的氛围。德国人现在对纳粹的"民族共同体"不再感兴趣，而是更看重私人间的往来。像鲁道夫-奥古斯特·厄特克尔那样在拘留营共过患难的人，他们交往起来更加自然。人们又开始重视曾被忽视的礼仪，大学生开始用"您"来称呼对方，而在"第三帝国"时期，用"你"的称呼却随处可见，无论在帝国劳役团、国防军，还是在躲避炸弹的地下室。历史学家米夏埃尔·施图莫尔（Michael stürmer）写道："德国人已经彻底厌倦了纳粹时期所有的无礼与粗暴。"

年轻的企业继承人在严格的管教中长大成人，家族的烙印已深深地印在他的身上。露特·皮瑙（Ruth Pinnau）在回忆录里说："所有在20世纪50年代接触过鲁道夫-奥古斯特·厄特克尔的人，会惊奇地发现，祖辈的道德标准已被孙子们牢记于心。"这位来自汉堡的女士于1950年在一次聚餐和一场婚礼上与其相遇，她写道："在午餐和婚礼上，我都没有感觉到他表现出很快乐的样子"，"因为我当时确实不知道，他从来都没有无忧无虑地开心过，我想，他的不良情绪和第二任妻子苏珊娜有关，苏珊娜为了嫁给王子萨勒姆而抛弃了他。"

鲁道夫-奥古斯特·厄特克尔将精力完全放在了工作上。但是在重建那些年，他并不需要为食品的销售大费心思。在此期间，总经理德利马斯（Delius）在公司的高层工作，他之前是鲁道夫-奥古斯特·厄特克尔继父卡斯洛夫斯基的手下，日常事务由他处理，而鲁道夫-奥古斯特·厄特克尔则负责战略对策和业务扩展。1954年，鲁道夫-奥古斯特·厄特克尔决定彻底更新比勒费尔德的食品生产模式。企业机械设备太老，并且已经损坏，生产工序还需要手工，布丁粉、发酵粉、香草糖、蛋糕、果冻和其他产品的包装也只是一些简单的图形，他打算，今后这些包装应该采用彩色的图片。除此之外，厄特克尔的工程师和机械制造公司的设计师共同设计了一种用于搅拌和装灌的新型机器。公司的主人终于在比勒费尔德布拉克韦德（Brackwede）地区建造了一座全新的工厂。

用于工厂建设的资金主要来源于战后10年所获得的巨大利润。也像其他企业一样，高昂的产品价格给厄特克尔公司带来了利益。在大多数情况下，公司并不需要贷款，因为主导市场的是卖方，也就是说，在市场里起决定作用的不是顾客，而是供应商。市场上有什么，客户就买什么；卖主要价多少，买主就付多少钱。市场上的生意环境如此舒服，企业在较短时间内就能够重建一座现代化的、配有价值连城机械设备的工厂。因此，经济的增长也就不足为奇，只不过财产集中在少数的企业和家族的手中。

直到20世纪50年代中期，经济环境才发生了改变，企业必须根据市场的需求进行相应的调整。德国的"美食热"在逐渐减弱，厄特克尔公司不得不在旱涝保收的前提下调整生产的方向。然而，布丁粉系列品种的增多却无法确保营业额的提高，产品的营业额不升反降。厄特克尔公司已经感觉到，德国的许多家庭开始倾向于食物的成品化，因此，研究新的产品迫在眉睫。于是，企业立即开始生产一种吸水淀粉，把这种无需水煮的"格莱特"布丁粉推向了市场。

厄特克尔公司一直通过广告"蕾娜特女士（Frau Renate）"来体现一种时代精神。汉斯-格尔德·康拉德在他关于厄特克尔品牌的博士论文中写道："蕾娜特展现了一个理想职业女性的典型：白天是职场中精明能干的职员，晚上和周末是传统的家庭主妇。"1955年的"蕾娜特"广告却一改以往传统家庭妇女的形象："这位和蔼可亲、干净利落的家庭主妇总是在店铺快打烊的时候，才前来购买家里所需要的东西。"这个聪明的女人一定懂得，"有效地利用劳动时间，以便延长自己的业余时间"。"蕾娜特女士"广告的寓意旨在说服大家：宠爱家人，并为他们烹饪美食。那一时间的广告词基本上都是这样的语气："请在每个星期日用巴克因烘烤一个自制的蛋糕。"这些煞费苦心的设计并不白费，有一句话在厄特克尔公司非常流行："他们的笑脸是对我们最好的回馈！"

为了培训家庭主妇学会烹饪，厄特克尔公司把培训师派往全国各地，他们还给孩子们表演布袋戏，为女孩子们准备《厄特克尔闺中食谱》。公司还拍摄广告片，在电影院、学校、家庭主妇的培训课上放映。公司如此这般地推荐产品："做蕾娜特所做，与厄特克尔博士一同分享！"在1956年圣诞节前，厄特克尔的第一个广告短片终于在巴伐利亚电视台播出。

20世纪60年代初期，厄特克尔实验室研制出一种制作布丁的新材料，不久之后，"阿朗卡（Aranca）"就被推向了市场。这道饭后甜点是一种明胶，它用水来搅拌，冷却之后快速凝固。这个新产品是用很长一段时间才被众多消费者接受的。为了提升销售额，厄特克尔公司宣传员聘请了专业主持人维考·陶赫阿尼（Vico Torriani）。从此，在电视广告中就出现了由他展示的画面"你希望的布丁"。

16. "他的船从来没有只停在一个锚地上"
鲁道夫-奥古斯特·厄特克尔成为船运企业家

由于第二次世界大战的爆发，德国失去了完整的商船队。战争之初的船队到1945年时，只剩下三分之一完好的船只。"波茨坦会议"[1] 决定，商用船被划分为潜在的军用设备，因此必须上交战胜国，即法国、英国和苏联。德国的大部分船厂也被拆除。

此时，古老的汉堡南美船运公司似乎走到了历史的尽头。由于战争的爆发以及战争所带来的后果，公司失去了价值9,000万帝国马克的财产。单凭一己之力，汉堡南美恐怕永远也无法再次崛起。

海运市场从表面上看前景暗淡，但其实掩藏着巨大的投资机会。鲁道夫-奥古斯特·厄特克尔在战后看准了商机，用继承下来的家族遗产不费吹灰之力地购买了汉堡南美船运公司的股份。在战争期间，他和继父卡斯洛夫斯基就已着手计划此事，进一步扩大他们在船运行业的影响。从1941年发表的公司年记中可以看出端倪。年记记载了汉堡厄特克尔分厂购买一只小型内燃机船的事情，其中的一句话引起了人们的注意，"在厄特克尔博士公司多种多样的运输工具中，有一件热门产品，也许它会成为令人心生敬畏的远洋舰队中的先驱者。谁知道这世界上会发生什么事情！"

---

[1] 1945年7月17日至8月2日，斯大林、杜鲁门和艾德礼在柏林西郊的波茨坦举行"二战"期间的最后一次三国首脑会议。这次会议的主要目的是商讨对战后德国的处置问题以及争取苏联尽早对日本法西斯作战。——译者注

　　战后初期，鲁道夫-奥古斯特·厄特克尔并没能顺利获得汉堡南美船运公司的控股权，虽然他的股份已经上升至49％。但是，厄特克尔公司和汉堡联合银行势均力敌，两大股东必须结成联盟。1951年3月，厄特克尔公司和汉堡联合银行将船运公司改组，将汉堡南美船运公司变成了一个合伙公司，由德高望重的董事会成员约翰·埃格尔特（John Eggert）和赫伯特·阿姆斯科（Herbert Amsinck）作为公司担保人。与一般股份公司不同的是，合伙人只有在其他股东同意的情况下，才能卖掉手中的股份。这样，就避免了有恶意接管公司的情况发生。

　　在1950年到1954年间，凡投资船业的人，都能享受税收优惠政策。根据个人所得税法的第七章规定，纳税人可以给船运业提供部分贷款用于建造或购买船只，而贷款金额可以全部从所得税中扣除。因此，那些有高薪收入的人就把他们的盈利投入船运业中，税务局从中不能扣除一分钱，收入税可以通过以后的资金回流缴纳，但是，这种模式的吸引力似乎并不被大多数人认可。所以，在相当长的一段时间内，财政机关愈加宠爱船业投资人。税收法给投资人提供了机会，投在船上的钱不作为贷款，而是以津贴或损失补助的形式支付。所以船运公司根本不用偿还这部分钱，公司的原始所有人自然也不必纳税。这种政策只对一小部分人，特别是对拥有船运资产的纳税人有意义，因为他们得到了补偿。

　　这些法律似乎完全是为鲁道夫-奥古斯特·厄特克尔这样的男人制定的。鲁道夫-奥古斯特·厄特克尔把资金投在商船上，通过这种办法保存了自己在食品生产中得到的利润。现在，他以其他纳税人为代价，使商船化为己有，又转化为一笔可观的财产。这也是他作为船运企业家，第二次从国家的补贴中获得利益。

1950年，在鲁道夫-奥古斯特•厄特克尔的推动下，汉堡南美船运公司第一次订购货运船。四艘内燃机船的订单交给了当时在汉堡的霍瓦德公司（Howaldtswerke）。第一艘轮船在15个月后建造完毕，并以董事会成员阿姆斯科（Amsinck）妻子的名字"桑塔•乌苏拉（Santa Ursula）"命名。它的首航从汉堡出发，经过加纳利群岛（die Kanarischen Inseln），最后到达拉普拉塔。在阿根廷首都布宜诺斯艾利斯（Buenos Aires），市长邀请船长和阿姆斯科出席宴会。

"桑塔•乌苏拉"号是一艘小型的货运船，它的速度和规模完全符合《圣彼得堡1949年协定》的要求。"桑塔•乌苏拉"在12个双层舱里配有24个座位，船舱和活动室的设计自成风格。这艘船由凯撒•皮瑙（Cäser Pinnau）设计完成，他是一位才华横溢的设计师，希特勒柏林新办公室的设计也出自他手。鲁道夫-奥古斯特•厄特克尔对这位设计师的工作非常满意，继续委托他担任其他工程的设计师。1952年初，与"桑塔•乌苏拉"同样规模的四艘轮船投入使用，不久之后，另外两艘轮船也开始起航。

在船运业上，鲁道夫-奥古斯特•厄特克尔心中一直有个大计划。在企业监事会中，这位年轻的大股东提出了尽快重建一支船队的愿景，可联合银行的老板们对此表示怀疑。他们认为，在以后的数年中，从汉堡到南美的运输量不会饱和，担心船只不能被完全投入使用。鲁道夫-奥古斯特•厄特克尔为此亲自前往南美洲，对那里的商人和出口公司进行调查，了解德国的海运公司是否能够得到商机。通过这次实地考察，他更加看好未来的生意。

鲁道夫-奥古斯特•厄特克尔回到汉堡后，并没有在监事会上说服银行家们进行大笔投资。他后来回忆起当时的讨论，"造船在当时是个机会，尤其是液货船。但是，就这件事却无论如何也说服不了那些银行界的先生们。他们消极的态度也许还另有原因：他们怎能容忍一个过去的徒工给他的师傅讲解外面的世界呢！"

鲁道夫-奥古斯特•厄特克尔眼见无法把自己的设想在汉堡南美付诸实现，于是就成立了自己的海运公司，"鲁道夫-A.厄特克尔两合公司"，简称"RAO"。1952年11月，公司在工商局注册。公司从事不定期航行业务，也就是说，轮船出海航行不根据时刻表，而是根据需求。一艘带有冷藏设备的运输船运输香蕉、肉类和鱼类产品，而液货船运输糖蜜和原油。

出于对航海的热爱，他变成了船王。他热爱这个领域，经常乘坐自己的船长途远航。20世纪50年代，他乘坐"哈峰斯贝尔格（Ravensberg）"号去南美洲远航，在途中，船长特意在拉斯帕尔马斯附近安排了海上遇难演习，鲁道夫-奥古斯特•厄特克尔从来没有经历过这些，所以就特别要求船长，把演习安排得像真实发生的情况一样，甚至将他们的救生船放到海里。同在救生船上的除鲁道夫-奥古斯特•厄特克尔以外，还有和他一起来的比勒费尔德的同事。

当然，在这次演习中，鲁道夫-奥古斯特•厄特克尔也有不愉快的经历，投下海的小船很快就被水流冲走，他们拼尽全力划船，可距离"哈峰斯贝尔格"号却越来越远。夜幕降临，船上的人用探照灯寻找他们，人和船是找到了，可冒险并未结束，鲁道夫-奥古斯特·厄特克尔和同事们不得不在摇摇晃晃的救生船上坐了半个多小时之久。靠着海浪的推力，救援人员费劲九牛二虎之力才将船拖进悬挂的设备，把小船拉到大船边。

此次历险并没有打消鲁道夫-奥古斯特·厄特克尔的航海热情，每一次的新船下水他都不会错过。可起初，这位比勒费尔德的企业家还被视为一个船运业的门外汉，并因此遭到嘲笑。还有竞争对手讽刺说，他最好用发酵粉去给自己的轮船命名。在这个行业中，鲁道夫-奥古斯特·厄特克尔实属不易，因为他的外语不好，对德语语法也搞不明白。凯撒·皮瑙的妻子露特·皮瑙发现，"鲁道夫-奥古斯特·厄特克尔在汉堡社交圈中非常缺乏自信"，"他节俭的生活习惯和时而粗鲁的举止，常会引起人们的反感。他严格遵守祖父留下的生活准则，这给他自己，也给周围人的生活带来了很多不便"。

为了能够融入汉萨城的社交圈子，鲁道夫-奥古斯特·厄特克尔于1953年入主易北河岸的豪华地带，买下了"英德布斯特庄园(In de Bost)"。这栋别墅是一位汉堡商人在1836年请人建造的，后来归皇帝威廉一世、威廉二世的礼仪官所有。在建筑师皮瑙的介绍下，鲁道夫-奥古斯特·厄特克尔注意到了这栋别墅。起初，他认为125,000马克的价钱太高，但后来还是果断出手买下。鲁道夫-奥古斯特·厄特克尔请建筑师皮瑙对这栋古老的房子彻底翻修。皮瑙将已有些塌陷的天花板移走，并把带有石膏花饰的围墙恢复原貌。不久之后，庄园恢复了原始建筑风貌，以高雅的姿态耸立在山丘上，光彩夺目。另外，所有朝向易北河的窗户都改建成可以打开的门，顶层装饰了小型的阳台。环抱整个房子的是巨大的草坪和古老的树木，房子的西边是一个美丽的玫瑰花园。

　　屋内有一个通透的大厅，从一楼一直可以看到顶楼。晚间的照明灯完全掩映在穹顶的某个地方，使流下的光源显得更加柔和。别墅的各个房间全部使用了古典的家具，这和房子建筑风格非常匹配。鲁道夫-奥古斯特·厄特克尔还在别墅内挂上施皮茨韦格（Spitzweg）、瓦尔德米勒（Waldmüller）、布歇（Boucher）、雷诺阿（Renoir）和莫兰德（Morland）的画作。这位雄心勃勃的比勒费尔德企业继承人给这栋房子赋予了从未有过的光彩。

　　就像父母、祖父母一样，鲁道夫-奥古斯特·厄特克尔在战后成为一位艺术品收藏家。比勒费尔德的古玩、艺术品商人保罗·赫尔左格拉特（Paul Herzogenrath）是鲁道夫-奥古斯特·厄特克尔的好朋友，很长时间以来，他和厄特克尔家族的交往颇多。对鲁道夫-奥古斯特·厄特克尔来说，赫尔左格拉特亦师亦友，无论是艺术品的鉴赏，还是人事方面的安排，抑或私人事情的处理，鲁道夫-奥古斯特·厄特克尔都愿意聆听他的建议。认识赫尔左格拉特的人都说，他是一位和蔼可亲、内外兼修的先生。

　　赫尔左格拉特建议鲁道夫-奥古斯特·厄特克尔，为扩大家族艺术品的收藏，聘任一位艺术史专家。和建筑师皮瑙的关系也是在他的帮助之下建立起来的。起初，这位节俭的企业家并不愿意雇用从事自由职业的建筑师，他不明白，在公司里设立一个建筑部门的意义何在。正是赫尔左格拉特的苦口婆心，才让鲁道夫-奥古斯特•厄特克尔明白，一个像皮瑙这样声名鹊起的建筑师不仅会给企业的形象大添光彩，而且还会提高厄特克尔家族的声望。

凡有汉堡南美的轮船驶过英德布斯特庄园时，在船甲板上和庄园前都要举行点旗礼。每逢新船下水，鲁道夫-奥古斯特•厄特克尔总是在庄园里举办盛会，接待客人。鲁道夫-奥古斯特•厄特克尔还邀请汉堡的上层人物参加一年一度的"同城早餐"。在组织该活动的头几年，"厄尔特克尔还能依照惯例，在早餐上提供必备的龙虾，可没过几年，他的节约精神就占据了上风，于是，烤土豆和荷包蛋又重新登堂入室"，露特•皮瑙回忆说。

20世纪50年代中期，汉堡南美公司内部进行了管理层的人员更替。年事已高的约翰•埃格尔特(John Eggert)和赫伯特•阿姆斯科(Herbert Amsinck)退出了高层，他们的叔祖辈曾是船运公司的创始人之一。趁此机会，鲁道夫-奥古斯特•厄特克尔在工商局登记为公司的法人。同时，厄特克尔食品公司接手联合银行和其他两个公司在船运公司中的股份。以此，厄特克尔家族成为这个传统船运公司唯一的主人。

鲁道夫-奥古斯特•厄特克尔让年轻的罗尔夫•克尔斯滕(Rolf Kersten)担任公司的高管。他们两个人曾一同在联合银行接受培训，后来，克尔斯滕去学习法律并获得博士学位。朋友们都用"罗飞(Rolfi)"来称呼他。20世纪50年代，鲁道夫-奥古斯特和这位长相英俊的小伙子在一家鞋店里偶然相遇，鲁道夫-奥古斯特•厄特克尔问他，是否愿意到他那里重新开始。

于是，克尔斯滕有了一位宏图远大的老板。40艘远洋船和一个37万吨总吨位的船运公司，使鲁道夫-奥古斯特·厄特克尔一跃成为德国最大的私人船运企业家。这位企业家指挥着四个不同分公司的船队：汉堡南美船运公司、鲁道夫-A·厄特克尔两合公司、德国黎凡特航线（Levante-Linie）以及基尔船主联盟股份公司（die Reeder-Union AG Kiel）。在德国，没有哪家船运公司像鲁道夫-奥古斯特·厄特克尔公司一样，在自己船队中拥有33,000吨载重的液货船，这艘船是以鲁道夫-奥古斯特·厄特克尔的祖母卡洛琳娜·厄特克尔的名字命名的。

《明镜周刊》在1957年的一篇封面报道中，对厄特克尔公司的飞跃做出了如下评价："厄特克尔巧妙地将公司的利润转到船业生意的盘子中，企业家的远见卓识、果敢精神在整个西德都难以企及。如果这些钱仍留在食品公司的账户中，那么，其中大部分会被税务局征收。按照法律条款第七章规定，船运公司的账面上显示着几百万马克的亏损，税务部门因此看不到账本中盈利的数额。"据新闻杂志的编辑估计，鲁道夫-奥古斯特·厄特克尔商船的资产已经超过40亿马克。

后来，鲁道夫-奥古斯特·厄特克尔本人也毫不掩饰地说，他之所以能成为大船主，完全要归功于德国的纳税人："当时我们下定决心，要在国家资金的支持下，让汉堡南美开始一个新的篇章。"1996年，当他回顾过去时，这样写道："那是一个幸运的决定。"

20世纪50年代时，厄特克尔船队恢复了美国到巴西之间的海运业务，这项业务在20世纪之初，汉堡南美已经开始进行。再次兴起的航线获得了一个让人耳目一新的名字：哥伦布航线。除此之外，厄特克尔的货船也把美国西海岸的木材和一些散货运往澳大利亚和新西兰。从1963年起，货船也从美国的东海岸运货，或将大众公司的汽车运到北美。此期，汉堡南美开始拥有冷藏运输船，船名带"Polar"字样的，都是这一类运输船，例如"Polar巴西号""Polar乌拉圭号"等。这些大型船只每次运载的香蕉足够一个中等城市一年的消耗。由六艘现代化运输船组成的船队活跃在南美洲的航线上，它们的粉丝视其为"南大西洋中的白天鹅"。

这些船的设计都出自凯撒·皮瑙之手，这位建筑师将简洁的轮船排气管和船桅杆巧妙地结合在一起，从而突出了流线型的船体外观。鲁道夫-奥古斯特·厄特克尔乐于把这位知名的建筑师招募麾下，无论他过去干了什么，都不妨碍这位企业主的决定。皮瑙比鲁道夫-奥古斯特·厄特克尔年长10岁。他1937年开始在柏林自立门户，不久后被希特勒的建筑师阿尔贝特·施佩尔（Albert Speer）发掘，开始接受订单。由于要接待墨索里尼（Mussolinis）的到访，皮瑙需要将前总统住过的宫殿修葺一新，还为新建的日本大使馆设计内部装潢。希特勒和施佩尔计划装饰一条贯穿柏林的大街，临街的政府建筑、酒店、剧院的设计图也都出自他手。战后，皮瑙的愿望是在他的故乡，汉堡的美术院校从事教学工作，但他的申请未获批准，所以他只能开了一家建筑设计工作室。

很快，他作为著名建筑师的地位越来越高。欣赏皮瑙的人绝不止鲁道夫-奥古斯特•厄特克尔一人。《希特勒传记》作者约阿希姆 • C. 费斯特（Joachim　C. Fest）曾在20世纪70年代让皮瑙设计了一套房子，并在一篇杂文中针对某些诽谤为设计师辩护："是什么原因把他和施佩尔联系在一起？是因为他有对建筑设计的远大抱负，是他对一件伟大作品诞生的渴望，是他对建筑设计有巨大的兴趣。为了最好的设计作品，他会尽其所能，不计后果。如果把这种设计师视为批判的靶子，那么，艺术家表达的愿望就会受到漠然冷对，具有创造性的艺术作品也会被扼杀在摇篮中！"

　　鲁道夫-奥古斯特•厄特克尔很在意设计费用的支出，所以两人之间冲突也不可避免。皮瑙曾多次向鲁道夫-奥古斯特•厄特克尔的知己赫尔左格拉特求教，面对鲁道夫-奥古斯特•厄特克尔这种强迫症式的节约，他应该怎样做。赫尔左格拉特建议他，办法很简单，就让他在两者中选择："要么接受，要么放弃，没有讨价还价的余地！"皮瑙在收入方面并不依赖于鲁道夫-奥古斯特•厄特克尔，他同时也在为其他客户工作，如：康拉德•亨克（Konrad Henkel）、赫尔穆特•豪滕（Helmut　Horten）、海因里希•鲍尔（Heinrich　Bauer）等。在他所有重要的客户中，除鲁道夫-奥古斯特•厄特克尔之外，还有另外一位海运业的船王：亚里士多德•奥纳西斯（Aristoteles　Onassis）。1952年，皮瑙为这位希腊人设计了豪华游艇"克莉丝汀娜"号（Christina）。不久，这艘游艇的照片通过报纸展现在公众面前，对此，理查德·伯顿[1]（Richard Burton）说："我不认为，世界上有哪一个男人或者女人不被这艘游船所散发出的魅力所倾倒。"

露特·皮瑙和她丈夫多次在这艘船上休假。她对亚里士多德·奥纳西斯的了解并不亚于对鲁道夫-奥古斯特·厄特克尔的熟知。在她撰写回忆录的过程中，她同时刻画了这两个男人的生活。这位希腊人是白手起家，而比他年轻10岁的鲁道夫-奥古斯特·厄特克尔则是拥有企业和公司股份的继承人，这是两个人最大的区别。但是他们有很多共同点："两个人都在23岁至28岁之间经历了战争带给他们的经济损失和社会灾难；他们都有家庭成员在战争中失去了生命。奥纳西斯的家乡士麦那被占领，当地人惨遭虐待和杀戮，被土耳其人赶出自己的家园。而鲁道夫-奥古斯特·厄特克尔的生活因纳粹垮台和德国投降遭受了巨大的影响；1944年的空袭夺去了他母亲、继父和两个妹妹的生命。"

露特·皮瑙认为，两个人都陷入了一场身份危机。"对于鲁道夫-奥古斯特·厄特克尔来说，他和他家族所接受的民族法西斯主义世界观已严重崩塌，而他本人也被战胜国逮捕入狱，遭到看守人员的虐待，他的牙齿曾被打掉，殴打导致了严重的后果，以致他在后来的很多年中必须拄着拐杖走路。"像奥纳西斯一样，鲁道夫-奥古斯特·厄特克尔最终凭借顽强毅力重整旗鼓，继续为公司的复苏孜孜以求。

---

[1]英国演员，曾经是好莱坞身价最高的演员，与女演员伊丽莎白·泰勒私人关系相当密切。——译者注

有一次，露特·皮瑙充当了两个人之间的翻译，因为鲁道夫-奥古斯特·厄特克尔不会英语，所以无法与船王交流。据露特·皮瑙的观察，两个事业处于巅峰的男人，有了更多的共同点："他们都会坚决维护自己的名誉地位，不能容忍身边的任何人取代自己。他们在世界上最美丽的地方拥有富丽堂皇的别墅、住宅、度假小屋、总统套房，而给公司高管的报酬却只够支付一套简陋的单户住宅而已。"

17. "人们认为，厄特克尔公司就是有钱"
集团主人鲁道夫-奥古斯特·厄特克尔的扩张野心

鲁道夫-奥古斯特·厄特克尔喜欢做那些有税收优惠或能得到国家资助的生意，所以他做起了电影生意。带给他这个想法的是公司的糖料供货商，汉堡人尤利乌斯·德·克里格尼斯（Julius de Crignis）。他兴致勃勃地告诉鲁道夫-奥古斯特·厄特克尔，怎样把钱投在电影项目上。这笔生意在内行看来前景不错，因为有公民作后盾，国家会承担大部分风险。尤利乌斯·德·克里格尼斯邀请鲁道夫-奥古斯特·厄特克尔入股他的电影融资有限公司（Fifi）。鲁道夫-奥古斯特·厄特克尔略加思考后就答应了，承诺为他提供240万马克的贷款。

电影融资有限公司并非自己制作电影，而是委托公司生产电影。1950年，有19部电影制作完成，可是大部分都铩羽而归，很多胶片在首映之后便送回了库房，甚至连拷贝的费用都没有收回来。《没有道德的岛屿》（*Inselohne*

Moral)、《仅一夜》(*Nur eine Nacht*)和《白色女奴》(*Die weiße Sklavin*)等影片既无艺术价值，也没能将观众引入影院。只有1950年拍摄的《双面小洛特》(*Das doppelte Lottchen*)比较符合观众的口味，电影脚本是由埃里希·凯斯特娜(Erich Kästner)独立完成。

1952年6月，Fifi电影公司的老板不得不向汉堡地方法院提出破产申请。这次破产给糖料供应商克里格尼斯带来了毁灭性的打击，因为他把自己几百万的财产全都押在了电影上。后来，他离开了汉堡，在鲁尔区租住在一间月租为30马克的房间里。为此鲁道夫－奥古斯特·厄特克尔也损失了100万马克，这让他很心疼，可他也从中获得了教训。几年之后，他在一次访谈中开玩笑说，他竟然没有在这个光鲜靓丽的领域里邂逅一位漂亮的女演员！

而在其他领域，幸运之神却无时不在眷顾着鲁道夫－奥古斯特·厄特克尔。早在1949年，鲁道夫－奥古斯特·厄特克尔已经入股享有盛誉的私人银行——赫尔曼朗普两合公司(Hermann Lampe KG)。他初衷就是要拥有一个资金池作为保障，和银行之间保持稳固的关系，这样，公司的采购就可以更灵活一些，谁能获得第一个订单，谁就能优先购置原材料，比如，以有利的价格采购到可可豆。如果必须长时间地等待银行的贷款，这对公司是极为不利的。

鲁道夫－奥古斯特·厄特克尔入股的朗普银行已经拥有一百多年的历史。银行领导人胡戈·哈茨曼(Hugo Ratzmann)，是一位成功的资深金融家。在鲁道夫－奥古斯特·厄特克尔的朋友中，哈茨曼是比他大许多岁的长者，后辈们都亲密地称呼他为"胡戈叔叔"。在动荡的20年代，哈茨曼就职于德累斯顿银行，魏玛时期他曾参与了诸多大企业的资本重组。胡戈·斯廷内斯帝国[1]的崩塌，给他留下了深刻的印象，正因为此，他对50年代初鲁道夫-奥古斯特·厄特克尔的扩张欲望深表担忧。"你要想想斯廷纳斯的前车之鉴！"他一直在警告鲁道夫-奥古斯特·厄特克尔。

　　鲁道夫-奥古斯特·厄特克尔在不断地发现新的机遇，哈茨曼就不停地向他指出危险所在。对鲁道夫-奥古斯特·厄特克尔入股保险行业的打算，这位银行家并不看好，因为，他在这个领域缺乏经验，可是，鲁道夫-奥古斯特·厄特克尔却坚持这么做。很长时间以来，鲁道夫-奥古斯特·厄特克尔都要为自己的轮船和公司向格林保险公司（Gerling-Konzern）支付高昂的保险费，他一直对此心怀不满。他觊觎其中的高额利润，所以也想从中分一杯羹。最便捷的方法就是入股保险公司，让资金反过来为公司的风险担保。然而，鲁道夫-奥古斯特·厄特克尔发现，这个领域像一个封闭的社会，让他既不能在交易所，也无法通过其他渠道来获得保险公司的大宗股票。

　　1954年11月，鲁道夫-奥古斯特·厄特克尔毫不犹豫地建立了自己的保险公司。他给自己的公司起名为"南美新世界神鹰（der südamerikanische Neuweltgeier

[1] 胡戈·斯廷内斯（1870—1924），德国的工业家、政治家，在"一战"后通货膨胀爆发之前借巨资创建了自己的商业帝国，包括重工业、报业、船运、酒店业等，恶性的通胀让他不费吹灰之力就清偿了这些债务，因此被称为德国的"通胀皇帝"（Inflationskönig）。1925年，在胡戈·斯廷内斯病逝一年之后，他的继承人们却低估了恶性通货膨胀所带来的挑战，致使欠银行的贷款无法偿还，最终导致这个商业帝国走向衰败。——译者注

Condor)"。很快，神鹰运输保险和再保险有限公司的业务就推广开来。每当汉堡南美船运公司为一艘新船投保，或旧的保险合同到期时，神鹰公司马上行动，见缝插针。但是，鲁道夫-奥古斯特·厄特克尔的保险公司不会去独自承担风险，这个行业里司空见惯的做法是，让其他公司也参与进来，反过来，这些商业伙伴也要给神鹰保险公司足够的机会，参保他们的船运保险。

保险公司的生意兴隆，因此，鲁道夫-奥古斯特·厄特克尔在半年之后就继续迈出下一步。在神鹰的旗号下，他建立了一个针对广大参保群体的保险公司。在这个保险公司中，德国的消费者可以为他们的汽车、房子和赔偿责任投保。就这样，鲁道夫-奥古斯特·厄特克尔把神鹰保险的业务扩大至人寿领域，从而完善了自己在保险业中的商业帝国。公司的经理完全不必去招揽顾客，因为厄特克尔把食品公司职工的养老金纳入了保险公司的业务。

在经济奇迹的那几年，这位不知疲倦的企业家紧紧抓住每个机会去扩大自己的商业版图。当他获悉朗普银行欲将40%的股份提供给法兰克福银行用于酿造工业时，鲁道夫-奥古斯特·厄特克尔敏感的神经立即被调动起来。这家银行入股了许多著名的啤酒厂，其中包括柏林肯都宾丁啤酒厂和多特蒙德骑士啤酒厂。

即使在动乱和萧条时期，酿造业以庞大的地皮拥有量，历来被视为稳定的投资模式。鲁道夫-奥古斯特·厄特克尔准备进入酿造业时，他甚至不需要储备金。在巴登-巴登布伦纳花园酒店里，鲁道夫-奥古斯特·厄特克尔和一位欲出售股份的瑞士酒商进行谈判，最后双方达成一致，鲁道夫-奥古斯特·厄特克尔接管一半的股份，另一半股份由军火商布尔勒（Bührle）接手。可没过多久布尔勒就宣布退出合作。据猜测，退出的原因是，布尔勒认为在交易过程中会受到鲁道夫-奥古斯特·厄特克尔的蒙骗。在当时的情况下，厄特克尔企业继承人的当务之急就是筹钱！他抛售了公司购买的所有小额股票，可尽管如此，他仍然需要银行的贷款才能完成这些大宗股份的接手。最终，鲁道夫-奥古斯特·厄特克尔用发酵粉和布丁粉的盈利偿清了债务，在不长的时间内就完成了此举，酿造业带给他的银行资产很快就占到50%之上。

　　不管是私人旅行，还是因公出差，鲁道夫-奥古斯特·厄特克尔都不喜欢乘飞机。在德国出行，他一般都乘坐火车，或者让司机开汽车。偶尔他也会自己开他的大众甲壳虫。在前往北美和南美洲时，他一般都乘坐自家的轮船。尽管不喜欢乘坐飞机，他还是在1957年作出了一个决定，进入迅速崛起的航空交通领域。他清楚地意识到，乘船出行的大时代已一去不复返，他要在新型的旅游市场中占有一席之地。很快，即将问世的航空公司已经有了自己的名字。1954年11月，"神鹰航空交通有限公司(die Condor Flugdienst GmbH)"在汉堡工商局登记注册。

　　鲁道夫-奥古斯特·厄特克尔也在食品领域捕捉着每一个商机，扩大业务的范围。此时的厄特克尔集团已经拥有生产果酱、糖果、烘焙装饰品的施瓦陶工厂，生产杏仁糖果和烘焙原料的吕贝克工厂以及位于荷尔斯泰因州巴尔格特海德的路雪蜂蜜公司(Langnese Honig)。1958年，RAO海运公司又有了一次惊人之举，买下了苏恩莱-莱茵黄金两合公司(die Söhnlein Rheingold KG)，此公司是继汉凯公司(Henkell)之后，德国的第二大起泡酒厂。许多业绩不错的品牌酒都是这家公司的产品，如"戈尔巴乔夫"伏特加酒，等等。

厄特克尔买下了卡尔斯鲁厄"埃拓汤料生产厂"（Eto），并且入股了柏林的"迈尔酒精饮料和葡萄酒贸易公司"（Meyer）。迈尔的名下有许多精品美食店，当时流行着"无迈尔不欢聚"的口号。作为船主和食品商的鲁道夫-奥古斯特·厄特克尔，他显然要将这两个领域结合起来。这个愿望在1958年终于实现。在这一年，他还并购了当时该领域中最大的企业——远洋捕捞有限公司(die Hanseatische Hochseefisch GmbH)。1966年，经营花生糖果的约特野两合公司(die Ültje KG)也归属厄特克尔的麾下。

在销售成果的激励下，鲁道夫-奥古斯特·厄特克尔也对公司的原始主业进行扩展。除比勒费尔德和汉堡的食品工厂以外，早在1951年，他就在柏林的夏洛腾堡区建立了一个新工厂。但是随着市场对食物的新需求，加大投资已势在必行。当时，冷冻食品的生产和销售在美国已非常普遍，但在德国，同样的产品在20世纪60年代才大规模上市。国际食品公司联合利华和雀巢公司是生产销售类似商品的先驱者。1957年，厄特克尔成立了一个冷冻食品子公司，销售冰冻甜食、蔬菜、鱼肉食品。起初，冷冻产品经营以"弗劳斯提"（Frosti）为名，后来改用"厄特克尔冷冻食品"（Oetker-Tiefkühlkost）。

鲁道夫-奥古斯特·厄特克尔在国外创立了超过12家

新企业和销售公司。意大利是最吸引鲁道夫-奥古斯特·厄特克尔的国家，如果投资者在意大利的中南部进行投资，那么，罗马政府会给这些投资者提供一些特别的资助。鲁道夫-奥古斯特·厄特克尔在意大利的卡里西奥(Carisio)、克雷斯培拉诺(Crespellano)、费伦蒂诺(Ferentino)和巴里(Bari)分别建立了四个酿酒厂。每一个酿酒厂都位于高速公路旁边，目的是让酿酒厂融入当地的风景。建筑师皮瑙用德国进口玉米黄瓷砖来装饰厂房的门面，在每一座建筑的楼顶都挂上写有"王子酿造"（Prinz Bräu）的广告牌。厄特克尔的计划是，用一个全新的品牌去占领和扩大意大利的啤酒市场。

鲁道夫-奥古斯特·厄特克尔无暇参与政治活动，对各种协会的活动也不再热衷，他认为那是无聊的应酬。在科隆的怡东酒店(Hotel Excelsior)，即便是有德国联邦总统特奥多尔·豪斯(Theodor Heuss)和联邦总理康拉德·阿登纳(Konrad Adenauer)出席的德国联邦工业协会招待会，鲁道夫-奥古斯特·厄特克尔连半个小时都不能坚持。在经济奇迹那些年，亚历山大·埃尔布莱希特(Alexander Elbrächter)是鲁道夫-奥古斯特·厄特克尔在波恩的朋友，他是一位拥有博士学位的化学家，在哈默尔恩市(Hameln)任鲁道夫-奥古斯特·厄特克尔-瑞茜公司(Oetker-Firma Reese)的经理。作为德意志党的一员，埃尔布莱希特进入了联邦议会，并在委员会中争取食品工业权益。

鲁道夫-奥古斯特·厄特克尔逐渐培养了一批新的管理者。有比他年轻七岁的约翰·亨利·德拉特鲁博(John Henry De La Trobe)，他是鲁道夫-奥古斯特·厄特克尔的发言人和秘书。德拉特鲁是位法学家，出身于一个来自法国的胡格诺家族（Hugenotten）[1]，他也是理查德·卡斯洛夫斯基的侄子，算是鲁道夫-奥古斯特·厄特克尔的表弟。这位年轻的亲戚成了鲁道夫-奥古斯特·厄特克尔的知己，他从一个秘书（自称是他的"笔杆子"）晋升为首席代表。1968年，当罗尔夫·克尔斯滕由于矛盾离开海运公司时，鲁道夫-奥古斯特·厄特克尔将自己这个表弟安排到汉堡南美船运公司的高层管理人员中。

20世纪50年代末期，在巴伐利亚的一家酿酒厂中，鲁道夫-奥古斯特·厄特克尔发现了一个多才的年轻人：古多·桑德勒（Guido Sandler），他比厄特克尔小12岁，出生于库姆巴赫（Kulmbach）的一个农民家庭。他已经通过了作为税务顾问和牛奶商人的考试，然后到因斯布鲁克攻读博士学位，紧接着他在维恩施特凡取得酿酒师资格证书。1958年，30岁的古多·桑德勒来到阿沙芬堡（Aschaffenburg）的厄特克尔酿酒厂工作。

一次，鲁道夫-奥古斯特·厄特克尔在巴西逗留，那里的一家酿酒厂准备出售，他立即给这位德国的专家桑德勒拍电报，请他速来巴西。于是，桑德勒来到圣保罗（São Paulo），考察了当地的设备，然后用充分的理由说服鲁道夫-奥古斯特·厄特克尔放弃购买。这给鲁道夫-奥古斯特·厄特克尔留下了深刻印象，他表示愿意给桑德勒提供以后在比勒费尔德工作的机会。桑德勒抓住了此次机遇，他觉得，鲁道夫-奥古斯特·厄特克尔是一位能给员工提供

---

[1] 17世纪以来，胡格诺派普遍被认定为"法国新教"。胡格诺派受到1530年代约翰·加尔文思想的影响，在政治上反对君主专制。——译者注

发挥空间的老板。两个人的外形可以说是千差万别：身材矮小的桑德勒有一头浓密的头发，鲁道夫·奥古斯特则身材高大。

1966年，鲁道夫-奥古斯特·厄特克尔已经任命这名经理为首席代表。经济增长，企业不断扩大之后，他完善了自己的领导团队。除了桑德勒和德拉特鲁博之外，金融家鲁道夫·施太伯林克（Rudolf Stelbrink）也是他的亲信之一。20世纪50年代初，厄特克尔已经聘请施太伯林克到企业做税务专家。是施太伯林克坚持不懈、一丝不苟的工作态度引起了鲁道夫-奥古斯特·厄特克尔的注意。作为厄特克尔的税务顾问，他对鲁道夫-奥古斯特·厄特克尔的所有账目认真审计。不久之后，施太伯林克便转换了角色，开始管理鲁道夫-奥古斯特·厄特克尔的财政事务，并取得了令人瞩目的成绩。

以上这三位经理为多种经营的厄特克尔集团保驾护航，虽然这个集团的员工总数已经超过了15,000人，但是从法律意义上讲，它并不是一个联营企业，因为它不属于同一个经济单位。在三位高层领导中，桑德勒位居第一，因为厄特克尔总部的业务和饮料公司的生意由他来负责。为满足鲁道夫-奥古斯特·厄特克尔的愿望，桑德勒星期日的上午也去办公室工作，每到此时，鲁道夫-奥古斯特·厄特克尔就和这位首席代表共商公司的发展大计。

那些年，厄特克尔公司在德国已名声大振。一方面，因为它的发酵粉和布丁粉把几百万家庭主妇联系起来；另一方面，厄特克尔因为在商界的大手笔投资而显露锋芒。《明镜周刊》写道："在联邦共和国的股票交易所和商务中心，'二战'后重组的厄特克尔公司已被划为资本雄厚、影响力十足的大户。"每当某家企业的股票升值，或有某公司被出售的传言时，人们立刻会想到大名鼎鼎的弗利克公司（Flick）、克万特公司（Quandt），而厄特克尔公司也是经常被预测为购买方的公司。年轻的企业家很满意自己在公众心目中的形象。他在1957年说："嗯，不错，人们认为，厄特克尔公司就是有钱。"

在一次和记者的交谈中，鲁道夫-奥古斯特·厄特克尔手指着办公桌，不无骄傲地列举着在过去几个月中他的中标所得，其中包括：萨尔州广播电台，印度尼西亚的一座矿山，南太平洋的一座无人岛。

一位在维也纳拥有宫殿的单身伯爵夫人让已经离异两次的鲁道夫-奥古斯特·厄特克尔考虑入赘。但是，她遭到了鲁道夫-奥古斯特·厄特克尔的拒绝，就像她拒绝了一位汽车雷达发明者的求婚一样。据说这个雷达可以透过房子的墙壁来定位迎面而来的汽车的方位。鲁道夫-奥古斯特·厄特克尔拒绝得很果断，但他对喜欢的东西也会雷厉风行地出手，比如说，他特别想要的手摇风琴。

鲁道夫-奥古斯特·厄特克尔从不放弃购买保险公司的机会，虽然他已经拥有了神鹰，但还缺少一个具有实力的战队。他清楚地意识到，等到自己年轻的团队能和同行竞争并招揽业务，仍尚需时日。当时，德国雇员工会正要为他们的多数成员在保险集团下属的德国联盟保险公司寻找一个买家，对鲁道夫-奥古斯特·厄特克尔来说，这恰好是个机会，他迅速采取行动，于1964年接管了德国联盟人寿保险有限公司（Der Deutschen Ring Lebensversicherungs-

AG）71% 的股份。

1968年，鲁道夫-奥古斯特·厄特克尔入股鲁道夫·胡塞系列甜品有限公司（Süßwarenkette Rudolf Hussel AG）被证明是一项成功的投资，他为自己的事业又书写了多彩的一笔。另外，在年轻的企业家约恩·克里克（Jörn Kreke）的领导下，胡塞公司收购了一个香水品牌：道格拉斯（Douglas），这个品牌给公司带来了巨额利润。投资额占15%的鲁道夫-奥古斯特·厄特克尔，从中也获益颇丰。

鲁道夫-奥古斯特·厄特克尔大力扩张企业的追求并未得到广泛的认可。20世纪50年代末，有一本标题为"黄金粉"（Das goldene Pulver）的小册子在市面上流传。在这本手册中，人们把鲁道夫-奥古斯特·厄特克尔的商业经用漫画的形式表现出来："用前面生意赚到的钱，花到后面的……"并称其为"经济奇迹时期的特殊良方"。这个手册的内容旨在批评国家当时推行的税收政策，而并非针对鲁道夫-奥古斯特·厄特克尔。

经济报记者米歇尔·永伯鲁特（Michael Jungblut）在他的《德国富人与超级富人》一书中，作出了与众不同的评价："如果人们只单纯肯定企业家的行为、经济实力和经济规模，而不去追寻隐藏在它背后的意义和它所带来的后果，那么，就不能对厄特克尔取得的成绩持批评态度；相反，如果人们从中探求市场经济的奥秘，探究一个拥有巨大财富和经济实力，并且受到公共资金大力支持的私人企业对社会所带来的影响，那么，就要对厄特克尔的并购热情另作评价。"

虽然鲁道夫-奥古斯特·厄特克尔在业内出手阔绰，

但在其他方面却吝啬小气。像许多成功者一样，鲁道夫-奥古斯特·厄特克尔和金钱的关系难以名状。对于投资扩建，他可以一掷千金，而花小钱的时候却又精打细算。他承认说："我不想花钱买回的东西，第二天就变得一文不值。"不需要开灯的时候，他就会关掉。他的一双鞋子竟穿了20年。关于他的节俭，还流传着这样一个故事：鲁道夫-奥古斯特·厄特克尔的衬衣领已经磨坏，他就从衬衣的背部减掉一块，做成新的衣领，背部减掉的部分再用一块补丁补上。赫尔左格拉特和皮瑙夫妇都证实了这件事。皮瑙觉得鲁道夫-奥古斯特·厄特克尔跳舞时穿的燕尾服过于老旧，"后来他才告诉我，那件衣服他已经穿了15年，而且打算把它穿到生命的终结。"

从20世纪50年代初开始，鲁道夫-奥古斯特·厄特克尔一直单身，他和朋友赫尔左格拉特、皮瑙一起度过了许多时光，他们三人曾一起考察地皮，参观工厂，一同出席船舶的命名仪式。大多时间他们在汉堡见面。1960年，凯撒·皮瑙在汉堡的东西大街上为汉堡南美船运公司设计了一幢引起轰动的办公楼。皮瑙用绿色玻璃装饰楼房的前脸，展示了建筑的现代风格。这里成了他们三人经常聚会的地方。皮瑙夫妇享受生活，可是，他们轻松快乐的性格在鲁道夫-奥古斯特·厄特克尔这里全然不见。露特·皮瑙回忆起："这位威斯特法伦人性格内向、少言寡语，难以摆脱清教徒式的思想意识。有时我们感到惋惜，因为他实在缺少幽默感，也没有生活的乐趣。"但是，这只是他性格的其中一面。"在开业典礼或有新船落水的仪式上，他也会发表极具幽默的演讲。他的讲话带着浓重的威斯特法伦口音，常常伴有词重音的错误。有时，他也会讲一些日常生活中的趣闻，这让他留下了亲民的印象，也会让会议记录多了一点生气。"鲁道夫-奥古斯特•厄特克尔也会享受偶尔的奢侈：他喜欢抽雪茄，喝烈酒。

与赫尔左格拉特待在一起，鲁道夫-奥古斯特•厄特克尔感觉很舒服，就像露特•皮瑙所说："当时还没有再婚的鲁道夫-奥古斯特和赫尔左格拉特在一起时非常开心，常有开玩笑的兴致，甚至还可以施展一下威斯特法伦人的魅力。"在1961年末，这位比勒费尔德的艺术商人溘然长逝，鲁道夫-奥古斯特•厄特克尔在他的墓前泪流满面。

20世纪60年代初，鲁道夫-奥古斯特•厄特克尔应邀出席汉堡一家公司的联谊活动，他遇见了一位黑头发的姑娘，玛丽安•冯•玛莱泽（Marianne von Malaisé）。这位来自慕尼黑的姑娘年方26岁，鲁道夫-奥古斯特•厄特克尔对她一见倾心。朋友们称呼她为玛雅。玛雅在大学里学的是语言专业，后在纽约的歌德学院当德语老师。"她长得很漂亮，有一头乌黑亮丽的秀发，清秀的面庞，五官匀称，尤其她的鼻子很有特点，眼睛在微笑的时候也很迷人"，露特•皮瑙回忆说。

门第观念颇重的鲁道夫-奥古斯特•厄特克尔被女孩显赫的家族背景所折服。在法国大革命期间，女孩的祖先们先后逃到了巴伐利亚州，后来，家庭成员中的大部分成了巴伐利亚的皇家军官。从1844年开始，她的外祖父费迪南德•冯•米勒（Ferdinand von Miller）领导着一个慕尼黑的皇家矿冶厂。玛雅的父亲费迪南德•冯•玛莱泽（Ferdinand von Malaisé）是硕士工程师，他在亨舍尔（Henschel）机

车厂工作。她的母亲特蕾希(Therese)出身于穆希迈耶家族
(Münchmeyer)，这是一个传统的汉堡商人家族。她的
舅舅，银行家阿尔文·穆希迈耶(Alwin Münchmeyer)多年
来担任德国工商大会的主席，并被视为当时德国经济界最
有影响力的人物。舅舅的女儿比尔吉特(Birgit)那时已经
结婚，婚后改用夫姓布罗伊尔(Breuel)，她始终是一位商
场上叱咤风云的女性。

鲁道夫-奥古斯特·厄特克尔和玛丽安·冯·玛莱泽的
邂逅，足以说明当时富人的圈子业已形成。《慕尼黑晚
报》趁机热炒这种"大家族的暧昧关系"。二人相遇两年
之后，便在汉堡订下婚期。鲁道夫-奥古斯特·厄特克尔，
这位五个孩子的父亲再次走进婚姻殿堂。1963年2月8日是
他们结婚的日子，结婚时，鲁道夫-奥古斯特·厄特克尔46
岁，他的妻子28岁。

露特·皮瑙在后来的回忆录里提及此事："为什么鲁
道夫-奥古斯特·厄特克尔对玛丽安一往情深？""我认
为，新娘家族的声望至关重要。因为，这十分符合鲁道
夫-奥古斯特·厄特克尔的择偶标准。"鲁道夫-奥古斯特·
厄特克尔对贵族的偏好在其他场合也表现得很明显。"他
尊重贵族胜过其他，一个有声望的姓氏称号历来让他敬佩
有加。贵族字眼所带来的诱惑会深深地触动到他，并让他
享受其中。"鲁道夫-奥古斯特·厄特克尔认为，他的祖
父、商务顾问奥古斯特·厄特克尔没有被授予贵族称号，
这是个令人遗憾的缺陷。

玛雅·厄特克尔在比勒费尔德要当五个孩子的继母，
这对她实属不易。还好，鲁道夫-奥古斯特·厄特克尔先前

的离婚与她毫无关联，她不必因此遭受指责，这让她感到些许的轻松。她在35岁那年接受了一次采访，她向记者达格玛•冯•陶贝（Dagmar von Taube）吐露说，"感谢上帝，让我不必对此进行辩解"，"尽管如此，继母仍然是个悲剧性的角色，对于前夫的孩子们也是，双方都需要时间和耐心。"

　　玛雅•厄特克尔仅比她丈夫与第一任妻子的大女儿年长七岁。所以，在她结婚两年之后，罗斯莉•厄特克尔就出嫁了。罗斯莉在伦茨堡外祖母那里长大成人，并在寄宿学校就读。后来，她来到因斯布鲁克上大学，结识了她的同学，企业继承人福尔卡特•施维茨尔（Folkart Schweizer）。结婚仪式于1965年9月举行，婚礼的举办地就在厄特克尔"英德布斯特庄园"的附近。鲁道夫-奥古斯特•厄特克尔对女儿的选择颇感欣慰，通过这段婚姻，两个传统的工业家族就此有了联系。施维茨尔的家族在施瓦本拥有一家皮革工厂。厄特克尔的公司内刊对福尔卡特•施维茨尔大加赞许，"他出身于一个古老的企业家族，是符腾堡穆尔哈特（Murrhardt in Württemberg）家族企业的世代拥有者。"

　　厄特克尔家族也在经历着生活的冲撞。20世纪60年代，鲁道夫-奥古斯特•厄特克尔投入很多时间去适应玛雅丈夫这一新的角色。皮瑙写道："通过和玛雅结婚，厄特克尔的自觉意识有了很大的提高，他尝试放弃自己之前稍显'土气'的生活，虽然这让他在开始的时候略感不适，但他竭尽努力去适应妻子的生活习惯"，"有一个例子说明了他们生活方式的不同：鲁道夫-奥古斯特•厄特克尔把玛雅为他购买的衣服退回商场，因为，这些衣服对他来说实在过于昂贵！"

　　鲁道夫-奥古斯特•厄特克尔虽然不舍得花小钱，但在购买房产的时候却是大手笔。除了比勒费尔德的祖宅和汉堡的易北别墅，他至少在北海的尤伊斯特岛以及伦敦地区都购买了住宅，这些住宅都由雇用的专职管家照管。此前，鲁道夫-奥古斯特•厄特克尔在阿根廷购置了一座庄园，在接下来的年代里，他又在纳米比亚和纽约的长岛购买了夏季度假房。鲁道夫-奥古斯特•厄特克尔很在意比勒费尔德老家的花园住宅，在过往年代中，他始终没有忘记对这所房子进行翻修和扩建。

　　1969年，鲁道夫-奥古斯特•厄特克尔和玛雅在阿根廷度过了几个月的时光，旁观者以为，鲁道夫-奥古斯特•厄特克尔会在那里长期开业。可是，此时的他却别有感受，在政治上，他似乎受到了冷落，其原因是，巴西、阿根廷等南美国家试图通过苛刻的条款将外国的货船排挤出他们的港口，于是，鲁道夫-奥古斯特•厄特克尔要求德国联邦政府对南美洲的国家施加压力：如果对方没有做出相应的妥协，那么，德国政府就不要兑现援助的承诺，可是，这样的要求并未被政府理会。

　　1969年初，鲁道夫-奥古斯特•厄特克尔将一封投诉信送到了波恩，该信同时也写给了勒伯尔（Leber）、施特劳斯（Strauß）、席勒（Schiller）、埃珀勒（Eppler）诸位联邦部长。他在信中抱怨说："联邦政府的行为逼迫厄特克尔迟早有一天要把船运市场转移到国外……"鲁道夫-奥古斯特•厄特克尔当然没有离开，因为，政府在当年的造船项目中就让他赚到了3,000万马克。

在20世纪60年代，鲁道夫-奥古斯特·厄特克尔有大约三分之一的时间待在比勒费尔德，三分之一在汉堡，余下的三分之一在旅途中。几乎在所有公司里，他的办公室都是同一种装修风格，摆设是老式的英国家具，处处都给人以家的感觉。这种风格来自父母、祖父母的老宅。老屋的风格已深深地印在了鲁道夫-奥古斯特·厄特克尔的脑海中。装有木头围墙的比勒费尔德办公室，也是公司创始人奥古斯特·厄特克尔办公的地方。

有一次，鲁道夫-奥古斯特·厄特克尔让一支摄影小组跟拍自己。马蒂亚斯·瓦尔登（Matthias Walden）是出版商阿克塞尔·施普林格（Axel Springer）的老熟人，他在45分钟的片子中，向德国的电视观众展示了"鲁道夫-奥古斯特·厄特克尔的日常生活"。这位记者谈起拍摄的过程时说："在鲁道夫-奥古斯特·厄特克尔身上，人们看不到一丝一毫的虚荣之心，他不为拍摄的效果而刻意地摆姿态。在整个拍摄期间，我们看到的是镜头前一位朴实无华的男人。"

呈现在观众面前的是那位手持公文包的鲁道夫-奥古斯特·厄特克尔，在网球场上和家里的餐桌旁也留下了他的身影。在访谈中，鲁道夫-奥古斯特·厄特克尔吸着烟斗，表现出一位长者的稳重和一个掌门人的风范。当时公司的规模已经达到25,000名雇员，对于时代的变革，他表示出忧虑："我们生活中的规则正在发生改变。"他强调说："我喜欢一个稳定的制度。"影片里的鲁道夫-奥古斯特·厄特克尔表示，"如果外人眼中的他是一个感恩满足、内外兼修、谦虚内敛的人，那他就会感到内心的平静。"

鲁道夫-奥古斯特·厄特克尔一直和故乡有难以割舍的联系。他很高兴，能被选举为比勒费尔德射击协会的名誉少校。他也参与帮助创办东威斯特法伦的城市大学。20世纪50年代末，他就着手实现祖母卡洛琳娜·厄特克尔捐赠城市游泳池的遗愿。但是，祖母的孙子认为，为这个城市贡献一个艺术博物馆似乎更有意义。从前的艺术之家早在第二次世界大战的空袭中就被炸毁，伊达和理查德·卡斯洛夫斯基以及他们的两个女儿也在这场空袭中不幸遇难。

鲁道夫-奥古斯特·厄特克尔和比勒费尔德的时任市长阿图额·拉德柏科(Artur Ladebeck)讨论了这个想法。这位社会民主党人对鲁道夫-奥古斯特·厄特克尔的建议十分高兴，他也完全认可鲁道夫-奥古斯特·厄特克尔的要求，将这座艺术博物馆以卡斯洛夫斯基的名字命名。在赫尔左格拉特和皮瑙的建议下，鲁道夫-奥古斯特·厄特克尔将这个项目委托给一位著名的设计师，美国人菲力普·强生(Philip Johnson)。菲力普·强生的博物馆设计作品有很多，他是格洛佩斯(Gropius)的学生，"国际风格"[1]的倡导者。20世纪60年代初，鲁道夫-奥古斯特·厄特克尔在一次美国之行中结识了这位建筑师。菲力普·强生和密斯·汪德鲁尔(Mies van der Rohe)共同设计的纽约西格拉

---

[1] 国际风格（International Style）是1920—1930年间现代主义建筑的一种风格。由1932年大都会艺术博物馆（MoMA）馆长亨利-罗素·希区柯克和菲力普·强生提出。该风格的建筑具有匀质、三维连续的几何化空间特征，不过分强调空间大小，而强调适用性。——译者注

姆大厦(das Seagram Building)给这位来自德国的企业家留下了深刻的印象。鲁道夫-奥古斯特·厄特克尔后来说，"能把这样一位大名鼎鼎的人请来设计比勒费尔德的项目，这真不是一件容易的事。"

在菲力普·强生的设计下，比勒费尔德的艺术博物馆是一个巨大的混凝土建筑，并采用大量的石英砂来做装饰。尤其引人注目的是第二层楼，它就像一个实心的箱体，坐落在仿佛用金细丝编织的底座上。这个设计让人叹为观止。在建筑完成之后，《明镜周刊》对此进行了评价，"虽然这座红石英砂地堡式建筑在建筑艺术的排名上不及由密斯·汪德鲁尔设计的柏林国家美术馆，但是从功能价值上明显已经超越了它。"

按照计划，1968年秋天是艺术博物馆落成典礼的日子。可就在此前的半年时间内，城市里发生了第一次针对艺术博物馆名称的抗议活动，抗议是由比勒费尔德的议院反对派发起的，人们不满该博物馆用一个曾经是希姆莱朋友圈成员的名字来命名。在散发的传单和读者来信中，越来越多的左派成员对此提出了严厉的批评，这在对希姆莱朋友圈了解甚少的公众中引起了强烈的反响。

抗议活动此起彼伏，教会的青年人、儿童军成员、体育协会的会员纷纷加入其中。鲁道夫-奥古斯特·厄特克尔将决定权交到了议会的政治家们手中。鲁道夫-奥古斯特·厄特克尔说，不管这件事的结果如何，他们都不想和议会把关系搞僵。市议会的成员们决定满足这位捐赠者的愿望，一致决定，1968年9月18日将艺术博物馆命名为"理查德·卡斯洛夫斯基艺术博物馆"。

1968年9月27日被定为艺术博物馆的开幕日。鲁道夫-奥古斯特·厄特克尔和城市政府高层领导共邀请了1,200位宾客。当时的联邦科技部部长格哈德·施托滕贝格（Gerhard Stoltenberg）答应为开幕式致辞。钢琴家汉斯-维尔纳·亨茨（Hans Werner Henz）也接受了5万马克的出场费，答应在开幕式上首次演奏一部钢琴协奏曲。

可是，对该活动的抵制此消彼长。威斯特法伦新教教会主席，曾被监押于达豪集中营的恩斯特·韦尔姆（Ernst Wilm）拒绝参加此次为美化卡斯洛夫斯基举行的庆典活动。在活动开始的一周前，北莱茵-威斯特法伦州的州长海因茨·屈恩（Heinz Kühn）也取消出席此次活动的行程，是人们的抗议活动让这位社会民主党人吓了一跳。屈恩致信说，他认为，卡斯洛夫斯基"毕竟参与过伤害人民的罪恶勾当，为这样的一个人歌功颂德，不甚妥当"。在屈恩之后，又有施托滕贝格和联邦司法部部长古斯塔夫·海涅曼（Gustav Heinemann）相继取消了行程。

就这样，鲁道夫-奥古斯特·厄特克尔也失去了举办庆典的兴趣，他委托市长临时用书面的形式，通知取消对所有客人的邀请。围绕艺术博物馆命名的讨论就此画上了句号，其结论，有如临时书面通知书上所言"有欠妥当"。

在原本举行开幕仪式的那天，鲁道夫-奥古斯特·厄特克尔交予比勒费尔德市长一封公开信。他在信中解释了此次捐助的经历以及最初和拉德柏科的约定。由于艺术之家的旧址在第二次世界大战中已被炸毁，所以应该给这个城市的艺术遗产重新建造一个安放之处，同时也是为了纪念那些战争中牺牲的比勒费尔德人，在这些牺牲者中也包括他的继父。此外，他还特别强调，卡斯洛夫斯基在政治上的作用微乎其微。就在艺术博物馆开幕式前夕，就卡斯洛夫斯基在纳粹时期的政治态度和行为又进行了论证，比勒费尔德市议会对此做了全面、仔细的审核，并得出结论。"尽管我的父亲在政治上曾经迷失方向，但对于比勒费尔德这个城市来说，他功大于过。"鲁道夫-奥古斯特•厄特克尔在信中说。

值得注意的是，他在书信中的这句话："因此，名字的问题已无法改变，我的家族保留将艺术博物馆以我父亲名字命名的建议。" 鲁道夫-奥古斯特•厄特克尔间接表达的意思是，如果比勒费尔德议会坚持不采纳这个名字，那他在命名这件事上也不再坚持。但是，许多经历了此事的人当时都能感觉到，在这个事件的过程中，是鲁道夫-奥古斯特•厄特克尔要把自己的意愿强加给这座城市。作曲家亨茨在报纸《时代》中写道："命名事件证明了那些千篇一律的说法：工业主宰者们对于赖以生存的芸芸众生有着大无边际的影响力。"

虽然鲁道夫-奥古斯特•厄特克尔坚持用"卡斯洛夫斯基"为博物馆命名，但他还是放弃了在前厅安放一座继父半身塑像的打算，而只放了一块有自己签名的纪念碑，上面写着："纪念第二次世界大战中这个城市的牺牲者，其中包括我的继父，卡斯洛夫斯基。"这个纪念碑同样受到了批评，原因有二：一些人认为，在纳粹期间，卡斯洛夫斯基是个案犯，而并非受害者；另一些人则十分反感厄特克尔家族用公众场所悼念家人的做法。比勒费尔德市和德国的财政部门均投资了这座博物馆的建筑工程，另外，鲁道夫-奥古斯特•厄特克尔的捐款也从他缴纳的税款中得到扣除，在总价值1，250万马克的建筑成本中，鲁道夫-奥古斯特•厄特克尔最终只需要支付460万马克。

18. "该救的东西，我必须要救"
阿伦德•厄特克尔抢救母亲的遗产

当人们谈及乌苏拉•厄特克尔和她的家人时，就会说，这是"相对贫穷的厄特克尔家族支系"，此说法源于鲁道夫-奥古斯特•厄特克尔的姐姐放弃了食品工厂的股份，并离开了船运公司的事实。其实，乌苏拉家的这部分财产从未丢失。

自1939年以来，"贫穷支系"一直在代特莫尔特地区的贵族封地——豪瑙登庄园生活着。从前，这里属于哈默施泰因家族。恩斯特•厄特克尔经营着这个巨大的农场。富丽堂皇的别墅坐落在一座私人公园中，公园的围墙有一米多厚，有一段围墙边竟生长着一棵千年橡树，两边的石头围墙将这棵挺拔的大树包围在中央。这里有一条小溪和一个大花园。1939年至1949年，乌苏拉•厄特克尔把五个孩子带到了这个田园般的世界里。

长子阿伦德•厄特克尔给父母带来了许多欢乐。在搬到这里之前，阿伦德•厄特克尔于1939年3月30日在比勒费尔德出生。他是一个活泼、机灵的孩子。在学校里，他兴趣广泛、成绩优异。他的德语老师引导他学会哲学的思考方法。在音乐方面他也很有天赋，会演奏多种乐器——钢琴、长笛、圆号，他样样精通。他还参加歌剧院里的合唱演出。同学们都很喜欢他，把他选为班长和中学里的学生代表。阿伦德·厄特克尔很早就萌生了当一名企业家的想法，要实现这个愿望，他有着得天独厚的条件。

乌苏拉·厄特克尔拥有多样的产业。在和弟弟鲁道夫-奥古斯特·厄特克尔、小理查德·卡斯洛夫斯基划分财产的过程中，她获得了一系列的企业股份。例如：她控制着传统企业施瓦陶工厂，这是家族早在第二次世界大战之前就已入股的工厂。这座位于吕贝克附近的公司由一个化学工厂发展而来。除了生产地板蜡之外，工厂也开始了人造蜂蜜和糖煮蔓越莓的生产。后来，施瓦陶工厂把产品的重点集中在果酱生产上。20世纪20年代时，工厂从英国果酱生产商的手中买下了制作方法。

科赫斯·阿德勒缝纫机股份公司是比勒费尔德的一家著名企业，乌苏拉·厄特克尔拥有它四分之三的股份；在异父兄弟小理查德·卡斯洛夫斯领导的公德拉赫出版印刷厂中也持股25%，另75%归卡斯洛夫斯基家族所有。"相对贫穷的厄特克尔家族支系"通过布克斯特朗德的饮料厂、阿尔特朗德-戈尔特有限责任两合公司（die Altländer Gold GmbH & Co. KG），使自己产业的种类更加完善。

阿伦德·厄特克尔拥有一个企业家施展才华的广阔空间。他顺利地高中毕业，并作为预备少尉完成了义务兵役。这时，他决定去接受职业培训，准备在开始学习经济管理专业之前，积累一些实践工作的经验。1960年，这位未来的企业继承人进入了一家享有盛誉的德国金融贸易公司，汉堡穆希迈耶公司（Münchmeyer&Co）。来这里的求职者人满为患，以至于负责招聘的秘书经常和那些前来为子女问询就业可能的父亲开个玩笑，问道："你儿子已经出生了吗？"

而对于阿伦德·厄特克尔来说，一切都是那样地轻而易举。掌管这家公司的是德国战后最具影响力的经济界人士之一，阿尔文·穆希迈耶，他在担任德国工商会议主席的同时，还担任德国银行联邦协会的主席。阿伦德·厄特克尔从穆希迈耶身上学到了许多金融和外贸方面的基础知识。学员们也把他推选为培训班上的负责人。还在学徒期间，他就已经报名参加了商会考试，并以优异的成绩通过了选拔。

阿伦德·厄特克尔在汉堡的大学注册的专业是企业经济学。两个学期之后，他转到柏林自由大学学习，一年之后，他再次转学到科隆大学，那里有一个闻名遐迩的经济学院，他准备在那里完成他的大学学业，如有可能，一直读到博士毕业。

与其他富二代不同，阿伦德·厄特克尔一直奋发向上，从来不会让人担心他是一个不学无术的纨绔子弟。他会利用大学放假的时间去公司实习，或游学考察，或参加培训学校的学习。他在贝尔托德的克鲁珀-棱克尔公司（Krupp-Lenker Berthold）旁听学习；利用近一个月的时间游历美国并在精英云集的哈佛大学参加市场营销的课程。

阿伦德·厄特克尔的兴趣所及已经远远超出了经济领域，他还很有政治头脑，在柏林的奥拓-索尔学院，他从事政治经济学的研究；在汉堡，他沉迷于哲学家及物理家卡尔·弗里德里希·冯·维慈克尔（Carl Friedrich von Weizsäcker）的理论研究；在科隆，他除了企业经济学的专业学习之外，还从事社会政治学的研究。

1966年，阿伦德·厄特克尔以"良好"的成绩取得商科硕士学位。之后，他申请该学科的权威教授埃里希·古藤贝格 (Erich Gutenberg) 的博士生。他选择家族企业作为博士论文的研究对象，这是他在此前的硕士论文中已经涉及的题目。阿伦德·厄特克尔说："在博士论文中有很多需要回答的问题，例如：那些没有能力发行有价证券的家族企业，在融资手段越来越少的情况下，是否可以继续生存下去？"阿伦德·厄特克尔已经拟好研究课题：家族企业的资金是否会被消耗殆尽。

在为这个题目收集案例时，阿伦德·厄特克尔和那些记者以及专注此类问题研究的人一样，常常会吃闭门羹。他写道："这些在德国没有上市的家族企业，无意将企业的情况公之于众，尤其谈到企业的财政问题时，他们会有戒备。"阿伦德·厄特克尔以个人的切身体会从理论上对这种现象进行研究，其原因是"企业主们将自己的公司完全视为私人的事情，把个人的私事向公众传播，被视为对私人领域的伤害"。

但无论怎样，响亮的家族名声让阿伦德·厄特克尔在家族企业的圈子中很有面子，企业主们都表示愿意和这位20多岁的年轻人交流公司的更迭换代、盈利分红、家族决议、继承原则、遗嘱执行等问题。阿伦德·厄特克尔从这些谈话中获得了新的认识，他开阔了眼界。通过调查，他得出结论：德国家族企业的优势在很大程度上被低估，但在某些方面也有例外："家庭的身份、公司和商标名称的意义反而被夸大了。"像厄特克尔这样的企业，由于它的产品名声在外，无论过去和现在都是人们心中那些超乎想象的著名企业。

　　阿伦德·厄特克尔在他的论文中赞扬了家族企业的形式。这位继承人表述了自己的观点：这种企业对于员工来说有很高的社会价值，但对此他并没有举出实例。"员工不仅获得劳动报酬，而且通过与上司、家族成员的私人接触，不断意识到自己在企业中的重要地位，从而使他们能够进一步融入社会中。"这段话发表于1967年，它代表了这位企业继承人的保守态度。阿伦德·厄特克尔的观点非常明确：人们可以期待这些处在社会边缘的员工"融入社会"，但他同时拒绝家族企业应为他们的员工承担更多劳资规定之外的义务，"企业自愿提供社会福利的时代已一去不返"。

　　他在论文中列举了许多家族企业家的特点，其中包括厄特克尔家族的代表人物，他的舅舅鲁道夫-奥古斯特·厄特克尔就是其中一类人："此类企业家的最高目标是：以适当的盈利来确保企业的长存。他们的愿望是：在未来的某一天，企业由他们的子女继续经营。"阿伦德·厄特克尔在论文中还提到了一位掌握公司极少股份的企业经理人，读起来就像在说他的继祖父，理查德·卡斯洛夫斯基。对于这种类型的企业管理者，无论他们得到企业与否，这一点并不重要。阿伦德·厄特克尔写道："企业的规模，销售额的增长，这对于他们似乎更加重要，更能够体现职位的重要性，从而能够提高他的社会声望。然而对于企业的拥有者来说，经理人的独立性似乎更有价值。"

　　阿伦德·厄特克尔以克伦伯公司为例，说明家族企业的一个典型缺点：惰性。"企业领导人缺少做事情的勇气，不敢放弃那些长期亏损的传统企业，并进行新的尝试，开辟一个能够带来效益的新生产领域。"这种现状导致联钢公司（Stahlkonzern）在1967年的春天陷入了生存的危机。

厄特克尔公司在这个阶段的参股情况也不容乐观。乌苏拉和恩斯特•厄特克尔对工厂的资产不够上心。施瓦陶的工厂、科赫斯•阿德勒缝纫机、阿尔特朗德-戈尔特果汁工厂在经济奇迹时期即将结束时，依旧活在过去的影子中，三家企业的经营状况堪忧。

工厂的情况日趋恶化，让阿伦德•厄特克尔不得不改变人生计划。他在完成学业和博士论文的撰写之后，本想先在国外待上几年，之后再接手管理家族的财产。可现在看来，如果还不接手管理，以后恐怕就没有财产可管了。"该救的东西，我必须要救。"他在《德国经济周刊》上所说的这句话反映了他当时的处境。

阿伦德•厄特克尔在28岁的时候，着手抢救家族的资产。盘点后的记录表明，虽然施瓦陶的工厂没有盈利，但毕竟还可以维持运行，相反，科赫斯•阿德勒股份公司却到了破产的边缘。这个公司除了生产家用缝纫机外，还生产打字机，但是这两个产品都很难与日本的同类产品竞争。情况最糟糕的是阿尔特朗德-戈尔特公司，用阿伦德•厄特克尔的话说，果汁厂真的要"落花流水"了。但是，这位年轻的企业家，成功地为公司找到一个买主，把家族资产的亏损控制在200万马克。

公司的监事会决定，由阿伦德•厄特克尔为科赫斯·阿德勒股份公司制定新的方针，让公司重新出发。在他的领导下，企业集中生产工业用特殊缝纫机，使其在竞争中独占鳌头。工厂更新了生产方法，位于比勒费尔德老城中的工厂，占用了一块祖传的地皮，人们将旧厂腾空改建，就这样，一个现代化的工厂出现在城门前。

阿伦德·厄特克尔也为施瓦陶工厂拟定了新的策略：集中生产那些大食品厂不屑生产的零碎产品。阿伦德·厄特克尔打算占领这个领域的市场，至少要在供货方中争得第二的位置。销售不佳的产品，他果断放弃。当施瓦陶工厂生产的糖果未能达到阿伦德·厄特克尔的质量等级标准时，他选择放弃这一产品。而果酱、烘焙产品以及烘焙装饰品都走到了市场的顶尖位置。无糖口香糖和奶油杏仁糖的市场份额也来到了第二位。

在人事安排方面，阿伦德·厄特克尔具有灵敏的嗅觉。在他接管施瓦陶工厂后，将自己两个亲信安排进公司，一个是在科隆学习时结识的维尔纳·侯姆（Werner Holm），另一个是麦肯锡-卢茨·皮特斯（McKinsey Lutz Peters）。阿伦德·厄特克尔给了两人各5%的股份，让他们和公司融为一体。事后证明，这次任用十分英明。在20年的时间里，公司的销售额扩大了十倍，高达600万马克。

追加收购也是销售额上升的原因。在阿伦德·厄特克尔的领导下，施瓦陶工厂收购了一系列小型食品公司，例如：专门生产李子酱和杏仁奶油的维森尼亚食品公司（Winsenia Nahrungsmittelwerke）。但是，阿伦德·厄特克尔试图打通动物饲料市场的努力没有成功。经过检验，将"Fido"产品在80年代初撤出了市场。

经理们管理日常事务，而阿伦德·厄特克尔负责制定策略，在背后掌控全局。他建立了阿伦德·厄特克尔控股公司，由自己控制公司的股份。在他求学的地方——德国"艺术之城"科隆，阿伦德·厄特克尔建立了自己的办事处。虽然他的投资重心在石勒苏益格-赫尔斯泰因州和比勒费尔德，但是他还另有雄心壮志，选择莱茵河畔作为进一步发展的地域。阿伦德·厄特克尔成为狂热的艺术品收藏家，他还加入了颇有实力的经济协会。1977年，38岁的他已经是德国联邦工业协会中最年轻的主席团成员。此外，他还担任德国科学捐赠者协会的主席。

阿伦德·厄特克尔的家人也生活在科隆。这位企业继承人在挑选结婚对象时非常注重门第。20世纪60年代末，他迎娶克劳蒂娅·沃尔夫·冯·阿梅龙根（Claudia Wolff von Amerongen）为妻。克劳蒂娅是科隆钢铁企业家奥拓·沃尔夫·冯·阿梅龙根（Otto Wolff von Amerongen）最小的女儿，在她前面还有两个姐姐。奥拓是战后德国最有影响力的企业家之一。阿伦德·厄特克尔对自己的岳父满怀敬意。1940年，年仅22岁的奥拓·沃尔夫·冯·阿梅龙根接管了父亲留下来的工厂。50年代，他和苏联、中国签署了贸易协议，从那时起，他就被视为德国经济的外交使者。1969年，他被选为德国经济贸易议会主席，他喜欢自己在德国经济中像朱庇特[1]一样的角色。

没过多久，阿伦德·厄特克尔在施瓦陶工厂有了更多的话语权，他成了说一不二的人。很多迹象表明，这位年

---

[1] 罗马神话中统领神域和凡间的众神之王，光明、法律之神。——译者注

轻的企业家在70年代就打算除了自己，不许其他人保留果
酱公司的股份。因此，他必须清偿四个弟弟妹妹的股份，
或者用其他形式的财产来补偿他们。阿伦德的母亲乌苏拉
在70年代末将印刷厂公德拉赫25%的股份卖给小卡斯洛夫
斯基，这件事情众所周知。那时的小卡斯洛夫斯基已经掌
管企业将近30年，乌苏拉的这个举动促使了这样一种局面
的出现：她的异父弟弟将来可以把企业完整地传给自己的
女儿及女婿，而不必和厄特克尔家族协商。可以想到，这
一大笔股票赎金会传到阿伦德手中。

在企业的改组和抢救过程中，阿伦德·厄特克尔遭遇
了一个意想不到的艰巨任务。80年代中期，阿伦德·厄特
克尔的岳父创建的商业帝国开始瓦解。科隆的钢铁集团陷
入了困境，原因之一，是几年前在美国德克萨斯收购炼钢
厂的轻率之举。在美国的这个联邦州，奥拓·沃尔夫·冯·
阿梅龙根拥有一个巨大的工厂。1980年他接手这个工厂
后，钢铁市场不再景气。

其他原因还有两个大型钻孔设备被奥拓企业卖给了
巴西和南非，这笔补贴性质的生意在企业的财务上造成了
5000万马克亏损。祸不单行，生产自动扶梯和装卸平台设
备的PHB-威悉冶炼公司(Weserhütte)的一个分厂也面临高
额亏损。

这些地方都需要有人来抢救。奥拓·沃尔夫·冯·阿梅
龙根想让鲁尔油气(Ruhrgas)的经理克劳斯·列森(Klaus
Liesen)和普罗伊萨格(Preussag)的领导人君特·萨斯曼豪
森(Günter Saßmannshausen)前来协助解决困难，但遭到
他们的拒绝。最终，阿伦德·厄特克尔接受了这项棘手却

又充满挑战的任务，他要去挽救糟糕的局面。1986年7月，他成为一家拥有16,000多名员工的公司董事会主席。当时，公司的大股东奥拓·沃尔夫·冯·阿梅龙根67岁，他改任监事会主席。在向公众介绍董事会高层的接班人时说："虽然他是我的女婿，但我们决定用他。"

阿伦德·厄特克尔本人对联钢集团的问题也有一定的责任。如果不是他的建议，奥拓·沃尔夫·冯·阿梅龙根就不会接手亏损严重的PHB-威悉冶炼厂。20世纪80年代初期，约施集团（Hoesch-Konzern）的经理们有意合并PHB-威悉冶炼厂和它的子公司奥伦斯坦&科佩尔（Orenstein & Koppel）。他们进入公司后，便不断增股，以至于能够和奥拓·沃尔夫·冯·阿梅龙根势均力敌。阿伦德·厄特克尔在这期间发现了少量自由持股人，并从他们手中买下股票。所以他帮助岳父赢得了控股的位置，把约施集团排挤了出去。当然，阿伦德·厄特克尔并不知道，PHB如今会出现这样的问题。

阿伦德·厄特克尔开始对企业进行颠覆性的重组。他要自己参股，因此从奥拓·沃尔夫·冯·阿梅龙根的一个侄子手中买下了大量的股票，使自己的股份增加到14%。为了稳固奥拓-沃尔夫集团的财政，奥拓·沃尔夫·冯·阿梅龙根和他的女婿阿伦德需要给公司注入五千万马克的流动资金。他们将集团许多不动产划到自己的名下，转为私有财产，例如，位于草格豪斯（Zeughausstraße）大街的公司所在地。

阿伦德·厄特克尔用卖掉科赫斯·阿德勒缝纫机公司所得的收益，去买不动产和公司的股份。1986年，他的家族将重组的科赫斯·阿德勒缝纫机公司股份高价卖给河豚集团(Kugelfische-Konzern)。那时,比勒费尔德的杜尔考佩缝纫机厂(Dürkopp)已经属于河豚集团。科赫斯·阿德勒缝纫机公司自从建立以来一直与之处于竞争状态,现在两家合并为同属河豚集团的杜尔考佩阿德勒有限公司(Dürkopp Adler AG)。

1987年,奥拓·沃尔夫·冯·阿梅龙根和阿伦德·厄特克尔迈出了艰难的一步:关掉亏损的PHB-威悉冶炼厂的子公司并以大股东的身份向债权人宣布,总公司将不会补偿由此产生的额外亏损。因此,拥有6,500名雇员的工厂宣告破产,这是令人发指的结局。但无论如何,这个办法消除了整个钢铁贸易集团的生存隐患。阿伦德·厄特克尔现在可以专心致志地完成自己的设想,把一个经历了几十年的发展运营,却任意蔓生的、生产不同类型产品的集团进行大刀阔斧的清理。此前,公司的产品包括板材、螺旋、机器、厨房和卫生间设备。

功夫不负有心人。阿伦德·厄特克尔在短时间内,重新让科隆的公司走上正轨,让企业由此停止了亏损。在阿伦德·厄特克尔上任两年半后,《经理人杂志》(*Manager Magazine*)为他说了句公道话:"这个被人讽刺为门外汉的毛头小伙,爱出风头的专职说客,用实力证明了自己,同时也证明了沃尔夫高层对他的任用是一个正确的选择。"

阿伦德·厄特克尔和奥拓·沃尔夫·冯·阿梅龙根很有先见之明,他们预感到奥拓-沃尔夫集团在不久的将来就会终结,因为,钢铁行业的发展需要更大的企业规模。两位股东都认为科隆集团规模太小，不能够在长久激烈的竞争中保持自己的独立性。1990年，他们开始了行动，奥拓·沃尔夫·冯·阿梅龙根、阿伦德·厄特克尔和其他一些家族成员将他们企业的股份卖给了钢铁巨人特森（Thyssen），售价达到五亿马克。

仅存的大型家族企业中的一个重要成员寿终正寝！《明镜周刊》评论说："出售企业就是承认失败。"而事实上，也许终点才是合理的起点。特森已经拥有奥拓-沃尔夫集团和波鸿钢铁厂（Rassel stein und Stahlwerke Bochum）各50%的股份，人们反观过去，特森在几年之后就和克洛伯（Krupp）合并了。这样看来，奥拓·沃尔夫·冯·阿梅龙根和阿伦德·厄特克尔退出的决定是符合工业发展规律的。当时留给他们出售公司的时间非常紧迫，1990年，有一个例外的规定就要到期：出售股份的公司税收减半，奥拓·沃尔夫·冯·阿梅龙根和阿伦德·厄特克尔当然不能错过这个良机。

在奥拓·沃尔夫·冯·阿梅龙根和阿伦德·厄特克尔忙于拯救和出售钢铁公司的那段时间，他们埋头在科隆的办公室里，此时，阿伦德·厄特克尔和他妻子的关系已经降至冰点。在共同生活了20年之后，这对夫妻终于分道扬镳，但是奥拓·沃尔夫·冯·阿梅龙根和他女婿阿伦德·厄特克尔仍一直保持着联系。

阿伦德·厄特克尔对奥拓-沃尔夫集团做出业绩的同时，他最小的弟弟罗兰德·厄特克尔也成功迈出了职业生涯的第一步。比阿伦德小10岁的弟弟罗兰德，在高级中学毕业考试之后，完成了在科隆奥彭海姆银行（Bankhaus

Sal. Oppenheim)的培训，后来进入大学学习法学和国民经济学。

　　1983年，罗兰德参加了国家司法考试，并开始在法兰克福的德意志银行工作。他负责指导将要进入交易所的企业，例如，时尚业的伊丝卡达股份公司（Modefirma Escada AG）和零售业的康采恩马萨股份公司（Massa AG）。1986年，这家公司的创建人卡尔-海因茨·柯普（Karl- Heinz Kipp）挖走了罗兰德·厄特克尔，并让他进入贸易公司的董事会。此间，这家公司经营的自选商店已经达到28家。

　　可是，罗兰德·厄特克尔并没有在这家公司待下去。1987年夏天，37岁的罗兰德·厄特克尔离开了公司，这时，他们的关系发生了根本性的变化。令罗兰德吃惊的是，柯普将自己在马萨的股票卖给了阿斯考公司（Asko-Gruppr）。可是罗兰德·厄特克尔和阿斯考的主管赫尔穆特·瓦格纳（Helmut Wagner）之间却话不投机，于是，他一气之下离开了公司。在罗兰德离开时，他通过律师事务所发布了一则退出声明，其中谈到在关乎企业发展的关键问题上，他们观点不同，意见相左，不可调和。罗兰德·厄特克尔在行业记者面前暗示，他没有看穿柯普让他退出马萨的计划，或许他在某种程度上被他人利用了。此后，罗兰德被准许参与杜塞尔多夫州法院的律师工作，集中管理家族财产。他还为一些集团公司做法律顾问，例如：汉堡的莱丁尔生物工程集团（Biotechnikgruppe Leidinger in Hamburg）。有时他介绍自己是"相对贫穷的厄特克尔家族支系"的一员。

不可否认的是，在考量家族财产分割问题时，罗兰德的母亲乌苏拉远不及她在生意场上精明能干的弟弟鲁道夫-奥古斯特·厄特克尔。女记者海德·诺伊基兴（Heide Neukirchen）1991年在《星期日世界报》一篇标题为《厄特克尔财产的争执是成功的动力》一文中写道，乌苏拉·厄特克尔的儿子们认为，遗产分配是"登峰造极的不公平"。

海德·诺伊基兴写道："作为年轻人，阿伦德·厄特克尔和罗兰德·厄特克尔兄弟俩向他们的舅舅，发酵粉王国的统治者证明，他们也能够从'底层爬到高层'。"这些话无疑戳到了兄弟俩的痛处。虽然阿伦德·厄特克尔回避谈及舅舅和母亲的遗产，但是他也承认，他的生活内容就是要证明自己。但是几年之后，当他在第二次谈及财产分割这个棘手的话题时，他回避了和比勒费尔德亲戚家的那些争吵。

19. "……是我给他人带来了心灵的创伤"
理查德·厄特克尔的绑架事件

理查德·厄特克尔察觉到危险，可为时已晚。1976年12月的一个星期二，晚上七点钟左右，天色已经完全黑下来。当时这位25岁的大学生在位于弗莱津（Freising）的慕尼黑大学就读。这一天，他从阶梯教室走出，来到他的汽车旁，他有一辆白色的大众瓦里恩特（Variant），停在两个建筑物间的泊车位中，这里是一个死胡同。理查德·厄特克尔看到他的汽车时，他注意到，在斜后方有一辆大众客车，他立刻觉得有些怪异。理查德•厄特克尔对周围的事情比较敏感，就在几个星期之前，28岁的马术跳栏骑师亨德里克•斯瑙克(Hendrik Snoek)遭到劫持，这位鲁道夫-奥古斯特•厄特克尔的儿子意识到，这样的绑架事件也有可能会发生在自己身上。理查德•厄特克尔甚至还到弗莱津的警察局去求助警察，询问如何在罪犯面前保护自己。

理查德•厄特克尔后来回忆起停车场的情形："我害怕，想回去，就把头扭了回去"，"一个男人站在对面，离我大约1.5米到2米远。"这个陌生人的脸藏在面具里，头上顶着帕克帽，他还戴着一副眼镜，嘴角挂满了胡须，就像蒙古人那样的胡子。和身材魁梧、身高1.93米的理查德•厄特克尔相比，这个人身材矮小。但是，他手里拿着武器，理查德•厄特克尔甚至看到了枪上的消声器。陌生人压低声音说："向前走，别出声！"

理查德•厄特克尔没有反抗。"我回过头去，很清楚发生了什么。"他向那辆箱式汽车望去，试图辨认出车的颜色，记住车牌号。作案人明白，要让理查德•厄特克尔感觉到自己孤立无援，"哎，我的小理查德，我们终于找到你了！"蒙面人用枪管指着汽车里的一个木头箱子，并打开了箱盖，他命令道："跳进去！"理查德•厄特克尔很震惊，但他没有慌乱，一切照着歹徒的要求做。

箱子大概有1.6米长，0.6米宽，0.7米高。它的空间很小，理查德•厄特克尔不得不蜷缩起身子。他后来回忆起，他感觉自己就像一个"子宫里的胚胎"。头上的箱子盖落了下来。绑匪关门之前，还对理查德•厄特克尔大声说："注意，还有很多人要进来的！"

箱子里装有对讲机。汽车启动后，理查德·厄特克尔听到了一个友好的声音，这个声音和停车场上的虎视眈眈形成了鲜明对比。"晚上好，厄特克尔先生！从现在开始，您的一切由我来负责。您不会再见到劫持您的人了。"他们通过一个微型扬声器传出来的声音了解理查德·厄特克尔在箱子里的情况。理查德·厄特克尔抱怨说，里面空气太差，昏暗无光，实在让人无法适应。另外，他的心情非常不安。

车在到达目的地之后，理查德·厄特克尔松了一口气，因为他听见有人说，自己的处境会得到改善。有个声音向他解释，他被绑架的目的是向他家人勒索赎金。"您没有生命的危险，我们只是要钱。"

绑匪向理查德·厄特克尔许诺，只要他合作，就会少受罪。在箱子里，理查德·厄特克尔的两只手分别铐在箱体两边的手铐上。有声音问他，是否饿了，他回答说，不饿，只是有点冷。理查德·厄特克尔蜷缩在木头箱子里，他的衬衣外面仅仅套着一件毛衣。看守他的人建议他试着活动一下身体。

汽车行驶了大约一个小时。车在停下之前，理查德注意到车在下坡。他推断，这是一个地下停车场。而事实上，车开进了一个高低不平的院子里。与这个院子相连的，是一些手工作坊，汽车就停在了其中一个作坊里。理查德·厄特克尔得到了来自对讲机的指示，他要穿上一件在箱子里面的斗篷。他先是听见汽车被打开的声音，然后是木箱盖子被打开。理查德·厄特克尔听见了脚步声，还有其他声音。然后，他的一只脚被脚铐固定在了箱子的底部。

箱盖又一次被盖上，熟悉的声音再次从对讲机中传来。监视他的人说，自己是一个染上毒品的心理学学生，被逼迫参与此次绑架事件。理查德·厄特克尔选择了相信他的话，并且决定，自己应该试着做些什么。于是，他问绑匪，是否可以用"你"来称呼。理查德·厄特克尔清楚，在目前的情况下，和作案人建立起某种个人的联系，这是非常重要的。那个人笑着说："也许你是想知道我的名字，是吗？"理查德·厄特克尔笑着表示默认。理查德·厄特克尔在提出这个建议时，早已想好了一个名字，于是，他说："那我就称呼你'检查员'吧！"这是他的一个好朋友的外号。

那个人接通了吸尘器，吸尘器将密闭箱子里的废气抽出来。他还打开了车中的小加热器。理查德·厄特克尔问，你们打算要多少赎金。他得到答复是大约两千一百万马克。理查德·厄特克尔问："这么多？不，我不相信我父亲会为我花这么多钱。"那人问，劫持人应该向谁提要求，是理查德·厄特克尔在弗莱津的女朋友，还是他在比勒费尔德的父亲。理查德·厄特克尔纠正说，"女朋友"就是他的妻子玛里昂（Marion），他请求，不要让她介入到事情中来，再说，她没有驾驶证。后来，他把父亲的私人电话告诉了这个人。

制造了1976年12月4日理查德·厄特克尔绑架案的男人叫作迪特尔·茨劳夫（Dieter Zlof），时年34岁，已婚，是两个儿子的父亲。作案前，他在慕尼黑帕兴的一个小型汽车修理厂谋生。他有一个非常复杂的生活背景。茨劳夫1942年出生于斯洛文尼亚（Slowenien），他在慕尼黑长大。他的父母是斯洛文尼亚人。父亲是斯洛文尼亚一个乡村的警察，"二战"之后成为一名办公设备机械师。迪特尔·茨劳夫的童年非常悲惨，经常遭到父亲的暴打，父亲甚至怀疑儿子并不是他的亲生骨肉。

迪特尔·茨劳夫在17岁时，从父母家里搬了出来，在一家建筑公司做商务学徒。后来，他在慕尼黑修完了三年的经济专业课程，上学期间，他为了挣钱不得不去打工。1966年，茨劳夫结识了他的妻子。他曾获得潜水教练的资格证，便和女友计划着一起去旅行。1970年，两人又返回到慕尼黑，两年之后他们结婚。茨劳夫开始做汽车生意，同时也为他人修理汽车。妻子则在一家清洁公司找到了一份工作。

1976年，茨劳夫为勒索赎金，制定了一个绑架人质的计划，他变成了画报和杂志的热心读者。他从一本杂志的撰文中得知，鲁道夫-奥古斯特·厄特克尔的儿子理查德·厄特克尔在弗莱津的慕尼黑大学学习农学和酿造。茨劳夫之所以选择一个年轻男子作为绑架对象，是因为，他要让人质能够承受足够的胁迫和压力，他最好不是一个易患心肌梗塞的人。通过查询电话茨劳夫弄到了理查德·厄特克尔的地址和电话号码，并在弗莱津埃吉贝特大街（Egilbertstraße）的出租屋前埋伏下来，直到他终于见到了理查德·厄特克尔。从此，迪特尔·茨劳夫一直跟踪理查德·厄特克尔，曾见过他带着两只狗散步，和一个年轻女子购物的情形。

迪特尔·茨劳夫在车间里通过对讲机向被囚禁在箱子

的理查德·厄特克尔解释说，拷在脚上的铁铐是通过电线与电网连接起来的，如果他大声喊叫或者试图逃跑，声响就会通过车顶上的另一个麦克风传出去。理查德问，他有必要这样谨慎吗？茨劳夫向他解释说，这是"老板"的命令。而实情是，有机械天赋的茨劳夫自己设计了如此诡异的装置。

迪特尔·茨劳夫离开理查德之前，给了他一份杂志。箱子里安装了一盏小电灯。迪特尔·茨劳夫预定了一辆出租汽车，并指定司机把车停在几部车的旁边，这些车辆都是他在绑架勒索时的备用车。在一个电话亭里，他拨打鲁道夫-奥古斯特·厄特克尔的私人号码，可是电话一直占线，迪特尔·茨劳夫又重拨了好几次，但都没有接通。

因为理查德·厄特克尔没有像往常那样下课后回家，玛里昂就给一个朋友打电话询问。朋友在晚上大约十点钟，赶到了理查德·厄特克尔的家里。他马上给警察打电话询问，是否有一辆白色大众汽车的交通事故记录。然后请求执勤人员向刑事警察报警理查德·厄特克尔失踪。执勤人员答应立即报警，如果有情况，就请刑警马上回话。

当晚十点一刻，理查德·厄特克尔家里的电话突然响起，电话那边是来自绑匪的声音。因为迪特尔·茨劳夫没有接通理查德·厄特克尔父亲的电话，所以，他拨打了玛里昂的电话，他告诉女人，理查德·厄特克尔已被他绑架，并威胁说，她不能报警。玛里昂听后，便哭了起来。迪特尔·茨劳夫在第一次电话中也没多说什么，就挂上了电话。他再次拨打电话时，提出了对赎金的要求。玛里昂·厄特克尔向绑匪保证，她会按照他的要求去做。

　　由于报警失踪，警察很快就来走访玛里昂。为了不让自己的丈夫受到伤害，她对警察谎称，这件事已经由她自己解决。玛里昂试图联系理查德在比勒费尔德的父亲，但是没有成功。她拨通了理查德母亲的电话。还是在杜塞尔多夫的时候，鲁道夫-奥古斯特•厄特克尔就已经和她离婚了，离婚后的她一直住在萨勒姆-豪斯特马尔。玛里昂告知他母亲到底发生了什么。玛里昂还联系到厄特克尔公司在比勒费尔德的全权委托人，是他将此事迅速通知了比勒费尔德的刑事警察局，接着，比勒费尔德警方又将此事通知了慕尼黑警方。

　　迪特尔•茨劳夫在打完电话之后，回到了囚禁理查德的作坊，通过对讲机他要求木箱里的理查德•厄特克尔录制一盘磁带，他要说的内容是茨劳夫事先规定的：这里非常冷，没有东西吃。绑架他的是一个粗鲁残暴的人。在一个自动开关的控制下，他随时会遭到电击。磁带很快录制完成。绑匪此举的目的是让本来就很敏感的厄特克尔家人更加惶恐不安。茨劳夫对理查德说："他们越是担心你，就会越早来接你。"

　　一个小时之后，大约是凌晨一点钟，理查德•厄特克尔感觉到汽车被发动起来，在行驶了大约20分钟后，汽车的侧门和箱子再次被打开，理查德•厄特克尔又被套上了那件蒙头斗篷，得到了一些巧克力和可乐，还有一个尿急时用的塑料瓶。

　　凌晨两点二十分，玛里昂•厄特克尔再次接到了绑匪的电话。迪特尔•茨劳夫通知她，在慕尼黑少女峰大街的垃圾箱后面有一封信。于是，夫妻俩的一个朋友带着玛里昂来到绑匪说的地方，取回东西，回到了朋友的家里。玛里昂开始读信听录音带。

信里面写着进一步的威胁和索要的条件："在即将来临的星期五，也就是12月17日下午5点，我们会通过定时开关，接通理查德·厄特克尔身上的电流，如果他没有被及时解救，那么就会在几秒钟之内遭电击而死。为此，您需支付赎金两千一百万马克，要求是使用过的、未经登记的千元面额纸币。纸币必须放置在两个小箱子里。打包时必须用透明胶带，纵横向摆放，每捆150万马克。递交人确定为理查德·厄特克的兄弟奥古斯特或克利斯蒂安。递交者必须在星期五，12月17日11点携款在慕尼黑伯根豪森大街的喜来登酒店（Sheraton）的前台等候。人质的停留地点会在收到赎金的三个小时之后，待钱款被确认无误后告知。"

不幸发生在1976年12月15日的清晨。茨劳夫打开了车库的大门，在向上推门时，位于门内侧的推拉杆蹭到了车顶上的橡胶套管。装有麦克风的车内响起了巨大的声响，电击由此引发。220伏特的电压折磨着理查德·厄特克尔，他的身体不停地撞击着木箱的侧壁，这又使得新的噪音产生，从而引发了其他电流。仅仅在几秒内，理查德·厄特克尔就身受重伤，以至于他的生活发生了彻底的改变。他的全身多处骨折，包括两处大腿胫骨，第七和第八节胸椎。他的臀部也受到了损伤，心率在遭受电击之后也失常了。

迪特尔·茨劳夫发现，他的人质已经受伤，便立即将插头从插座上拽了下来。他戴上面具和手套，打开了箱子。理查德·厄特克尔喊道："难道你们要杀死我吗？"

迪特尔·茨劳夫试图安慰受了重伤的理查德并去摸他的脉搏，他说："这些蠢猪们为什么没有切掉电源！"然后他再次将理查德·厄特克尔关起来，并将车开到他的车间。通过对讲机他问理查德·厄特克尔是否想吃些东西。理查德·厄特克尔要了牛奶和小面包。他诉说着身上难以忍受的疼痛。茨劳夫允许他在打开的箱子里坐起来，并给他一块塑料泡沫当垫子。后来他还送来了止痛片。

　　理查德·厄特克尔问绑匪，是否可以把后天的赎金转交提前进行，因为，他实在无法继续忍受这样的疼痛了。迪特尔·茨劳夫推辞说，他必须和另外一个同伙商量。中午他给玛里昂打电话说："理查德·厄特克尔现在的处境有点糟糕，他意外地遭到了电击。"他问玛里昂，赎金是否已经备好。玛里昂向他解释说，赎金的数目太大，而且还必须是用过的一千马克票面的纸币，凑齐这些钱非常困难，不过，大部分钱款已经到手，她保证，交易可以在明天进行。

　　迪特尔·茨劳夫告知说，两个小时后他还会再来电话。在这段时间里，理查德·厄特克尔必须再录制一段话，由绑匪把录音带放到市里的某一个地方。之后迪特尔·茨劳夫再次联系玛里昂·厄特克尔，并且告诉她藏匿录音带的地方。玛里昂从录音带里听到了丈夫抱怨的声音："我的后背特别疼，腰部以下所有的地方都疼痛难忍。"大约晚上11点，玛里昂又接到了迪特尔·茨劳夫的电话。他这次要求，理查德·厄特克尔的身份证和驾驶证也要附在赎金内。

　　12月16日早晨，戴着"小猪蒂克"面具的迪特尔·

茨劳夫给受伤严重的理查德·厄特克尔送来了可乐和葡萄糖。理查德·厄特克尔抱怨说，他的腿好像再也不能移动了。迪特尔·茨劳夫向他许诺，他很快就会获得自由，会有医生来照顾他的。当"检查员"离开他时，戴着手表的理查德·厄特克尔开始计算时间，他牢牢记住了在遭受囚禁这些天里的大量细节，甚至包括塑料泡沫垫子上的价签。

理查德·厄特克尔的哥哥奥古斯特·厄特克尔负责移交赎金。这一天早晨，他乘坐公司的飞机从比勒费尔德飞往慕尼黑。十点半飞机落地，在慕尼黑黎姆机场，有刑警来接他，并给他配备了一个无线电台。奥古斯特·厄特克尔乘坐刑警控制的出租车前往州中央银行，在那里，人们递给他装有赎金的两个皮箱。

紧接着，汽车驶向喜来登酒店。奥古斯特·厄特克尔按照绑匪在第一封信中的要求，在前台等候。不久之后电话响起，迪特尔·茨劳夫要求他前往不远处的阿拉贝拉酒店（Arabella）前台。绑匪认为，那个酒店的电话不会被警察监听。

奥古斯特·厄特克尔过去后还没有几分钟，又接到了绑匪的第二个电话，要求他去另外一个地方，巴伐利亚酒店，说在那里已经为他预定了一个房间。至于下面的行动安排，等他到了那里就会知道。奥古斯特·厄特克尔在到达酒店时，受到了热情款待，因为他是著名企业家族的成员，他家自己就掌管着最奢华的酒店。但是，关于这次绑架事件，这里似乎无人知晓。

事实上，绑匪以奥古斯特·厄特克尔的名字预定了一个套房。奥古斯特·厄特克尔拿到的是35号房间的钥匙，然后他就上楼去了。可是，在这个房间的门把手处却挂着"请勿打扰"牌子，这让他感到诧异，但是，奥古斯特·厄特克尔还是走了进去。套房里一片狼藉，上一位客人离开之后，房子还未经打扫。后来证实，是因为女服务员的疏忽所致。奥古斯特·厄特克尔彻底搜遍了整个房间，可他没有找到任何讯息。他紧张起来，打电话向前台询问，是否有人给他留过东西。前台果然有一个给他的信封，只不过由于忙乱，前台忘记在客人登记入住的时候交给他。当时酒店正在接待巴伐利亚的州长阿尔方斯·戈佩尔（Alfons Goppel）。

服务员把信封拿到楼上，奥古斯特·厄特克尔打开信封开始读信。第一行字是："请您支付房费。"接下来是绑匪的一系列指令：奥古斯特·厄特克尔乘坐出租车前往火车站，然后去26站台对面的行李存放处，"用这个信封里的钥匙打开其中一个柜子。"然后说，在那个柜子里，他会找到下一步指令。奥古斯特·厄特克尔结清了房费，在警察的陪同下乘坐出租前往火车站。奥古斯特·厄特克尔神情紧张，陪同他的警察很有经验，不时地安慰他，"我们是一个团队"，他紧张的情绪这才平复下来。后来他回忆说，那就像一次"纸条追逐游戏"。

奥古斯特·厄特克尔在柜子里发现了一个金属箱子和一封信。按照信中的命令，他要把柜子里的空箱子和他装有赎金的箱子一同拿到1站台旁的厕所里，让女清洁工打开一个盥洗室的门，在那里，把钱款重新装到金属箱子中。绑匪甚至用图形标好赎金在箱子里的码放位置。赎金码放好之后，要他乘坐出租车前往卡尔城门，然后进入地下的施塔胡斯商业中心，在商业街上他会看到一个药店。奥古斯特·厄特克尔被要求站在有红色字母"A"的广告牌下："请您把箱子放在自己右侧的铁门前面。"指令还说，奥古斯特·厄特克尔必须要有耐心等待。"在确定您没有被人跟踪的情况下，您会得到新的指令。"

奥古斯特·厄特克尔读完了新的指令，他赶紧返回出租车内。赎金放在两个箱子中，现在他又有了第三个箱子。奥古斯特·厄特克尔设法弄到了一个行李车。接下来的问题是：1站台旁根本没有盥洗室。他向火车站工作人员打听，得知盥洗室在11站台，在那里可用电铃招呼能给盥洗室开门的女清洁工。

奥古斯特·厄特克尔多次按铃，可是就是没有人过来。这个32岁的男人处在巨大的压力之下，他担心弟弟的生命安全。在第一封信中，他就被绑匪告知，定时开关会在下午五点打开，理查德·厄特克尔会遭强电流的电击而死。他立刻决定去一个普通的厕所，在那里将赎金重新打包。他费了很大的力气才把钱放好。之后，他拎着40公斤重的箱子匆匆返回出租车内，他告诉司机下一站的目的地——卡尔城门。到达之后，他跑到了地下商业街里，找到了那个药店，按照要求，他站在广告牌子的下方，把那个箱子放在了两条腿的中间。

奥古斯特·厄特克尔仔细打量着过往的行人，他等待了许久。时间已经来到一点半，可还是什么都没有发生。又过了几分钟，奥古斯特·厄特克尔注意到，他身后的铁门慢慢打开，有一只手向箱子伸过来。奥古斯特·厄特克尔刚要转身，只听迪特尔·茨劳夫命令道："不要回头！"迅速把箱子拽到身边，飞快地关上了门。奥古斯特·厄特克尔看到，这是一个戴着眼镜，身材佝偻，嘴角下面蓄着胡子的男人。当便衣警察走到奥古斯特·厄特克尔身旁时，中间已经过去了几秒钟。调集警力来地下商业街的时间足够富裕，可是，那个铁门怎么都无法打开，警察们只是生气地撞击着它。

迪特尔·茨劳夫为这次赎金的移交进行了精心的策划。几个月以来，他一直期待着找到一个地方，能让他把猎物安全、迅速地拿到手中而不被抓获。迪特尔·茨劳夫自认为有能力实现一次没有纰漏的犯罪。他仔细考察了施塔胡斯地下通道的情况。这里是欧洲最大的地下商贸中心，有车站、商业街、停车场以及大量的楼梯和安全通道。迪特尔·茨劳夫在一次考察中，发现了药店旁边的铁门，这扇门不能被门外的行人打开，而且铁门内一端走廊的尽头连接着楼梯，可以通过它找到为防火设计的逃生通道。铁门内的另一端是一个装卸货物的院落，是供货商的停车场。

1976年12月16日星期三，迪特尔·茨劳夫成功逃脱了。他返回车间，在一个电话亭里打电话告诉玛里昂·厄特克尔说："感谢所有的一切，现在我们可以给理查德·厄特克尔自由了。"他命令玛里昂到盖默灵（Germering）的一个旅馆，然后通知她，理查德·厄特克尔被释放的地点。

理查德·厄特克尔在箱子里又坚持了几个小时，直到"检查员"在下午4点再次来到他的身边。理查德·厄特克尔吃了些止痛药，但他还是感觉很痛苦。迪特尔·茨劳夫通过对讲机要求他将斗篷拉到头上，然后从箱子里爬出来。可是严重的伤痛，让理查德·厄特克尔无法做到这些，迪特尔·茨劳夫就用一根钢筋拆下了箱子的侧壁。但是理查德·厄特克尔被命令仍待在箱子里。大约下午5点，绑匪和理查德·厄特克尔乘车出发了。

理查德·厄特克尔记录下了这次行程所持续的时间。大约过了一个小时，车子停了下来。门被打开，理查德·厄特克尔应该下车，但是他不能移动。绑匪假装和同伙在对话，然后把理查德·厄特克尔从大众汽车上拖到另外一辆已经发动的小汽车上。极度疼痛的理查德·厄特克尔似乎还听见了"检查员"充满同情的啜泣声。然后他被放在了副驾驶座上，椅子靠背调到水平，他是从后面被拉到车里的。

绑匪给理查德·厄特克尔下达了命令，让他脱下斗篷前数十个数字，他一切照做。但是，在他数数的时候，车门再次被打开。这时，理查德极度紧张，他害怕自己会在这刻被杀死。过了一会儿，理查德·厄特克尔脱下斗篷，看了下手表，时针指向6点35分。他已被绑匪控制了将近48个小时。虽然他的腿已经骨折，但他还能坐起来。汽车的喇叭已经损坏了，但是汽车的前灯还可以打开。他试图移到司机的位置上，但没有成功。幸运的是车里至少是暖和的。可现在的理查德·厄特克尔完全不知该做些什么。

玛里昂·厄特克尔在小旅馆的前台再次接到了电话。当她知道理查德·厄特克尔已经被释放时，内心感到一丝轻松。她记下了可以找到她丈夫的地址。虽然警察就在她身旁，但玛里昂仍然要求医生和朋友一同前往。警察比他们早五分钟赶到这条森林小路上，在一个棕色的欧宝海军准将（Opel Commodore）汽车里，他们发现了理查德·厄特克尔。

20. "作为一个受害者，没有人的表现会像他那样，既有人性又那么磊落……"
绑架案的诉讼过程

在急救医生到达之前，警察给奥古斯特·厄特克尔看了一个男人的照片，这个人曾有犯罪前科，案发当天，警察还在喜来登酒店的附近见过他，所以他们怀疑这个人就是绑匪。奥古斯特·厄特克尔很快认出，他就是绑匪。这个男人的脸上长着和茨劳夫面具上类似的胡须。另外，警察调查出嫌疑人也开着一辆大众客车。于是，此人和他的几个熟人一同被逮捕了。此时的理查德·厄特克尔已经住进了格罗斯哈德（Großhadern）的大学医院，晚上，他要进行一场手术，他的情况不容乐观。

警察将嫌疑人带到了病房内理查德·厄特克尔的面前。理查德·厄特克尔认定他就是绑匪。奥古斯特·厄特克尔也认为，这个人很可能是当时在地下通道里夺走钱箱的人。但是，他和弟弟都错了，几周之后被证明，警察抓错了人，这个男人有确凿的证据，证明他不在犯罪现场，他被无罪释放。

警局设立了一个专案小组来调查此案，但是侦破一直没有进展。为了能够听出罪犯的声音，他们投入了新的辨识工具，可是，从绑匪和玛里昂·厄特克尔的对话录音中，很难分辨出绑匪的声音。

　　1978年12月9日，在绑架案发生16个月之后，一部分刑警已经开始撤出专案组，投入到其他工作中。在这过去的一年多时间里，警察追踪了超过5,000条线索，询问了1,200人，可是他们仍然没有找到有效的线索。绑架案发生之后，仅有24张赎金中的纸币在市面上出现过，就在事件发生后不久，在奥地利的冬季运动场地有人兑换过纸币。可是，兑换纸币的人究竟从何而来？人们不得而知。

　　1978年12月29日，迪特尔·茨劳夫在位于慕尼黑歌德广场的德意志银行分行，把三张面值为一千马克的纸币存入自己的账户。此时距绑架事件的发生已经过去了两年零两个星期。茨劳夫已经是这家银行的老客户，和这家分行的负责人相当熟络。

　　按照习惯，出纳员会把纸币上的号码与手上表格进行比对，她突然发现了问题，惊奇地说："茨劳夫先生，有一张纸币是被登记过的！"茨劳夫表现出毫不知情的样子。分行的负责人说，此事必须报告警察，如果以后有情况，银行会找茨劳夫的。

　　晚上，联邦州刑警局搜查了茨劳夫的房子，这个案子已经由慕尼黑刑警局转到了他们手中。警察用了整晚的时间来审问这个小企业主。茨劳夫解释说，他的钱是从另外一家银行取来的，对它们的来历他并不知情。仅凭现在的这些证据还不足以对茨劳夫实施逮捕，他仍然可以回家。但是，他必须受到监视并随时准备接受审问。刑警还对茨劳夫的社会环境进行了调查。可就在这几个星期内，茨劳夫多次成功地摆脱了监视他的人，甚至将赎金埋在了树林中。当警察察觉到他的诡秘行踪后，茨劳夫的行动便更加谨慎。此前，他把钱箱藏在一辆大众货车的货板下面，这辆车停放在一个租来的车库中，后来，他偷偷地把钱箱藏到了他儿子幼儿园的仓库里。

1979年1月30日，迪特尔·茨劳夫被逮捕。但他没有认罪，他认为自己很安全。究竟警察手里有什么证据可以指控他？事实上，证据的确很少。茨劳夫之所以被抓，这还要归功于有关部门懈怠的工作作风。那些1976年一千马克面值的赎金并非对每一张都进行了登记，中央银行的工作人员在匆忙中忘记登记其中一百万马克的号码。在给银行提供的号码清单中，并非所有赎金纸币的号码都在上面，而且有些钞票的号码还被抄错了。

可就是这样一份清单却被茨劳夫盗走了。当时的情况是这样的：他在银行请求出纳员，对20张一千马克面值的纸币按照清单进行核查，他声称是自己的卖车所得。因为出纳员当时很忙，所以就把清单给了他本人。当出纳员忙于其他顾客的业务时，茨劳夫却消失不见了。茨劳夫把赎金和清单上的号码一一对比，挑出不在怀疑之列的纸币。可后来，银行从有关部门得到了一份修正过的新清单，在茨劳夫存入的三张一千马克的纸币中，其中一张就是当时漏登记的纸币。

迪特尔·茨劳夫没有认罪，对他的起诉是一个旁证诉讼。从1979年11月26日开始，共持续了50多天。此次诉讼在慕尼黑第二州法院的第五审判庭进行。可以想象出，诉讼的条件并不十分有利。因为，在调查过程中有很多解释不清的地方。茨劳夫给玛里昂·厄特克尔的电话录音含糊不清，以至于语言学家也无法断定，茨劳夫是否是电话另一端的人；理查德·厄特克尔被释放的现场由于医护人员的踩踏而遭到破坏；茨劳夫的车间也已经被拆除。

然而，警察还是从茨劳夫租用的车库里找到了那辆平板车，并发现了车身下面是个空壳。所以他们有理由认为，钱箱就藏在那部车子里面。公职人员也找到了茨劳夫购买泡沫材料的商店。有几个证人证明说，曾看到茨劳夫为那次绑架在做准备。另外一些证人也表示辨别出电话里茨劳夫的声音。可是，调查人员深知，很多证词仅代表了群众的呼声，里面包含着一些情感因素。当然，也有一些具有说服力的证据，例如：茨劳夫在一次听写中，写下了"Türniesche"这个词，这和他在勒索信中拼写的一模一样，不过这种正字法的错误在大多数人看来也是不可避免的。

有三位出色的律师在为茨劳夫辩护，一位叫罗尔夫·包斯（Rolf Bossi），另一位是和他同在一个事务所的年轻同事施特芬·乌福尔（Steffen Ufer），还有一位是官方指定的辩护人马丁·阿梅龙（Martin Amelung）。在审判过程中，被告人也可以为自己辩护，尤其在起诉人和证人的证词发生矛盾时。茨劳夫在大部分时间里留给听众的印象十分狂妄。

理查德·厄特克尔拄着拐杖来到法庭上。能给受害者的身体带来此等伤害的案件不算很普遍，有无数盏闪光灯每天对着这个略显胆怯的男人。在大多数情况下，他都低着头坐在那里，全神贯注地倾听审判的过程，每当需要他陈述时，他总是用低沉的声音来说话。

理查德·厄特克尔在法庭上说，在学校停车场劫持他的人不是那个监视他并多次与他交流的"检查员"。可他也不能十分肯定地说，茨劳夫就是那个监视他的人。上一次认错了人，现在他变得更加小心谨慎。最让理查德·厄特克尔困惑的是，他在木箱子里听到的是标准的德语，而被告从审判开始到现在，一直都说巴伐利亚方言。"但是，当他偶尔说出一个标准的德语单词时，会让我想起当时'检查员'的声音。"

格哈德·莫茨（Gerhard Mauz）在《明镜周刊》中写道："理查德·厄特克尔在法庭上的证言没有什么漏洞"，"他显得心情沉重，费尽心思不让自己说错每一句话。作为一个受害者，没有人的表现会像他那样，既有人性又那么磊落"。理查德·厄特克尔在案件审理的过程中，必须承受那些令人尴尬的场景。茨劳夫的律师建议，把被告的手和证人证词中提到的手进行比较，因为，理查德·厄特克尔说过，"检查员"的手非常小。茨劳夫为了证明自己的手和理查德·厄特克尔的手同样大，他走到证人席，当场和受害者去对比。可事实上，只有被告自己才知道，他在实施绑架时，为了迷惑受害者，他戴了一副很小的手套。

在审判期间，身为病人的理查德·厄特克尔必须做出一个艰难的决定：进行人造髋关节的植入手术，虽然人造髋关节的坚固性非常有限，但理查德·厄特克尔还是决定接受手术。他在法庭上说："如果我现在必须在轮椅上坐30年，然后才能像正常人一样地走路，这对我还有什么意义呢？我的青春早已不再。"

大约有200个证人和专家出席了法庭的审判，其中两个证人的证词对茨劳夫很具杀伤性。其中一个证人说，他曾看见茨劳夫在绑架案件发生的十天之前，在二手汽车市场买了一辆欧宝海军准将汽车。正是在这个品牌的车上，理查德•厄特克尔被找到的。证人还记得，茨劳夫买车的那一天，他对他的宝马汽车表现出了极大的兴趣。但是卖汽车的售货员却没有认出茨劳夫。一位来自奥地利库夫施泰因地区（Kufstein）国家旅行社的出纳员证实，茨劳夫就是在他那里兑换了七张一千马克纸币的男子，之后，这些钱也被证实是理查德•厄特克尔的赎金。

在审判过程中，一些证人只想通过证言来表现自己，对案件的进展并没有多少帮助。一位女售货员认出茨劳夫是买泡沫垫子的男子。但是，经核实，那一天她卖出的垫子尺寸和价格都不符合事实，茨劳夫的辩护律师一一拆穿了这些证人。

观察家们的心情随着审判的跌宕而起伏难平。《明镜周刊》的格哈德•莫茨认为，在理查德•厄特克尔的绑架案件中，由疏忽而引发的危险竟如此之大。在宣判之前他发表了自己的感想："一个名门望族的儿子被绑架之后，身体遭受了严重的创伤，为将其解救，他的家庭竟付出了两千一百万马克的代价。可直到如今，案件仍然没有水落石出，这对警察们的自尊真是一个考验！案犯不会做得天衣无缝，可案件就是难以突破！公众的指责所带来的压力会越来越大。"在这种情况下，似乎会有人想到嫌疑犯个人的处境，会认为他是一个典型的司法牺牲品。"作为被告的茨劳夫没有能力为自己争取到什么。"莫茨并没有说明，他是否认为茨劳夫有罪。

　　检察官开始进行总结性陈述："贪财、冷酷、肆无忌惮却又老谋深算的作案人在1976年12月14日对理查德·厄特克尔实施绑架，两天之后，他得到了两千一百万马克的赎金，后将受害人释放。"所有的证据表明"被告人茨劳夫是此次案件的主犯"。鉴于被告勒索、绑架、剥夺人身自由、伤人致残等罪名成立，原告要求判处被告15年监禁。

　　茨劳夫的辩护律师在随后发表的陈述中指出，理查德·厄特克尔遭绑架后的第一次指认，就冤枉了一个无辜的人。律师有理有据地详细阐述了证人证词的自相矛盾之处，在法官面前的证言和在警察审问时的记录出入很大。把茨劳夫带到证人席进行身高和衣着对比的做法也受到辩护人的指责。乌福尔律师把尚未查明去向的证据一一列出，其中包括"同谋犯、三个存放箱子的地点、绑匪用的车辆、木箱子、赎金、钱箱、对讲机、手铐、白手套以及面具，等等"。

　　这时，37岁的迪特尔·茨劳夫最后一次"登台表演"。他泪流满面地说："我不能证明自己无罪，可为什么一定要证明我无罪？人们是不是应该拿出证据来证明我有罪？"他充分展示出心理暗示的优势，承认自己是一个不受欢迎的男人，但他绝不是一个罪犯。他不请求怜悯或者宽恕，他说："我要正义。"

　　茨劳夫得到了"正义"。1980年6月9号，第五刑事审判庭判处迪特尔·茨劳夫15年监禁，同时向鲁道夫-奥古斯特·厄特克尔返还两千一百万马克，向理查德·厄特克尔支付六万马克的赔偿金。法庭确认，迪特尔·茨劳夫实施了此次绑架。他监视理查德·厄特克尔，与其妻子通话，并写了勒索信。在他的住所发现了带有箱子的平板车，当时这辆车被用来藏匿赎金。案发期间，用来劫持人质的大众客车也属于他。此外，他还被认出是欧宝海军准将汽车的买家和兑换赎金的人。还有一些证据都能证明茨劳夫有罪。

法官汉斯·迪特尔·采勒（Hans Dieter Zeiler）先在口头论证中说："做出这个决定对我们来说确实不是一件容易的事情。但是法官也是可能会犯错的人，对此我们很清楚。如果审判结果有误，我们只能说：'我们在这里，做了应该做的选择，愿上帝帮助我们。'"媒体对这句话作出了别样的解读：在被告的疑点尚未理清的情况下，法官就伸张了"正义"。泰尔·舜曼（Tyll Schönemann）在《星报》中写道，"迪特尔·茨劳夫在没有直接证据的情况下被判监禁。警察局和检察机关的工作想必已经糟糕透顶，毫无作为的调查、不专业的电话录音、模糊不清的痕迹、被毁坏的作案现场，在这种情况下，一个德国的法官能伸张正义吗？"可是德国联邦最高法院驳回了茨劳夫上诉的申请。

判决之后，茨劳夫也一直宣称自己无罪，也拒绝赔偿绑架赎金。他的妻子相信他，可他的母亲不相信。理查德·厄特克尔也坚信茨劳夫有罪。随着时间的推移，茨劳夫的辩护律师们也越来越怀疑茨劳夫的清白。因为，在茨劳夫监禁期间，再也没见过那些一千马克票面的纸币在市场上出现过。绑匪为什么不去销赃呢？

经历了那次遭遇，理查德·厄特克尔的痛苦远不止在肉体上。直到今天，"犯罪受害者"的身份一直伴随着他生活。"犯罪"是德国人集体记忆中一个深刻的字眼，是埋在人们心底的东西。绑架是一个轰动的犯罪行为，对犯人的追捕和审判也是能引起轰动、令人关注的事件，很多审判的情节都会留在许多人的记忆中，在判决之后所发生的一切都引起公众的兴趣。

茨劳夫在1980年被判决之后，仍然否认有罪，就这样，他度过了15年的牢狱生活。1994年获得释放。在他服刑期间，市场上始终没有理查德·厄特克尔的赎金出现。对茨劳夫的判决先前还持怀疑态度的人，现在终于恢复了理智，相信茨劳夫肯定在70年代末把赎金藏在了某个地方。

茨劳夫被释放之后，刑警在暗地跟踪他。就像1979年一样，他也多次摆脱了跟踪者，趁警察疏忽大意时，他从慕尼黑附近的森林里把赎金掘出。15年前，用多层薄膜紧裹的箱子由于时间久远已被潮气和虫子侵蚀。当茨劳夫把钱拿在手上时，发现大部分纸币都已溃烂。茨劳夫也曾心有不甘，想设法花掉这些钱，可他转念又想到了后果，不知此后会发生什么，为这些钱他已经服刑期满，这个代价已经很大，所以，他决定不再冒险。

然而，茨劳夫正面临着一个问题，他必须让这些钱出手，因为在此期间，联邦银行发行了新版纸币，之前棕色的一千马克面值的旧币只能在银行中换成新币。坐牢期间，他和一个毒贩成了朋友，这个人在出狱之后移居亚洲，并做起进出口生意，他时而也会回到德国。茨劳夫把利用这些赎金的想法透露给他。于是，这个人开始寻找国外的买主。

他找到了一个对这些钱感兴趣的人。茨劳夫和他的帮手必须首先把这些纸币清洗干净，然后烘干。为此，两个人躲进了洪斯吕克（Hunsrück）山中守林人的房子里，这是茨劳夫帮手的父母的房子。他们买了两万张吸湿纸，然后开始操作。纸币中大约有价值800万马克的纸币已无可挽救，他们就把这些纸币扔进了壁炉。在余下的约1,250万马克中，一部分纸币完好，另一些纸币部分残缺。他们把这些钱藏在了一个偏远的渔舍中，这个地点也是茨劳夫帮手父亲的。

1995年，茨劳夫和他的狱友前往伦敦。当买主得知这些纸币已在银行记录在案时，便放弃了此次交易，茨劳夫的计划泡汤了。茨劳夫回到慕尼黑他妻子那里。而他的同伙自作主张，拿出赎金中100张旧币，以每张旧币兑换五百马克的价格，换给了一些买主。就这样，赃款落入了一些人手中，也落到了乔装买主的警察手中。警察顺藤摸瓜，终于查出这些纸币的下落。1996年1月，警察在洪斯吕克山逮捕了茨劳夫的同伙，通过审讯，他供出了茨劳夫的罪行。

茨劳夫终于对他的辩护律师坦白了一切：过去被他否认的所有罪状都由他本人所为。现在，他想把全部实情和盘托出。他找到了一位倾诉对象：女记者妮可•阿梅龙（Nicole Amelung），她是茨劳夫辩护律师马丁•阿梅龙的妻子，茨劳夫让妮可•阿梅龙把此次漫长的对话整理成书。巴伐利亚警察局了解到有这么一本要出版的谈话记录，于是，在1996年12月将手稿没收。尽管如此，《绑架厄特克尔——迪特尔•茨劳夫的自白：两千一百万马克勒索案始末》 一书于1997年秋天出版。

茨劳夫在这部总共有800页的书中，用自己的视角再现了事件的经过，记录了他本人的自负与高傲，回答了当时审判过程中那些无解的问题。茨劳夫详细解释了所有计谋，是如何欺骗理查德·厄特克尔的。他制造出整个案件是由一个犯罪团伙所为的假象。在释放理查德·厄特克尔的过程中，他事先将欧宝海军准将汽车发动起来，打开暖气，停在树林里。接着，他搭车返回城里，再驾驶大众客车将理查德·厄特克尔送到计划中的释放场地，把受害人转放到已经预热的车里。理查德·厄特克尔和警察们理所当然地认为，是茨劳夫的同伙事先把车开进树林的。

茨劳夫还在书中描述了那可怕的电击是如何发生的。他设计了一个电子装置，当噪音达到一定的分贝时，理查德·厄特克尔就会遭到电击。茨劳夫当时声称，这个装置的电流很弱，不会比奶牛场四周的电网强，他已在自己的身上做过测试。但是，他后来换了一个没有用过的新电阻器。当他后来从报纸上得知，理查德·厄特克尔的伤情非常严重后，他就再次测量了装置的电流。令他震惊的是，电流竟比当时预计的强度高出10倍，电阻比本来的阻值小了很多。人们估计，他把装置的组件搞错了。

这次致命的错误使得理查德·厄特克尔付出了健康，甚至几乎是生命的代价。但是，在案发之后的20年中，茨劳夫仍然不认为自己该对此事负责，他把责任一股脑推卸给电工零件制造商，因为电阻器的表面没有标上明显的颜色，他声称，他不想让公众认为他是一个残暴的虐待狂。

妮可·阿梅龙把茨劳夫的描述与1979年、1980年的审判档案进行对比之后发现："那次判决有很多惊人之处：法院的手段有误，审判的对象有误，'捕获猎物'的方法有误；证人有误，因为他们的证词有假；旁证不够充分。"

妮可·阿梅龙的判断不能令人信服。假设茨劳夫后来承认庭审上存在的疑团，法院也无法还原整个案件的所有细节。妮可·阿梅龙认为，法院在1980年对茨劳夫的判决是建立在不实证据的基础上。这种结论在事实上根本不能成立。用该书作者喜欢的"猎人用语"来表达：茨劳夫是按照狩猎的规矩被捕获的猎物。

在自白书中，茨劳夫并未坦露所有的细节。他虽然承认了绑架是他干的，但是，他仍然在警察审讯时隐瞒了钱款藏匿的地点。他的同伙被捕后，刑警队曾去搜查了整个渔舍，但是并没有找到这些钱。

茨劳夫招供以后，就获得了释放。他还在为这些钱寻找买主，他甚至想和鲁道夫-奥古斯特·厄特克尔做这笔生意。这位公司的主人才是这些钱财的合法拥有者，可以随时兑换这些钱，而不会遇到麻烦。有一次，鲁道夫-奥古斯特·厄特克尔的律师瓦尔特·马斯应茨劳夫律师的邀约去慕尼黑会面，商谈此事。对茨劳夫的提议，鲁道夫-奥古斯特·厄特克尔的律师当即反驳，认为这种做法非常不道德，归还赎金难道还要收取佣金吗？！马斯告诉这位巴伐利亚的同事："我们决不会和罪犯做交易。茨劳夫先生不应该得到一分钱。"茨劳夫的律师说，如果这样的话，上千万马克就会在慕尼黑的玛利亚广场上付之一炬。

就在这次谈话没过多久，鲁道夫-奥古斯特·厄特克尔就通过其他方式重新获得了这1,250万马克。巴伐利亚州警察局给茨劳夫设置了一个陷阱。1997年5月，伪装的办案人员以购买赎金为由将茨劳夫引到伦敦。为这次行动，茨劳夫也找到了帮手，其中一个人帮助他把赎金藏在了邮寄的图书中，通过运输公司将邮包从德国运到英国；而另一个人则负责租用汽车。

茨劳夫完全中计。1997年5月27日，当他正要出手换钱时，伦敦警察厅的警员突然出现在他的面前，并将他逮捕。在英国，他不会因绑架罪第二次受审，但是，伦敦的法院以"收受被盗财物"罪判处他两年监禁。根据英国的法律，"收受被盗财物"是一种犯罪行为。茨劳夫在英国的犯罪证据是，在英国的土地上，运输公司将钱款当面交给了他。

获释后，茨劳夫开始了新的生活。虽然他的妻子已经和他离婚，但她还是雇用他在自己的小吃店里上班，这家小吃店是她用婚前名注册的。2001年，在这个案件已整整过去25周年的时候，茨劳夫获得了一个机会，在北德意志广播电视台的电视纪录片中，以自己的视角描述发生过的事情。

起初，理查德·厄特克尔反对达努塔·哈里希-藏德贝尔格(Danuta Harrich-Zandberg)和瓦尔特·哈里希(Walter Harrich)拍摄这部纪录片。后来，他改变了主意，他请哥哥、律师、医生都去接受制片人的采访。理查德·厄特克尔想通过这种方法，保证影片中受害者的观点不被歪曲。可是，受害人保护协会的人仍然指责作案人在片中的发挥空间过于宽泛。的确，茨劳夫在影片中常用轻蔑的口吻谈到受害者，他说："可以这样说，人的生活就是一个创伤接着一个创伤。问题在于，人在什么时候才会做出决定，把这些创伤带给其他人。也许有人一直在权衡，是做，还是不做。而我，就是那个下了决心要做的人，也许其他人也会和我一样，想好在某个时刻做一次加害他人的事情。当然，如果一个人在生命中经历得少，那么，他心灵上的伤疤也会少，这样的人会说：'不，你不能这样做。'而像我这样的人却说：'你必须去，你能行。'"

为了表明受害者对这个犯罪事件的态度，理查德·厄特克尔支持德国卫星一台拍摄一部有关此次劫持事件的影片。正是这家电视台在1993年举办了一档由玛格丽特·施海讷玛克尔斯（Margarethe Schreinemakers）主持的脱口秀节目，正在服刑假释的茨劳夫被这个节目请到现场，以司法受害者的身份出现在节目中。理查德·厄特克尔青年时代的好友路德维希·萨勒姆（Ludwig Salm）鼓动理查德协助拍摄这部故事片。理查德·厄特克尔和路德维希·萨勒姆作为影片的出品人之一，他们要抢在茨劳夫之前阻止把阿梅龙的书作为电影脚本被卖掉版权。理查德·厄特克尔约见影片导演兼编剧皮特·凯格雷维克（Peter Keglevic），同时，他也邀请了在影片中将扮演他本人的塞巴斯蒂安·科赫（Sebastian Koch）来家做客。他一边品尝樱桃蛋糕和红酒，一边向客人们讲述那次绑架事件。他对科赫说，很久以来他都期待着茨劳夫的一次道歉。后来，科赫在比勒费尔德拜访一位名叫本特的女记者，他把理查德·厄特克尔的话转述给她，说，理查德·厄特克尔在讲这件事时特别理智，那好像并不是发生在自己身上的事情。"但是，在说到'箱子'这个词时，我感觉到他内心的变化。那个箱子对他来说无异于他的监狱，对他来说，那是一个不可思议的地方，是个死亡之地。"

2001年，《与魔鬼共舞》(*Tanz mit Teufel*)这部电视故事片放映了。该影片深受大众和影评人的好评，并因此获得德国电视奖。按照理查德·厄特克尔的愿望，制片公司和卫星一台要向受害者协会支付一笔款项，为帮助公共福利组织筹款，理查德·厄特克尔愿意做一场高尔夫球赛的赞助人。

21. "代沟不可避免"
奥古斯特·厄特克尔二代掌管企业

企业家小奥古斯特·厄特克尔的职业生涯开始于一个童话。20世纪50年代初期，在为厄特克尔企业职工子女举办的圣诞节活动上，白雪公主缓缓而来，和自己的曾祖父重名的男孩，装扮成第七个小矮人站在舞台上。

男孩的父亲，公司的主人鲁道夫-奥古斯特·厄特克尔也坐在观众席里，他欣喜地看到，他的长子以这种方式在企业中被大家熟知。鲁道夫-奥古斯特·厄特克尔是第三代继承人，他将自己视为企业王朝的一部分，现在，人们指着他的儿子说：瞧，这位就是王位候选人。

奥古斯特·厄特克尔是他父亲在第二段婚姻中和苏斯·厄特克尔所生的第一个孩子。因为在四姊妹中他排行老大，所以是家族的继承人。在第一段短暂的婚姻中，鲁道夫-奥古斯特·厄特克尔已经有了一个女儿罗斯莉，但她并没有在他的身边长大。除了这五个孩子以外，鲁道夫-奥古斯特·厄特克尔在后来的第三段婚姻中又生了三个孩子。

奥古斯特·厄特克尔在比勒费尔德上了四年小学，其他孩子都称呼他"布丁"，其实他长得又高又瘦。后来，父亲把他送到巴登-符腾堡州的萨勒姆宫殿，一所精英寄宿学校的所在地。同父异母的姐姐罗斯莉早先也在此就读。在这所寄宿学校里，有家财万贯父母的绝不仅仅这姐弟俩，但是，厄特克尔姓氏的知名度却是他们远不可及的。

一个这样的家族姓氏对于涉世未深的孩子意味着什么？对此，出版商弗罗里安·琅根沙伊特（Florian Langenscheidt）在后来曾有过下列描述："试想，他们身上有一个带着家庭光环的标签，一生下来就如此，甚至从婴儿室挂着的名片中就能认出他们。带着这个标签，他们走进幼儿园，幼儿园的老师知道他们，然后他们来到学校，学校的老师也知道他们，而且他们的名字在上学的几年中都是老师和同学谈论的话题。人们期待着他们展示出与他们的名字相匹配的能力和成绩，于是，他们或者被欣赏，或者被嘲笑。"

奥古斯特·厄特克尔的人生道路早已自有规划，他不需要去选择职业。根据家族的规定，他是第四代的企业掌门人，1944年，他就是为这个目标来到了这个世界。

奥古斯特在高中毕业之后本来也可以选择其他职业。在战后的几十年中，随着厄特克尔商业王国的多样化发展，家族企业给子孙们提供了更多的发展空间。虽然奥古斯特·厄特克尔的父亲年轻的时候也曾在工厂里运送过布丁粉，但后来他也走出了厄特克尔企业，接受了银行职员的培训。

孩提时代的奥古斯特·厄特克尔就对轮船感兴趣。那时他经常待在汉堡，父亲华丽的别墅"英德布斯特"家中。看着行驶在河上的大轮船，他经常流露出羡慕的眼神。有时，他沿着河岸跟着大船跑，看看是否能追上满载货物的大船。他对船模非常着迷。学校放假后，他就会随家人到优伊斯特岛上（Juist）度假。每当此时，奥古斯特·厄特克尔就用很多时间去看这里的港口，观察轮船是如何进港抛锚和出港起锚的。

1963年，奥古斯特·厄特克尔中学毕业后，便来到汉堡，在家族企业之外的克努尔&布希阿尔特海运公司（Knöhr & Burchard）做商务学徒，这是一家成立于1814年的船运公司。不同于其他徒工的是，这位企业家的儿子是开着汽车去上班的。但是，为了不引起别人的注意，奥古斯特·厄特克尔特意把车停在离罗定广场边上的办事处几百米远的地方，然后步行走完最后一段路。奥古斯特·厄特克尔还钟爱汽车，尤其喜欢为跑车和高级轿车办理关税业务，他开着汽车，穿过巨大的港口货场，这一刻他非常享受。

1965年，奥古斯特·厄特克尔通过了船运商务结业考试，并开始在一些海运公司和海内外运输保险企业实习，来积累更多的职场经验。他还在美国的哥伦布航线的一个分公司工作，这个公司隶属于汉堡南美船运公司。父亲对他有自己的期待，想让他继续完成大学的学业，可奥古斯特却不想这样。后来他承认说，"上大学对我来说很可怕，可又是一件不可不做的事情。"

1966年他在汉堡大学企业管理专业注册。父亲希望，儿子虽然是大学生，但在生活上也要匹配自己的家族身份，所以要他搬进一个地段不错的房子里居住。为此导致了父子俩的第一次冲突。奥古斯特•厄特克尔不想脱离同学和朋友的圈子，去搞特殊。相比别墅，他更愿意住在公寓里。这位出身富有的大学生虽然不是"68学生运动（68er-Bewegung）"[1]的参与者，但是，那种叛逆与对抗交织的氛围也感染了他，也会影响到他和父亲的关系。

20世纪70年代初，奥古斯特•厄特克尔告诉父亲，他要和比自己小4岁的女友佐治亚•迪尔（Georgia Dill）结婚，由此引发了父子之间一场激烈的争吵。鲁道夫-奥古斯特•厄特克尔对儿子选择的女孩有些嫌弃，他尤其反对奥古斯特•厄特克尔在毕业之前就结婚，认为这非常不妥。但是，婚礼依然在1971年举行。据说，鲁道夫-奥古斯特•厄特克尔并没有出席婚礼。

还有另一件事情也让父亲对儿子感到失望。由于战争的原因，父亲自己没能完成攻读博士学位的愿望，所以很想让儿子奥古斯特•厄特克尔能像曾祖父和祖父一样，获得一个博士头衔。奥古斯特•厄特克尔在大学硕士毕业之后，便着手撰写博士论文。

可是，父亲期待的博士毕业却遥遥无期。在好几年的时间里，朋友、熟人、生意伙伴一直从鲁道夫-奥古斯特•厄特克尔的口中听说，长子奥古斯特不久就要获得博士学位，可是，这一切并没有发生。原来，奥古斯特•厄特克尔早已对做学问失去了兴趣，并中断了学习计划。

奥古斯特•厄特克尔也没有进入比勒费尔德总部工

---

[1] 德语：68er-Bewegung，是指在20世纪60年代中后期主要由左翼学生和民权运动代表共同发起的一个反战、反资本主义、反官僚精英等抗议活动所使用的一个活动口号。——译者注

作。如果在这里，他会直接受到父亲的监管。他和妻子、孩子们先是去了伦敦，几年之后又去了纽约，在那里找了一份金融方面的工作，在雷曼兄弟的库恩雷波投资银行（Investmentbank Kehman Brothers Kuhn Loeb）担任经理，这里打开了他对经济领域的眼界。奥古斯特·厄特克尔很快就熟悉了这里的工作，他预感到自己在金融公司会有上升的空间。他很喜欢在美国的生活，妻子和孩子们也同样在纽约感到很幸福。所以，奥古斯特·厄特克尔已做好长期留在美国的准备。

20世纪70年代后期，是他做出人生抉择的关键时刻。鲁道夫-奥古斯特·厄特克尔在1976年度过了他60岁的生日，他在考虑退休的问题。可是，谁应该是继承人呢？大儿子会返回家族企业工作吗？他做好准备担任公司的掌门人了吗？还有谁能够代替自己呢？

比奥古斯特小四岁的克利斯蒂安·厄特克尔在朗普银行培训之后，又在大学里学习了企业管理，他还没有多少工作的经验。在绑架事件中严重受伤的理查德·厄特克尔，同样也不在考虑范围之中。可是，奥古斯特·厄特克尔拒绝回来，父亲有时也怀疑，这个大儿子缺少公司领导必须具备的执行力。

鲁道夫-奥古斯特·厄特克尔在考虑，是否将比勒费尔德领导人的位子传给他的外甥，姐姐乌苏拉的儿子——阿伦德·厄特克尔。在重组施瓦陶工厂的过程中，他充分证明了自己的实力，他完全具备一个成功企业家的才能。鲁道夫-奥古斯特·厄特克尔和外甥谈了自己的规划。可是，阿伦德对自己目前的经济状况和担任的职位都很满意，而且，他的工作已经处于饱和状态，所以，他不想进入舅舅的公司。

鲁道夫-奥古斯特·厄特克尔很重视家族企业的连续性，难道一定要雇佣经理人来管理自己的企业吗？想到此，他不寒而栗。所以，他决定重新采取措施，召回身在国外的大儿子。1978年，他前往纽约，去说服奥古斯特·厄特克尔来承担公司的重任。"我父亲问我，是否想当他的继承人。"奥古斯特·厄特克尔后来回忆起他和父亲的对话。

虽然奥古斯特·厄特克尔知道，这对他来说并非易事，但他还是下定决心，返回家族早已为他设计好的人生轨道。就这样，30岁出头的奥古斯特进入了厄特克尔自家的企业，一个深深打上父亲印记的企业王国，而这种印记还会持续不断地保留下去。奥古斯特·厄特克尔接任的是一个成功企业家的光环。

对于父亲来说，驾驭这个企业从某种意义上说要比儿子容易得多。鲁道夫-奥古斯特·厄特克尔在战后开始掌管企业时，他的父亲和继父已相继去世，家里没有人监督他，他才能毫无顾忌地起步。他的身后有支持、信任他的朋友，有经验丰富的管理人员为他出谋划策，而作为企业的拥有者，他也非常尊敬他们。

奥古斯特·厄特克尔必须在父亲的注视下，在一个此前从未涉足的领域里证明自己。虽然他有在船运行业工作的经验，而且精通金融，但是在他的职业生涯中，还从未和食品工业、酿酒业打过交道。

1979年，在厄特克尔集团的一个子公司，蒂伯纳品牌销售两合公司（Dibona Markenvertrieb KG），奥古斯特·

厄特克尔开始了他的领导生涯。这个公司距离比勒费尔德比较远，位于巴登州的埃特林根，他作为公司的经理人，负责销售御捷花生、埃拓酱汁和琅尼斯蜂蜜等成品，这是厄特克尔公司在自己的生产之外所代销的产品。

1980年9月，在鲁道夫-奥古斯特·厄特克尔64岁生日临近之际，他全权委托儿子作为自己的首席代表，并把他接到比勒费尔德。这位老一代的公司掌门人郑重宣布：他将在65岁时退休，他说："是时候了！"

在奥古斯特·厄特克尔36岁时，这位三个孩子的父亲，进入了集团的领导层，手下有古多·桑德勒、鲁道夫·施泰布林克、约翰·亨利·德拉特鲁博等干将，他们共同掌管着150家企业，员工的总数已经超过两万名。比勒费尔德总部还有80名工作人员组成的团队。

集团的核心发展是良性的，但在很多方面却存在着问题。尽管厄特克尔公司增加了很多商品的种类，例如，20世纪70年代投入市场的"天堂奶油"（Paradiescreme），但是，食品生意的发展几乎停滞不前。自从1974年以来，企业已经无法统一制定零售价格，与买方的谈判也变得越加艰难。随着越来越多杂货店的关闭，大型的贸易企业应运而生，这些企业利用品牌生产的优势，将市场揽在怀中。像艾德卡（Edka）和库珀（Coop）这样的连锁企业，将越来越多的自有品牌商品送上了货架，这样就给消费者提供了选择更加廉价商品的机会，来取代厄特克尔的产品。

家庭烘焙在德国也逐渐落伍，尽管如此，厄特克尔公司出版的畅销书《快乐烘焙》到20世纪80年代初，已销售2,700万册，创造了图书的印刷记录。伴随着生活习惯的

改变，德国人的饮食习惯也发生了变化。消费者会更加青
睐热量较低的食物，厄特克尔旗下的啤酒销售量在不断下
降。虽然从1970年以来，公司生产的比萨饼销售量在逐年
提高，但是比萨饼的收益远远无法收回在冷冻食品生意上
的高额投资，当时，厄特克尔的冷冻产品在整个冷冻食品
市场占据的份额低于10%。

厄特克尔的渔船业也有很大的亏损，尽管它在德国的
规模排名第二。由于各国规定了捕捞份额，厄特克尔渔船
的捕捞范围不能越过冰岛。幸运的是，那些由于亏损严重
曾经让企业感到头疼的船运公司，在此期间已经恢复了元
气，并开始盈利。20世纪70年代以来，汉堡南美船运公司
开始引进新型的集装箱货船。第一艘集装箱船叫"哥伦布
新西兰"号，除了这艘船之外，1980年还有另外八艘集装
箱船加入进来。1976年，船运公司在美国海湾沿岸、澳大
利亚以及新西兰之间开辟了集装箱运输业务，在停顿了18
年之后，汉堡南美的货船再次恢复了东海岸、北美洲和南
美洲之间的定期航行。

业务的多样性是厄特克尔企业的优势，可同时也是劣
势，因为，在外人眼里它的业务就像一个大杂烩。外人的
看法却改变不了鲁道夫-奥古斯特•厄特克尔家族财产不断
增长的事实。随着20世纪80年代初老掌门人的退休，一位
举足轻重的企业家退出了德国经济界的历史舞台。可这位
亲手建造了一个纵横交错的商业混合体的鲁道夫-奥古斯
特•厄特克尔，给人的印象却是，他自己也不明白，这个
庞大的企业是怎样运作的："所有的事情都那么复杂，没
人能懂！"然而，他用实力证明，他是战后一位大公司的

缔造者，同时，他也是一位合格、心细、睿智的商人，在
他做领导期间，公司几乎没有一年是在亏损的情况下运营的。

公司多元化的优势让厄特克尔集团得以对下属不同行
业的公司分而治之，从而使各公司的发展相对独立。一个
公司的亏损可以通过其他公司的盈利来弥补，而不会像其
他公司一样，过分地依赖银行。

鲁道夫-奥古斯特·厄特克尔在公司经营管理中所取得
的成绩也归功于当时的有利条件，他的企业家生涯几乎贯
穿了德国经济发展的全盛时期，持续了25年之久，从1950
年一直到20世纪70年代石油危机爆发之时。如果人们一定
要在德国经济历史上找出一个能与之比肩的顶峰时期，那
么，就要追溯到1895年到1914年的黄金时代，那时，公司
的创始人奥古斯特·厄特克尔同样取得了辉煌的成绩。

鲁道夫-奥古斯特·厄特克尔在他飞黄腾达的职业生涯
里，也犯过一些错误。那次旅行中所做的鲁莽决定，导致
投资电影业最终的失败。除了这些小的失误以外，他也为
自己的错误判断付出过昂贵的代价：在德国和意大利，他
试图打造一个全新的啤酒品牌"王子酿造"，为此他投入
了几千万的资金，结果以惨败告终。这次失败让鲁道夫-
奥古斯特·厄特克尔十分痛苦，备受打击，因为他再也不
能重复祖父的辉煌，另创一个知名的品牌。

1967年，他在阿拉斯加投资建造啤酒厂的决定也被
证实是一个错误。这项投资消耗了大约三千万马克。在入
股航空公司的生意中，鲁道夫-奥古斯特·厄特克尔也半途
而废，将自己创建的"神鹰"卖给了汉莎航空公司。鲁道
夫-奥古斯特·厄特克尔在不同阶段的诸多尝试会让人怀疑

他高估了自己的能力，认为自己是一个多面手。他还曾试图建立一个纺织厂。每次谈到那些失败的投资时，他都轻描淡写，一带而过，只是和对方抱怨说："如果我没有丢掉那些钱，我今天会更加富有。"

鲁道夫-奥古斯特·厄特克尔的成功还取决于他的知人善任。桑德勒、施泰布林克、德拉特鲁博等高层管理人员，在他的手下已工作了十几年，他们有足够的自由发挥空间。虽然鲁道夫-奥古斯特·厄特克尔也常说："谁的工作没有达到要求，谁就卷铺盖走人，不管他的级别有多高！"可事实上，经理们一定不会担心因小小的失误就被揪住辫子，当经鲁道夫-奥古斯特·厄特克尔本人决定的事情没有做成时，他也不会推卸责任，想方设法找个替罪羊。以去中心化为原则的集团公司管理，已成为日常运作的常态。各公司的经理可以自行把控各自的市场。

鲁道夫-奥古斯特·厄特克尔认为，自己成功的秘诀在于自己的分析能力："我觉得，我能够将复杂的事件用简单的方式化解掉。"这一点他和康拉德·阿登纳[1]非常相似。鲁道夫-奥古斯特·厄特克尔对各种报表、工作汇报、财政计划进行细心研读，他总在思索，在公司所不及的偏远地区还能够做些什么。但是，他很讨厌将大把的时间用在打电话上。

直到1980年，鲁道夫-奥古斯特·厄特克尔掌管的商业

---

[1]康拉德·阿登纳（Konrad Adenauer），联邦德国的第一任总理，是一位跨世纪的人物，他经历了德意志帝国、魏玛共和国、第三帝国和联邦德国等四个重大历史时期。在他的领导之下，德国医治了战争的创伤，创造了德国的"经济奇迹"，他被德国人誉为最杰出的总理。——译者注

帝国被定性为"个体经营者"，他在法律上没有义务向公
众社会报告公司的收益情况，因为集团只属于他一个人，
他可以用自己的全部财产为公司担保，所以他不需要和监
事会打交道，也不必让员工代表过多地参与公司的决定。

由于这些原因，工会的领导将厄特克尔集团称为"家
长统治的活化石"，和"一个杂货铺"的管理别无二致。
20世纪70年代时，德国社会民主党议员弗里德海姆•法尔
特曼（Friedhelm Farthmann）曾当着所有公司领导人的面，
把这个比喻转告鲁道夫-奥古斯特•厄特克尔。鲁道夫-奥
古斯特•厄特克尔对此非常生气，他一直认为自己的经营
模式无可挑剔。

财经记者汉斯•奥拓•艾格劳（Hans Otto Eglau）曾劝
诫鲁道夫-奥古斯特•厄特克尔，一个股份制的公司形式对
厄特克尔这样的公司更为合适，当时，鲁道夫-奥古斯特•
厄特克尔走到窗户前，指向了工厂里的员工说："在下
面工作的这些人，是他们给了我们充分的信任，是他们相
信厄特克尔公司的稳定。你们想想，他们可不是信口开河
的。"

然而，企业的传承必然会导致公司形式的更换。鲁道
夫-奥古斯特•厄特克尔在1981年初把比勒费尔德的原始公
司变成了一个两合公司，它作为控股公司来吸纳其他公司
的参股。两合公司的法律形式要求有一个或若干股东用他
们全部财产做担保，而其他股东作为有限责任股东，用一
定数量的金额来做担保。鲁道夫-奥古斯特•厄特克尔在工
商局将自己登记为唯一的责任股东，担保公司债务的数字
已经达到了九位数。

作为责任股东，鲁道夫-奥古斯特·厄特克尔不能参与公司的管理，所以这个重担就落在了他的三位老臣和第四个刚刚进入管理层的奥古斯特·厄特克尔身上。这几位管理者称自己是"拿人头做担保的股东"。这四个人仍然在鲁道夫-奥古斯特·厄特克尔的监督下工作，一些特殊的生意仍然需要经过他的同意。鲁道夫-奥古斯特·厄特克尔把在德国联盟保险公司、神鹰集团以及在朗普银行的股份留在了公司的财产中。

施泰布林克一直分管公司的财务和资产，而德拉特鲁博掌管航运、银行和保险公司的事务。由于奥古斯特·厄特克尔的加入，古多·桑德拉的工作范围被缩小了。多年以来，桑德拉管理食品和酿造业方面的业务，因此，他在公司中是除鲁道夫-奥古斯特·厄特克尔之外最有权力的男人。

现在，桑德拉已经准备好将自己的工作领域交由奥古斯特·厄特克尔掌管，他被《经理人杂志》刻画为一个"聪明的学生与马基雅维利主义（Machiavelli）合体"[1]的男人，将自己的权力转让给奥古斯特·厄特克尔，对此，这位被鲁道夫-奥古斯特·厄特克尔视为朋友的经理毫无怨言，称这次变动是"一件自然而然的事情"。

对于新手奥古斯特·厄特克尔来说，厄特克尔王国有一些未了的事宜正等待着他去处理。在桑德拉的任期内，除了"王子啤酒"宣告破产之外，由他推动的冷冻生意也没有取得预期的成功。为了能在该领域获得一席之

---

[1]马基雅维利（Machiavelli，1469—1527），意大利政治家和历史学家，以主张为达目的可以不择手段而著称于世。马基雅维利主义(machiavellianism)也因之成为权术和谋略的代名词。——译者注

地，厄特克尔公司投资了1亿马克。可尽管如此，也很难超越市场的领头羊联合利华（和路雪-伊格露，Unilever LangneseIglo）公司。因为厄特克尔公司在不断改变营销策略，也导致了零售业的优势丧失。一段时间以来，他们销售各种类型的冷冻食品，从冰激凌到油煎鱼条再到披萨，直到下一个转折点到来时，却只有很少的产品可供选择。

观察家批评说，传统的厄特克尔公司几乎没有更新过。1982年的财经杂志《资本》评论道："桑德拉在一些不重要的事情上耗费了人力和资金，而没有及早为80年代的主打品牌做好准备。""在美食热的浪潮平息之后，发展方便快餐的趋势完全被忽视了"，在欧洲的市场上，厄特克尔集团的产品没有占到一席之地。

"厄特克尔博士"品牌在逐渐失去它的魅力，那个衬于红色椭圆背景下的"明亮的头像"，似乎也失去了光泽。20世纪70年代，玛利亚-路易斯·哈泽作为实验厨房的女主管，代表着公司的女性形象。可是，随着电视机的普及，人们常常会看到一些更有主见的女性代表，可这位实验厨房的女主管仍然只专注于一个品牌，她在电视上展现的还是那个守旧烘焙的女性形象。

奥古斯特·厄特克尔并没有大展拳脚。如果像厄特克尔的员工和观察家所期待的那样，奥古斯特·厄特克尔会拿出全新的方针路线，那他们将大失所望。奥古斯特·厄特克尔非常谨慎，以至于不久后就有经济报刊指责他"毫无创意"。但1983年，他还是接管了比勒费尔德的原始企业的领导权，公司除生产发酵粉和布丁粉之外，也开始生产蛋糕粉和饭后甜点，如红葡萄酒奶油蛋糕，它达到了市场份额的50%到75%。

家族企业在更新换代时，总会出现一个特殊的现象：一方面，家长希望儿子能够接替自己，从而确保公司的安全；另一方面，他又觉得，除了自己，没有人更能胜任这个艰巨的任务。继任者被前任视为无能，这是一种不幸，但同时也是对前人的嘉奖，因为，只有后来者的失败才能证明前人的伟大和独一无二。

鲁道夫-奥古斯特·厄特克尔和他同时代的企业家不同，他没有受这些想法的左右，他衷心地希望儿子能够成功。他本人是家族企业的第三代当家人，他清楚地知道，在厄特克尔家族中，他毕生都不可能独一无二，他的成绩永远和祖父、继父的成功排在一起。鲁道夫-奥古斯特·厄特克尔只把自己视为这个工业大家族的其中一员，在他办公室的墙上挂着他们家族的谱系，这里写着其他成功家族企业家的名字，他们是：纺织厂的主人阿尔贝特·厄特克尔、杏仁糖生产商路易斯·卡尔·厄特克尔和移居美国的多梅家族，他们的多梅医药公司后来与美国的默克公司（US-Konzern Merck）合并。

在公司换代期间，人们对奥古斯特·厄特克尔怀有过高的期待，每当有人把他和父亲做比较时，鲁道夫-奥古斯特·厄特克尔替儿子辩解说："他现在面临的情况要比我当时困难得多，现在的经济活动比那个时候更加复杂。"他不止一次地夸奖儿子与人交际的能力，说："我儿子的口才比我好。"他用放大儿子成绩的做法来保护他。

其实，他们之间的矛盾还是很严重的，对此，奥古斯特·厄特克尔在几十年以后才意识到。"隔代矛盾不可避免。一个好的继承人必须做到坚韧不拔",他这样描述接手公司时的情形。在20世纪80年代,奥古斯特·厄特克尔要关掉一些常年亏损的企业,可这些企业让老人难以割舍,其中包括比勒费尔德的温莎服装工厂(das Windsor Kleiderwerk),这个工厂一直在亏本经营。经过与父亲长时间的争论,奥古斯特·厄特克尔最终说服了父亲,把这个纺织工厂转卖到好利兄弟公司(Holy-Brüdern)手中。

奥古斯特·厄特克尔还要求关闭纺织行业的凯泽尔洗涤厂(Wäschewerke Kayser),最后,他也达到了目的。对于一个继承人来说,类似的任务都不那么令人愉快。在通知员工离开时,他并没有拿经理们来做挡箭牌,他后来回忆说:"当我去告诉员工们,这是无奈之举,别无选择时,这是非常可怕的","可我必须亲自去做这件事,否则我将会失去别人的信任和自己的权威。"

年轻的继承人并不害怕去改变公司的结构。他放弃了远洋渔业,因为,他看不到发展前景。他也觉得食品生产的体制过于陈旧,父亲和桑德拉的理念是让三家食品公司各自为战,总部的冷冻食品、琅尼斯蜂蜜、御捷花生品牌都有自己的销售和管理机构。在他看来,这样的安排效率很低,不如把这些生意合并到一个公司中。于是就出现了奥古斯特·厄特克尔博士食品两合公司(die Dr. August Oetker Nahrungsmittel KG)。奥古斯特·厄特克尔把曾祖父提出的公司口号"选择厄特克尔博士"补充为"品质是最好的处方"。

奥古斯特·厄特克尔在一步一步地树立起独特的风格,同时也确立了自己的领导地位。后来,他这样描述与父亲的关系，"一位强大人物投下了巨大的阴影，可你必须从阴影中走出来。"一些私人问题上，父子在争执中也要分出胜负。奥古斯特·厄特克尔计划为自己和家人在父亲房子的旁边盖一栋住宅。父母二人对新建的房子很不满意，他们一气之下找来建筑师皮瑙去重新装饰这栋丑陋的房子。

尽管有分歧，奥古斯特·厄特克尔还是在几十年之后向父亲证明了他与同时代企业家马克思·格伦迪希（Max Grundig）、约瑟夫·奈克曼（Josef Neckermann）的不同，他能够做到从生意场上华丽转身："一位有责任意识的企业家必须及早保护自己所面对的企业。"

鲁道夫-奥古斯特·厄特克尔要做的事情比这些更多，很早以前他就已经开始准备，避免在他逝世后，遗产继承人之间发生争吵，而危及企业的生存。提前为财产的继承做准备也是一次冒险之举。鲁道夫-奥古斯特·厄特克尔在三段婚姻中共有八个孩子。他最小的女儿尤利娅（Julia）1979年才出生，和他的长女罗斯莉年龄相差将近40岁，对除奥古斯特以外的成年子女们，鲁道夫-奥古斯特·厄特克尔都劝说他们放弃遗产继承，用这种方法来确保企业内部的团结。作为补偿，孩子们会得到一些房产或公司的股份，他们开的公司可以脱离原始公司去独立经营。

通过这种方法，奥古斯特·厄特克尔的姊妹得到了诸如起泡酒酿造厂的股份，罗斯莉作为公司的独立担保人。克利斯蒂安·厄特克尔获得了埃拓汤料工厂的股份；而他的弟弟理查德·厄特克尔接管了位于巴克特海德的琅尼斯蜂蜜工厂。鲁道夫-奥古斯特·厄特克尔也把自己名下的大部分啤酒厂转让了出去。

资产及早转让有好处，这样可以减少厄特克尔后代必须缴纳的遗产税。鲁道夫-奥古斯特·厄特克尔记住了税务顾问的话，及时纳税有利于财政，要把财产的一部分"用温暖的双手交出去"，如果让税款堆积起来，那么，就要用公司的盈利去支付。

奥古斯特·厄特克尔不止一次地说起，他手中企业的状况和父亲当时的经营条件是如何不同。1986年他抱怨说："我们好像在拧无数颗小螺钉"，"和收购一个大企业相比，这非常没有吸引力。"可就在这不久，奥古斯特·厄特克尔也参与到一笔大买卖中。

1986年夏天，奥古斯特·厄特克尔和他的经理们商谈购买威斯巴登著名的汉凯起泡酒酿酒厂。汉凯家族的三个分支已经拥有这家古老的企业达160年之久，他们失去了继续经营的兴趣。早在四年前，起泡酒的税率就已经提高了三分之一，从那时起，汉凯牌起泡酒就在市场上消失了。"鲁德格尔俱乐部"和"卡斯滕斯SC"瓶装酒也被迫以低价出售。

希特勒时期的外交部部长约阿希姆·冯·里宾特洛甫（Joachim von Ribbentrop）曾属于汉凯家族的一员，冯·里宾特洛甫当时与安内丽泽·汉凯（Anneliese Henkell）结婚。他在1946年被处以绞刑。里宾特洛甫家族和厄特克尔家族也有些渊源，罗伯特·冯·里宾特洛甫（Robert von Ribbentrop），那位纳粹政客的儿子，曾在厄特克尔朗普银行做高管，直到1980年。

厄特克尔家族为汉凯起泡酒厂支付了1.3亿马克，支付这笔资金对厄特克尔公司来说，不算一件难事，因为在不久之前，他们刚刚让出大部分保险公司的业务，鲁道夫-奥古斯特•厄特克尔以1.25亿马克的价格将自60年代以来一直在他名下的德国联盟保险公司卖给了巴斯勒保险公司（Basler Versicherungs-Gruppe），所以厄特克尔目前的流动资金足够充裕。

签约之后，厄特克尔和汉凯家族的成员在杜塞尔多夫的布莱登巴赫酒店（Breidenbacher Hof）共同庆祝并购的成功。由于卡特尔反垄断法制约，起泡酒厂不能在比勒费尔德联合集团的名下，因此公司的股份由鲁道夫-奥古斯特•厄特克尔三段婚姻中的孩子共同接管，他们是：罗斯莉•施维茨、理查德•厄特克尔和1967年出生的阿尔弗雷德•厄特克尔（Alfred Oetker），他是鲁道夫-奥古斯特•厄特克尔和玛雅的大儿子。

但是，很快汉凯起泡酒厂就和在50年代时就归属厄特克尔的苏恩莱•莱恩格尔特起泡酒厂合并。这两个公司合并后，鲁道夫-奥古斯特•厄特克尔的所有八个孩子都分得了这部分财产。合并后的起泡酒厂成为该行业中规模最大的厂家，它的销售额已累积到五亿多马克。除了起泡酒之外，公司也销售一系列备受欢迎的烈性酒，其中包括科涅克雷姆马丁、格兰特马尼尔利口酒。苏恩莱公司以生产烈性酒"戈尔巴乔夫伏特加"和"巴迪达可可利口酒"成为市场的佼佼者。

退休后的鲁道夫-奥古斯特•厄特克尔并非无事可做，他仍然保留了在比勒费尔德总部的办公室，那张巨大的家谱图依旧挂在办公室的墙上。每个月他都以由他一人统帅的监事会的名义，与奥古斯特·厄特克尔两合公司的四位个体担保人开会。他开始感觉到，这些先生们似乎更喜欢他不要来找事。他笑着把自己对这些公司管理者的怀疑告诉了一位记者："他们把酒店和朗普银行留给我，认为我有足够的事情做，然后就不会来过问他们的事情。"

这位老掌门人的确会认真查看朗普银行放出的每一笔贷款，关心着那些豪华酒店的生意。除了巴登-巴登的布伦纳花园酒店，在70年代到80年代期间，公司又增加了三个大型酒店：法国巴黎的布里斯托酒店（das Le Bristol）、法国昂蒂布的伊甸园之岬酒店（das Hotel Du Cap Eden im französischen Cap d'Antibes）、瑞士的维茨瑙公园酒店（das Parkhotel Vitznau）。

鲁道夫-奥古斯特·厄特克尔在所有的商业活动中，从来就没有计划成为大酒店的拥有者，这完全是机缘巧合。他曾说过："我继承了一幢房子，是因为没人想要它，我只能这样。可在别人的家庭里，这样的事也许就是一个家族的悲剧。如果一个人有八个孩子，却只有一幢房子，那他到底应该怎样做呢？他为了分配遗产，必须放弃房子！"

鲁道夫-奥古斯特·厄特克尔一有时间，就去参观布伦纳花园酒店。他定期邀请企业高层来这里开会。现在，他让儿子奥古斯特也在这里举行集团会议，自己也在巴登-巴登度假。他已经形成了一个习惯，每次来酒店时，他都会住在不同的房间，以便能对酒店进行彻底的检查，然后他会把批评建议转达给酒店经理，"毕竟有客房部管事看不到的东西"，"如果他只住同一个房间，他就只能看到一个房间的问题。"

　　作为一个矢志不移的企业家，鲁道夫-奥古斯特•厄特克尔认为，一个公司若没有盈利就没有价值。虽然厄特克尔公司并不指望它的酒店能和其他生意一样带来高额的盈利，但对公司来说，酒店业务也绝不是一项副业。为了加强酒店的吸引力，持续不断的高额投资必不可少，而这些需要有大量的资金作依托。鲁道夫-奥古斯特•厄特克尔说："今天没有人能通过豪华酒店的经营变得富有。""另外一方面，刻意为人们提供一个世外桃源，当今没有人还愿意做这样的事情，对自己来说，这就是一个丰富自己的过程"，他诉说着自己办酒店的动机。

　　此外，酒店还为鲁道夫-奥古斯特•厄特克尔的妻子和女儿提供了符合他们身份的活动场地。玛雅•厄特克尔和她弟弟克里斯托夫•冯•玛莱泽（Christoph von Malaisé）在监事会和顾问组任职期间，鲁道夫-奥古斯特•厄特克尔的女儿贝尔吉特作为室内设计师负责房子的装潢。厄特克尔的建筑师凯撒•皮瑙在做许多扩建和改建的工作，他将琉森湖旁的公园酒店扩建了三分之一，为布伦纳花园酒店增添了古罗马庞培风格的游泳池。布里斯托是传统的法国豪华酒店，皮瑙在内院添加了一架钢琴，设计了一座花园。厄特克尔也分阶段地对蓝色海岸旁的奢华酒店进行了高成本的改造。鲁道夫-奥古斯特•厄特克尔能把一双鞋穿20年以上，也不更换新的品牌汽车，但在酒店的投入中，他却展示了大气的一面："你给我便宜了10%，而我的酒店却丑陋了50%，这值得吗？"

　　1988年，凯撒•皮瑙去世，鲁道夫-奥古斯特•厄特克尔和皮瑙妻子的关系闹僵，可一系列的建筑工程还没有完成，其中包括鲁道夫-奥古斯特•厄特克尔在比勒费尔德的私人住所、杜塞尔多夫朗普银行、起泡酒工厂和布伦纳花园酒店的改建。围绕工程继续实施的问题，鲁道夫-奥古斯特•厄特克尔和露特•皮瑙之间发生了争吵。此时的皮瑙夫人在经济上出现了问题，只有通过卖掉汉堡帕尔迈乐大街的老房子才能使问题得以解决，可丈夫的工作室就在这幢房子里。她在回忆录里责备了这位和她有超过40年交情的企业家，说他是铁石心肠："在失去丈夫的时候，鲁道夫-奥古斯特•厄特克尔的行为深深地伤害了我。"

除了酒店之外，老年的鲁道夫-奥古斯特•厄特克尔开始热衷于艺术品收藏，所有拍卖会的目录都会被送到他家里，他以翻阅拍卖会目录来愉快地结束一天的工作。鲁道夫-奥古斯特•厄特克尔一直对艺术品生意感兴趣，进入老年后，他从艺术品收藏家变为了一个艺术品商人。

1986年，鲁道夫-奥古斯特•厄特克尔已经不再管理生意。这时，他接管了著名的伦敦科尔纳吉（Colnaghi）画廊，另外，他还购买了黄金地段老邦德街上的地皮。鲁道夫-奥古斯特•厄特克尔不止一次地以这样的模式去扩展享有盛誉的企业。

科尔纳吉是一位意大利烟火工厂主的姓氏，1760年，这位工厂主在巴黎开了一家画廊，七年之后在伦敦又设了分店。在20世纪之交，这家分店专为美国的百万富翁供应古董收藏品，这是当时国际性交易的一个突破。早在20世纪30年代，科尔纳吉就受苏维埃当局的委托，将彼得格勒隐居人士的画作介绍给西欧买家。

画廊经营古代大师的油画、家具、雕塑和其他一些来自15至19世纪的艺术品。厄特克尔家族全面接管画廊之后，加大了投资力度，随着身处瑞士"避税天堂"中的楚格集团的介入，一些富甲一方的顾客也出现在这里，这些买主同时也是朗普银行的客户、厄特克尔豪华酒店的座上宾。

22."我过于好奇"
一身多职的阿伦德·厄特克尔

2003年10月的某一个下午，汉堡大学阶梯教室里有五分之四的座椅是空的。在余下的椅子上坐着前来参加关于电子学习和高校未来发展大会的人员。在讲台上，联邦调查局局长埃德尔加德·布尔玛恩（Edelgard Bulmahn）、前任德国联邦工业协会主席汉斯-奥拉夫·亨克尔（Hans-Olaf Henkel）和专家们一起讨论，电脑和网络在学习中的应用。在场的就有企业家阿伦德·厄特克尔。人们邀请他作为德国科学基金协会的主席前来参会，阿伦德·厄特克尔却在发言中特别强调了他在德国联邦工业协会副主席的职位。

在会议期间，有关会议的主题，他谈论得不多，他说："我不会用电子邮件。"他更喜欢"有触觉的东西"，然后将手伸进自己夹克衫的口袋里，掏出一个红色的小本子，向听众展示了自己的日历记事本，说，它虽然不是电子的，可它完全够用。这位64岁的主席还说："电脑我也不会用。"然后他就开始讲述40年前的故事：就在这间大教室里，他聆听过哲学家卡尔·弗里德里希·冯·维茨泽克的讲课。"冯•维茨泽克能够用粉笔在黑板上画出一个非常圆的圈，没有电脑也可以"，阿伦德•厄特克尔兴高采烈地讲着。但是教室里的听众对这位企业家的闲谈毫无兴趣，他们更想听到一些有实质内容的东西。

是什么让60多岁的阿伦德•厄特克尔在一个数字化时代里，在大学的论坛中夸夸其谈？显而易见，阿伦德•厄特克尔需要的是到处露面，他是一个现身诸多活动的企业家，是德国经济界的一个多元领导，在德国，没有一个公司经理或企业主，能像他一样担任如此多的职务。

《经理人杂志》认为：阿伦德•厄特克尔是2002年"50位最具实力的德国经济人物"之一，所以，他也是各类协会、董事会、监事会圈子的成员。杂志的策划者说："这些人在德国股份制公司中具有直接或间接的影响，他们的决定不仅会影响到一个企业，而且还是权力的枢纽。进入上流俱乐部的重要标准是一个优才的网络和利用这些网络的意愿。"杂志编辑部通过大规模的调查分析得出结论："一些大型的经济组织在经济权利中也扮演着重要的角色。其中的两个协会对于这些处在顶峰的人士至关重要，一个是著名的德国联邦工业协会（Bundesverband der Deutschen Industrie），另外一个是常被误解的德国科学基金协会（Stifterverband für die Deutsche Wissenschaft）。"

阿伦德•厄特克尔是同时在两个协会中扮演重要角色的企业家。他既是科学基金协会的主席，也是德国联邦工业协会的副主席。除此之外，他还是德国联邦雇主协会的主席团成员，他还同时担任着一个名为"大西洋桥梁"（Atlantik-

Brücke)的高级协会的董事局主席。他所担任的每一个职务都足以让他在德国的名流中享有很高的声誉。

但是，所有这些都是名誉职位，是他作为企业家之外的一个副业。阿伦德·厄特克尔在公司内部也兼任着许多职务，无论是控股公司还是参股公司。首先他是阿伦德·厄特克尔博士控股有限公司(Dr. Arend Oetker Holding GmbH & Co)的法人兼经理；施瓦陶工厂的监事会主席以及瑞士食品集团英雄股份公司(Hero AG)的理事会主席，这个集团的股份归他所有。

他还领导着汉堡TT航线公司的顾问委员会，公司经营轮渡业务，他们的轮渡将特拉文明德(Travemünde)和特莱勒保尔克(Trelleborg)两地连接起来。除此之外，他还在考格瑙斯有限公司(Cognos AG)的董事局里任职，这个公司主要做教育机构和咨询方面的业务。在KWS种子股份有限公司(KWS Saat AG)，他担任监事会副主席一职。另外他还是博敏福罗特矿物油储藏有限公司(Bominflot Bunkergesellschaft für Mineralöle)的股东以及美国波士顿一个资本风险投资公司(Boston Capital Ventures)的顾问委员会成员。

阿伦德·厄特克尔在那些没有参股，或者持有少量股权的股份公司也抽出时间担任其授权代理。例如，每当德古砂有限公司(Degussa AG)的监事会在杜塞尔多夫举行会议，抑或瑞士保险公司巴劳泽控股股份公司(die Bâloise Holding AG)的理事们来巴塞尔商讨事宜时，阿伦德·厄特克尔都会如期出席。达姆施塔特市有一家德国的化工制药公司——默克集团，它的法人代表聘任阿伦德·厄特克尔为监督委员会成员。同时，他也在科隆的格林保险公司（Gerling）监事会中做协助工作。

为了说明企业家阿伦德·厄特克尔对德国经济和政治产生的影响，我们有必要在此将他的工作列举一番。

1998年，阿伦德·厄特克尔被选为德国科学基金协会主席。这个协会对于公众并不十分有名。该协会成立于1920年，那时为解决学校和研究机构的财政困难，一些企业家伸出了援助之手。协会的捐助得到了丰硕的成果。在协会建立之初，除资助一些经济学家之外，也给在1932年获得诺贝尔物理学奖的维尔纳·海森堡（Werner Heisenberg）提供资金的赞助。

阿伦德·厄特克尔领导的是一个管理着大约14亿欧元资金的机构。这个捐赠机构从企业中为科学家募捐，这些资金分发到347个基金会。协会利用这些资金推动一些研究项目和创新型教育模式的开发。教授和年轻的学者是这笔资金的首批受益者，还有一些研究机构，例如，阿伦德·厄特克尔担任委员的马克斯-普朗克学会（Max-Planck-Gesellschaft），也是被资助的对象。阿伦德·厄特克尔的行为从某种意义上说，是一种传承。马克斯-普朗克学会的前身叫威廉皇家协会，该协会最早的发起人之一就是工厂主奥古斯特·厄特克尔，是如今科学基金协会主席的曾外祖父。

由于从事与基金协会相关的工作，阿伦德·厄特克尔拥有带给他更多荣誉的职位，例如：他是德国科学研究联盟主席团的成员，弗里茨·蒂森基金会的管理委员会成员。甚至在北德的技术监督协会中，阿伦德·厄特克尔也在很长的一段时间内担任董事局的董事。虽然他评价自己在技术领域没有天赋，但《经理人杂志》评价他说："这个人对许多东西都表现出极大的兴趣，他的人脉关系也非常强大。"

基金协会给德国的科学发展所带来的益处不言而喻，这也归功于宽松自由的工作风格，与科技部官僚主义的做法大相径庭。2002年，共有1.15亿欧元的资金通过该协会和各级基金会用于学术和教学研究中。但是，反观国家为科学研究投入的资金，数额却微乎其微。

基金协会还有第二个作用，但这个作用并没有写在章程中：基金协会为有权势的人物提供一个搭建关系网的平台。主席团在开会时，阿伦德·厄特克尔可以和德国银行董事会发言人约瑟夫·阿科尔曼（Josef Ackermann）握手言欢；也可以和西门子的领导人海因里希·冯·皮埃尔（Heinrich von Pierer），大众公司的经理贝尔恩德·皮舍茨里德（Bernd Pischetsrieder）谈笑风生。餐桌旁的贵客，包括戴姆勒-克莱斯勒公司的主管于尔根·施伦普（Jürgen Schrempp），安联公司的主要监管人亨宁·叔厄特-诺埃尔（Henning Schulte-Noelle），宝马监事会主席约阿希姆·米尔伯格（Joachim Milberg）。另外，巴斯夫股份公司（BASF）、意昂集团（E. ON）、博世公司（Bosch）、蒂森·克虏伯股份公司（Thyssen Krupp）、拜耳股份公司（Bayer）、拜尔斯道夫股份公司（Beiersdorf）的高管无一遗漏，他们都是阿伦德·厄特克尔的座上客。

"大西洋桥梁"主席一职，是阿伦德·厄特克尔第二个重要的舞台，他从中获得了国际上的赞誉。"大西洋桥梁"同基金协会一样，并不被公众熟知。它成立于1952年，由埃里克·布鲁门费尔德（Erik Blumenfeld）、埃里克·M.瓦尔堡（Eric M. Warburg）、玛里昂·登霍夫伯爵夫人（Marion Gräfin Dönhoff）组建，是最早促进德美关系发展的组织。建立该协会的初衷是：为两个国家决策人的联系建立一个非官方组织，并且促进加强与年轻的西部联邦共和国的关系。自从海湾战争、阿富汗战争和伊拉克战争以来，尽管两国在政治上存在分歧，但是这个俱乐部一直致力于维护相互间的友好关系。

"大西洋桥梁"是一个精英云集的圈子，人们不能随意成为这个协会的成员。会员的资格要通过由现成员的补选投票结果来决定，也就是说：协会的老成员要挑选出新的接班人。2003年，协会的成员大约有400名，其中有一半来自经济企业界，如：多年担任德意志银行经理的黑尔玛尔·科普（Hilmar Kopper）、于尔根·施伦普（Jürgen Schrempp）都是协会的成员。协会成员也包括社会民主党人，例如：前联邦总理赫尔穆特·施密特（Helmut Schmidt），前国防部长鲁道夫·沙尔平（Rudolf Scharping）。一些有影响的媒体界人士也是俱乐部颇受欢迎的常客，其中包括《图片报》主编凯·迪克曼（Kai Diekmann）和《时代》发行人约瑟夫·约夫（Josef Joffe）。

2000年以来，阿伦德·厄特克尔一直担任该协会的主席，《星报》称，这个职位是"一个面向西方强权势力的桥头堡"。阿伦德·厄特克尔能够获得这个受人尊重的职位，是由于他前任的过失。基民盟的政治家、保险公司的经纪人瓦尔特·莱斯勒·基普（Walther Leisler Kiep）管理这个俱乐部已有16年之久，他在任期间，"大西洋桥梁"成员的交往惯例被他打破。基普的政治信仰是："与美国之间的联盟是德意志联邦共和国的第二基本法。"

可是，基普没有认真对待已落纸成文的规则。2000年2月，他作为基民盟联邦财政主管，非法接受贿选政治献金，丑闻被曝光后，他不得不交出自己的主席职位。基普为达到所在政党的目的，利用了"大西洋桥梁"。1993年，他利用协会的信笺，致信时任联邦总理的赫尔穆特·科尔（Helmut Kohl），请求他对武器制造商施莱伯尔（Schreiber）和其在加拿大的一个坦克工厂项目给予关照。

在基民盟政治献金丑闻期间，"大西洋桥梁"的内幕也日趋明朗。原来，一些关键性的人物都是"大西洋桥梁"的会员，除施莱伯尔之外，还有洛伊纳地区善于游说的议员迪特·霍尔泽（Dieter Holzer），黑森州基民盟的财政主任卡西米尔·冯·维特根施泰因（Casimir von Wittgenstein），就是这位贵族的后裔向世界撒了一个弥天大谎，他说，党内那些不明来历的财产均来自犹太人的遗赠。

2000年2月，阿伦德·厄特克尔暂时接任了基普的职位，但很快他就坐稳了协会主席这个位置。他的履历能够证明他和美国的渊源。年轻的时候，他曾在美国学习，后来，他成功地为施瓦陶工厂在美国市场上赢得一席之地。这些经历获得了协会成员对他的信任，人们相信，他不至于通过这个名誉职位来为自己的生意谋取利益，因为他早已是一个家财万贯的富翁。

"大西洋桥梁"是德国网罗精英的一个关键组织，该协会不仅把当今的权势之人汇集门下，而且也参与未来领导人才的选拔。在一个名为"青年才俊"的项目中，每一年邀请25名年轻的经理、新生政治家、记者，把他们与来自美国的人才聚集在一起。施普林格的首席执行官马蒂亚斯•德约普夫纳尔（Mathias Döpfner）和联邦教育部长埃德尔加德•布尔曼（Edelgard Bulmahn）是早期参加此类聚会的人。

"大西洋桥梁"的日常活动多为举办研究班和访学活动，目的是让美国的社会活动学者进一步认识德国。该协会还为美国驻德国的军官开办入门指导课程。在阿伦德•厄特克尔的主持下，美国工作组每年召开三次会议，在会上，政治家和专家们共同交流德美两国关系的看法。在每年的12月份，阿伦德•厄特克尔会邀请大家参加一个在纽约举办的慈善活动，在这个夜晚所获得的捐款都进入基金会，以此促成了东部德国的中学生和来自美国的年轻黑人的交换生项目。

2002年4月，阿伦德•厄特克尔在"大西洋桥梁"的生涯达到巅峰，在庆祝协会成立50周年之际，协会为美国前总统乔治•布什（George Bush）颁奖。阿伦德•厄特克尔在会议开幕式上用出色的英语展示了自己，并请联邦外交部部长约施卡•菲舍尔在会上致辞。晚宴的客人包括联邦总理格哈德•施罗德、前总理赫尔穆特•科尔以及前总统理查德•冯•维茨泽克（Richard von Weizsäcker）。轻歌剧的演员们表演了《波姬和贝丝》（*Porgy & Bess*）中的片段。

阿伦德•厄特克尔自视为一个政治家。在20世纪70年代，他加入了德国自由民主党。人们曾两次给这位大农场主的儿子提供农业部部长的职位，但都被他拒绝了。据说，他不想完全放弃企业家的身份。在1982年德国权利更迭的那几年，阿伦德·厄特克尔退出了自由民主党，转而加入基民盟。

在德国联邦工业协会内，阿伦德·厄特克尔的作用至关重要。1992年以来，他一直担任中小型企业委员会主席一职。除此之外，他还担任食品和娱乐品工业雇主联合会的主席，任职时间超过10年。直到今天，他还领导着德国经济界中文化类别的美术委员会，这个文化组织归属德国联邦工业协会领导，通过成员的会费来资助艺术家。

由于阿伦德·厄特克尔对艺术和音乐的兴趣，促使他又接受了与之相关的一系列名誉职位，他在汉堡的音乐活动基金会中担任要职，这个基金会旨在资助在古典音乐上有极高天赋的年轻人。阿伦德·厄特克尔也是柏林交响乐团监事会的主席。

1987年，以辛辣讽刺著称的杂志《泰坦尼克》对阿伦德·厄特克尔的艺术鉴赏能力提出质疑，称阿伦德·厄特克尔作为其岳父钢铁集团的主管，常常采用极无品位的宣传方式为其产品做广告。

这位企业家非常乐于资助莱比锡的当代画廊，赞助商的资助也在他的牵头之下进行。他也在当地商学院的监事会中任职。2003年11月，由于莱比锡在申办奥运会中爆出丑闻，申奥可能面临失败，部分申奥委员会成员被迫更换，就在这时，阿伦德·厄特克尔和洛塔尔·施佩特（Lothar Späth）一同进入了监事会。莱比锡市政府希望在这位有巨大人脉关系网的企业家的帮助下，找到新的申奥赞助人。

　　阿伦德·厄特克尔身兼数职，这表明，他的参与欲望非常强烈。他曾经描述自己说："我喜欢当一个发动者。"参与策划，这让他乐此不疲，他不愿意被别人推着走。当被问到担任如此多的职务，是否还有其他动机时，阿伦德·厄特克尔在一个采访中说，担任这些职位并不取决于他自己。可谁又会在公众面前承认自己的某些需求呢？很难想象，一个人如果不必去证明自己，何以这样超负荷地担当重任！阿伦德·厄特克尔被问到这些问题时，他一直强烈地否认，他只想用这些名誉职位向自己的舅舅和比勒费尔德的亲人们证明自己的抱负。他的母亲在遗产划分时明显受到了亏待，大家对这件事有目共睹。乌苏拉·厄特克尔和恩斯特·厄特克尔对遗产的管理的确不够得心应手，幸亏阿伦德·厄特克尔的出手抢救，这份财产才得以保留下来。这样，人们完全可以认为，阿伦德·厄特克尔的动力来自家族，他要在公众的舞台上精彩亮相，通过无数个名誉职位让"阿伦德·厄特克尔博士"的标签，永久扎根在公众的意识中。

　　毫无疑问，他本人也从"厄特克尔博士"的标签中获利颇多。这些职位要感谢那些为他投票的人，不难理解，是什么因素会促使大家支持他。因为，厄特克尔的名字在德国人尽皆知，这个名字不同于弗利克（Flick）或克虏伯（Krupp），它在历史上几乎没有任何污点。这位企业家不仅聪明能干、受过教育，而且深谙社会交往之道，他具备的幽默感又让他散发着无穷的魅力，他巨大的财富可以让他不做任何人的附庸。因为他已经从公司的管理岗位上退了下来，所以人们也认为，他没必要会因为自己的生意而接受这些职位。

阿伦德·厄特克尔总能给人留下深刻的印象。几年前，女记者克丽丝缇娜·柯恩（Krisztina Koenen）在《法兰克福汇报》上撰写的一篇人物传记中，准确地描述了阿伦德·厄特克尔的形象："他看起来像一位英国的勋爵，与这个角色相匹配，他的着装就像一个电影演员：伟岸的身材，清癯的面庞，湖蓝色的眼睛，含蓄而又考究的服饰。他言谈表达用词讲究，时而幽默诙谐，时而绵里藏针，他让自己和听者之间保持着一种距离感，犹如雾里看花。阿伦德·厄特克尔是一个好的演员，因此，在他众多的保留节目中，英国勋爵也许只是其中的一个角色而已。"

阿伦德·厄特克尔还是不同利益框架中一个出色的调解人。这个才能在他的身上与生俱来。站在他对立面的工会也描述他是一位有礼貌并且值得信任的先生。他的岳父奥拓·沃尔夫·冯·阿梅龙根是一位科隆的企业家，曾担任德国工商协会主席近20年之久，作为东部贸易的开拓者，他很善于去制造一个轻松愉快的氛围。阿伦德·厄特克尔正是从他那里学会了以平衡为目的的做事方式。这位阿伦德·厄特克尔的前岳父同样也不会放过在公众面前抛头露面的任何良机。

电视台女主持人萨比娜·克利斯提安森（Sabine Christiansen）曾经在《经理人杂志》中批评那些在政治问题上不敢直言的企业家。当时，应经济界人士的要求，在她主持的一档节目中讨论关于伊拉克战争中的德美分歧所带来的经济后果。可是，竟然没有一个企业家愿意站到摄像机前。克利斯提安森说："我对此非常失望。只有阿伦德•厄特克尔表示愿意前来。"

　　阿伦德•厄特克尔的住所到纪念教堂附近的电视台演播室距离很近。2001年，为了方便工作，62岁的阿伦德•厄特克尔和他的第二任妻子，比他小15岁的布丽吉特•厄特克尔（Brigitte Oetker），以及孩子们从科隆搬到了柏林。布丽吉特是个获得博士学位的美术史专家。自从首都从波恩迁到柏林之后，阿伦德•厄特克尔大部分的协会工作都在柏林进行。在格伦纳瓦尔德地区他拥有一栋富丽堂皇的别墅，公司的所在地也从莱茵河旁迁到施普雷河畔。阿伦德•厄特克尔的弟弟罗兰德•厄特克尔也同样兼任着一个名誉职位，这个职位使得他在经济圈中同样获得了声誉。自1998年开始，他是杜塞尔多夫德国证券保护协会的主席。这个协会有25,000个会员，代表着小股东的利益，是德国最大的私人证券买家的权益代表。

　　罗兰德•厄特克尔从事投资工作，是个人及家族其他成员财产的投资人。罗兰德•厄特克尔工业管理有限公司位于杜塞尔多夫的国王林荫大道。除了这个企业之外，这位法学家和前银行家还参股了一些公司，这些公司都有机会让他获得一半以上的利润。同时他入股了像克劳克奈尔集团（Klöckner）这样的传统公司，也投资了一些新公司，像GPC生物科技股份有限公司和Start-up独资电视台。

　　20世纪80年代末，罗兰德•厄特克尔进入位于克雷费尔德的费尔赛达公司，那时，还只有克雷费尔德的厄特克尔的家族支系参股该公司。通过罗兰德的这次股票购买，首次出现了由一个家族的两个支系做同一笔生意的局面。

纺织企业费尔赛达在1920年由克雷费尔德多伊斯&厄特克尔公司和另外几家工厂合并产生。战后它几经挫折。虽然对生产的过程进行了合理化的改革，但是，公司员工的数量从1960年的5,800人降到1974年的2,400人。在与中国香港、台湾省供货方之间的竞争中难以为继。克雷费尔德的企业不得不完全放弃衣服和雨伞面料的生产，而集中生产领带布料以及高品质的家用纺织品和工业用传送带帆布。

早年，公司的股份一直掌握在克雷费尔德支系的鲁道夫·厄特克尔和保罗·厄特克尔两兄弟的手中，后来，家族的后代迪特尔·厄特克尔-卡斯特（Dieter Oetker-Kast）、彼得·厄特克尔（Peter Oetker）都是这家公司的股东。迪特尔·厄特克尔-卡斯特担任费尔赛达公司监事会的成员，他的主业是管理卡斯米尔-卡斯特包装公司（Die Verpackungsfirma Casimir Kast），这个公司的历史至少可以追溯到四百年前，由迪特尔母亲家族的木材公司发展而来。

20世纪80年代末，罗兰德·厄特克尔买下了费尔赛达10%到25%的股份，其中一部分是从亲戚那里购买的。这位新的投资人在入股时就宣称，他将作为这个纺织公司的长久持股人，致力于阻止公司落入外国企业家手中。

罗兰德·厄特克尔入股费尔赛达公司时，公司大约有3.4亿马克的销售额，经过几十年的员工裁减，公司还有1200名员工。幸好公司摆脱了和远东地区竞争的危机，企业重新扭亏为盈。不久，公司又迎来了一个繁荣的时期。现在，公司集中生产所谓科技纺织品，例如：机场使用的传送带、体育场馆顶盖、过滤用布、帆布等。公司这些专业化的生产取得了意想不到的成功。

其他同行业的公司开始对克雷费尔德企业产生兴趣。罗兰德·厄特克尔入股费尔赛达公司的初衷是坚持它的独立性。但是，10年之后，他决定放弃在这个公司的股权。1998年，他将费尔赛达34%的股份卖给了荷兰的伽马控股公司（Gamma Holding），他们对费尔赛达公司早有收购的愿望。同时，罗兰德·厄特克尔的母亲乌苏拉也卖掉了纺织公司的一部分股票。荷兰人的出价对小股东们来说的确很有诱惑力，就这样，费尔赛达公司的股权完全易主。这笔交易带给罗兰德·厄特克尔至少五千万欧元的收益，但这也引起了亲戚们的不满，他们埋怨罗兰德将公司转给了荷兰企业。

罗兰德·厄特克尔出售费尔赛达以及其他股票生意的举措惹来了官司，检察官们找上门来。2000年春天，由于存在股票内幕交易的嫌疑，他遭到杜塞尔多夫检察官的调查。据说，这桩交易的金额接近百万欧元。检察官搜遍了罗兰德·厄特克尔的住宅和办公室，大量的书面材料被查封。同时被调查的还有另外四名被告。

作为证券保护协会主席的罗兰德·厄特克尔遭到调查，这件事对他来说有些难堪。但很快他就证明了自己的清白。罗兰德·厄特克尔立即通告了事件的调查结果：他的股票是在公开信息的基础上购买的。2000年10月，检察官终止了调查。

23. "再做一些与众不同的事情"
厄特克尔家族活跃在政治领域中的三个女人：玛雅、罗斯莉、亚历山德拉(Alexandra)

　　玛雅•厄特克尔绝不是那种深居简出、无所事事，把自己关在别墅里享受生活的企业家妻子。20世纪60年代初，鲁道夫-奥古斯特•厄特克尔刚认识她时，她已经完成了师范院校的学习并开始在纽约的歌德学院工作。玛雅•厄特克尔是一个聪明、有抱负、喜欢直言述怀的女性。

　　婚礼刚过不久，人们就发现，玛雅不属于那种把自己的想法藏在心里的女人。1966年，记者皮特•布吕格在《明镜周刊》上发表了一个引起轰动的人物传记系列。这个系列描述了德国富人的生活以及他们的影响。鲁道夫-奥古斯特•厄特克尔也是被介绍的富人之一。玛雅写了一封长信，以表达她对此举的不满，她谴责编辑部动机不纯，是在"挑起人们对这一小部分勤奋工作的人的嫉妒和轻蔑之心。正是这些人在我们祖国的重建过程中贡献了自己的力量，并在今天担负着发展国家经济的重任"。

　　这位32岁的企业家夫人指出，布吕格的人物传记对企业家的描述尺度不一，作者在文章中极力嘲笑某些企业家，在文化活动、艺术品收藏上一掷千金；反之又讽刺另一些工厂主，说他们只会关注自己的工厂，过着清教徒一般的生活，生性小气，花钱吝啬。玛雅•厄特克尔要求杂志主编能给"富人和企业家的合理生活"下一个定义，并"举出或设计一个可以效仿的榜样"。玛雅承诺说："如果这个榜样让我们敬佩和喜爱，我们会感激他，我们会追随他。"

1967年，玛雅·厄特克尔的第一个儿子阿尔弗雷德·厄特克尔降生，这时，她为自己选择了一项慈善工作，她建立了一个儿童保护协会比勒费尔德地区工作小组，并担任了该组织的领导。在这段时间内，年轻的母亲很不喜欢丈夫工作狂般的状态。鲁道夫-奥古斯特·厄特克尔每天所专注的只有自己的工作。他还把工作从公司带回家，因为，他需要家里安静的环境。"我和妻子商定，在晚饭后的一个小时，如果我回家早，那就是两个小时内，最好不要讲话。"

妻子的兴趣远比鲁道夫-奥古斯特·厄特克尔的更加广泛。玛雅·厄特克尔定期邀请科学家和政治家来家里畅谈。鲁道夫-奥古斯特·厄特克尔在知识分子面前历来表现得疑惑重重，称他们的表达风格和老总理阿登纳一样。他对请人来家做客的套路也不屑一顾："先给他们吃一些好吃的东西，然后开始讨论一些话题。"从妻子邀请的客人中，他得到了一个重要的认知："教授们是一个奇怪的人群。"

被鲁道夫-奥古斯特·厄特克尔称为"无所事事"的人要比受过高等教育的知识分子在他的眼中更加无解。1979年，德国绿党[1]首次进入比勒费尔德市议会，他认为绿党的活动就属于令人无解这一类。绿党和社民党结成"红绿联盟"，并制定了一项令鲁道夫-奥古斯特·厄特克尔和其他比勒费尔德企业家十分反感的政策。市民中反对这个

──────────

[1] 德国绿党又称为联盟90/绿党（德语：Bündnis 90/Die Grünen，GRÜNE），是德国的一个中间偏左的政党，成立于1980年。——译者注

政策的人认为，在市议会中只靠基民盟结束这项政策的可能性很小，所以这些人建立了一个地区性的保守党：比勒费尔德地区市民联盟。该党于1989年第一次参加地区选举，名单上的第二个人是一位家庭妇女，她的名字非常响亮：玛雅·厄特克尔。

在加入市民联盟之前，她是基民盟的党员。这次党员身份的转变，无论对于她自己，还是对于比勒费尔德的基民盟党都是一件值得做的事情。在这次选举中，比勒费尔德地区的市民联盟共获了10%的选票，它和基民盟、自由民主党联手取代了执政的"红绿联盟"。玛雅·厄特克尔由此进入了市议会。作为议员，她获得了更多的发声机会，例如：抵制建设大型垃圾场，争取更多的养老院，杜绝毒品交易场所等。

性格坚定的玛雅和无党派的环境部门负责人乌韦·拉尔(Uwe Lahl)进行了一场权利争夺战，这场斗争在德国引起了轰动。拉尔很注重遵守环境保护法，并严格监督比勒费尔德的企业。他的任务是检查食品安全，并监督厄特克尔博士生产布丁的厨房设备状况。拉尔指责厄特克尔产品的名称有误导顾客的嫌疑。他认为，厄特克尔公司生产的"经典巧克力慕斯"事实上只是"膨化巧克力奶油"，它和法国原始配方的饭后甜点不可同日而语。

比勒费尔德市政府就四个类似的案子准备和厄特克尔公司对簿公堂，就在这时，保守派占多数的市议会却临时决定：免去乌韦·拉尔的消费者权益保护协会负责人的资格。玛雅·厄特克尔也投了赞同票，如果没有玛雅的那一票，决议不可能通过。拉尔指责说，作为企业家的夫人，玛雅有偏袒之嫌，她不应该有投票的权利。他甚至把一纸诉状递上法庭，告发"食品公司操纵委任质量监督员"的违规行为。据说，此案并没有告成。

作为一个地区的政治活动家，玛雅·厄特克尔和她的同事们相比，具有更好的机会开展工作。比勒费尔德市缺少养老院，她确认此事属实后，就决定伸出援助之手。她的丈夫捐赠了一块地皮，紧接着就在上面建立了一个老人慈善机构，并以鲁道夫-奥古斯特·厄特克尔祖母卡洛琳娜之名命名。

玛雅积极投身政治活动，思想更加解放，她曾在《星期日世界报》的一个采访中描述过自己的动机："我55岁了，孩子们也都已成家立业，在这个阶段我要再做一些不一样的事情"，一些和她丈夫没有关系的事情，一些"是我自己要做的事情"。

1992年5月，玛雅·厄特克尔成为比勒费尔德的第二位女市长。但是，在两年半之后她就失去了这个职位，因为社会民主党和绿党在比勒费尔德重新获得了多数选票。她坐在了反对党的位置上。她说："我的接班人是一个支持绿党的库尔德人。"1999年秋天，市议会重新选举，基民盟、自由民主党和比勒费尔德市民联盟取得胜利，63岁的玛雅·厄特克尔再次进入市议会。

在千禧之年到来之际，她发表了演讲，她那曾经保守、近乎落后的世界观如今焕然一新，"在新的世纪中，我祝愿我们德国人坚守信念，发扬美德，保持那些被全世界所认可的优秀品格：正直、勤奋、可靠。在战争结束55年后的今天，德国人要用纯粹的精神去消除存在于国家和民众中的弊端。”玛雅的这种态度与她批评举办“国防军罪行”展览的行为一脉相承——这个展览是由汉堡的简-菲利普•利茨玛(Jan-Philipp Reemtsma)社会研究所举办。20世纪90年代中期，她还在一份呼吁书中签名，要求不能单方面将1945年5月8日“第三帝国”的投降日视为“解放日”。

从这个家族企业中走向政治舞台的不仅玛雅•厄特克尔一人，她的继女罗斯莉•施维茨也渴望跨越家族和企业去发挥更大的作用。

鲁道夫-奥古斯特•厄特克尔的长女在1984年，44岁的时候决定从政。在过去的20年时间里，她住在施瓦本地区的穆尔哈特，她丈夫福尔卡特•施维茨的祖先建立的皮革厂就在这里。

鲁道夫-奥古斯特•厄特克尔早在60年代就以玩笑的口吻评论当时未满30岁女儿的生活模式：“罗斯莉的所有选择都是那样的中规中矩：上学、结婚、盖房子、生孩子。”他还和记者打趣说，他的女儿流落到施瓦本省，她甚至不敢穿长裤，每个星期她肯定都要烤一个蛋糕。“否则，她就不是一个合格的家庭主妇。”

1968年至1972年，罗斯莉•施维茨一共生了两个儿子和一个女儿。如今，家庭主妇的角色再也不能让这位企业家的妻子感到满足。在孩子们上幼儿园和小学期间，她就常被选为家长代表，积极投身于儿童保护协会和母亲救助工作。她还是音乐协会、网球俱乐部、狂欢节组委会的成员。1984年，罗斯莉•施维茨作为当地基民盟组织的活跃分子成为穆尔哈特的议会成员。

　　这位企业家的妻子迅速开启了通向成功的政治生涯。1991年她参加巴登-符腾堡州议会的竞选，在巴克南市的一个居民区的竞选活动上，她向观众介绍自己是一位成年孩子的母亲。她之所以参加竞选，是因为议会里缺少妇女和企业家。"在今天的州议员中，有超过一半的人是公职人员，如果这种情况持续下去，我们会永远处于被管理的地位。"

　　罗斯莉·施维茨获得了一个直接候选人的席位，于1992年4月进入了州议会。在四年的时间里，她被提升为基民盟党内经济政策发言人。在这方面，她比大部分男同事更加擅长。经济似乎是流淌在她血液里的东西，虽然她的父亲从未强迫她进入企业，但还是给女儿提供了良好的教育，把她送到施罗斯萨勒姆的精英寄宿学校学习。她在伦茨堡通过了高中毕业考试，当时，她的外祖母凯特·阿尔曼还在世。外祖母是一个十分特别的女人，曾对她的外孙女产生了极大的影响。

　　1931年，凯特·阿尔曼（Käthe Ahlmann）在丈夫去世后，接管了公司的领导权。这个公司从19世纪末起就是家族的重要资产，由铸铁厂和搪瓷厂组成。她以坚韧不拔的精神和专业经验掌管企业十几年。1954年，凯特·阿尔曼积极参与创建德国女性企业家协会，并担任主席。在20世纪50年代，她就和正在成长的外孙女谈论投资之道、销售策略、股市行情，那时，由女性担任高层职位的现象实属罕见。

　　鲁道夫-奥古斯特·厄特克尔更愿意让女儿在高中毕业后学习艺术史，但是，罗斯莉最终决定学习经济学。她在因斯布鲁克大学注册，在上大学期间结识了她的丈夫。她利用假期到各公司实习，以积累丰富的职业经验。

之后，她在父亲的企业从事监管的工作。自1986年以来，获得国民经济学硕士学位的罗斯莉担任厄特克尔公司旗下的汉凯&苏恩莱起泡酒集团的法人代表，同时，她也在丈夫的皮革厂监事会中任职。后来，鲁道夫-奥古斯特•厄特克尔任命这位大女儿为比勒费尔德奥古斯特•厄特克尔两合公司的顾问，在众多子女中仅有她一人担任此职。

这位基民盟的女政治家在该党的州协会中被视为"大有前途"，但她并没有到州政府任职。不过，罗斯莉还是被选为基民盟经济顾问委员会联邦协会的委员，并任对外经济咨询顾问，为德国联邦经济部长出谋划策。她也被选为由她外祖母参与建立的德国女性企业家协会的副主席。罗斯莉在2001年和其他一些实力雄厚的经济界女性一同建立了用祖母凯特•阿尔曼的名字命名的基金会，这个基金会主要赞助那些年轻的女性企业家。

罗斯莉是一位有信念的家族企业家。她作为起泡酒厂的厂主，经常屈尊在商品交易会上亲自和一些潜在的客户进行谈判。她也会腾出时间不错过出席旗下每一个公司的庆典活动。她在1966年的一篇文章中写道，"在一个公事公办的大企业中，人们很容易丢掉管理者和员工之间那种真正的人与人的关系纽带，很容易淡化在工作中互相依赖、唇齿相依的意识。"她认为，"家族企业是我们现代工业社会中一个稳固的因素。"阿尔曼家族企业堪称是一个稳定的企业，尽管这中间也曾出现过一些风波。罗斯莉的一个舅舅在续写阿尔曼家族企业的故事，他在战后建立了阿考赛福林-阿尔曼有限公司（Aco Severin Ahlmann GmbH & Co. KG），如今，公司从事排水管、采光井、排水井盖的生产，雇用员工3,000名。

和玛雅·厄特克尔、罗斯莉·施维茨一样，在20世纪90年代的比勒费尔德厄特克尔家族中，又出现了一位敢于抛头露面的女性：亚历山德拉·厄特克尔。1994年，她成为企业掌门人奥古斯特·厄特克尔的第二任妻子。她热衷于动物保护工作，在万维自然基金会工作，是亚洲动物基金会德国分部的赞助人。这个组织的目的是抢救亚洲黑熊，这些黑熊的生存条件非常糟糕，终日被关在狭窄的笼子里，每天被抽取两次胆汁，这是一种无情的虐待动物行为。这种在传统药品中使用的液体，其实可以用人工合成品来替代。

动物保护者吉尔·鲁滨孙（Jill Robinson）女士于2003年11月在相关部门的配合下解救了38只黑熊，这时，亚历山德拉·厄特克尔也从比勒费尔德专程赶来。亚洲动物基金会和中国政府签署了一项协议，根据协议规定，农场关闭所有黑熊饲养场，可是，关闭饲养场的工作却持续了好几年，直到农场得到了相应的补偿。兽医处理了黑熊的伤口以后，这些黑熊被放生到露天禁猎区。

亚历山德拉·厄特克尔也参与北莱茵-威斯特法伦州的居民自发活动。有一个孩子被两只猎狗咬伤致死，于是，州政府颁布了针对养狗的规定，居民们对这个规定非常不满。2001年，这位企业家妻子也反对由政治家们提出的新举措，"用科学的手段来证明犬种是否伤及人类"，以确保人们的生命安全。亚历山德拉·厄特克尔认为，这是一个错误的决定。

　　与保守的玛雅·厄特克尔不同，亚历山德拉·厄特克尔是一个崇尚自由，又有坚定信念的人。在申辩自己批评养狗规定的理由时说，公民的自由权利因此遭到了侵犯，她反对政府对房屋进行搜查的行为，和那些毒品交易犯相比，养狗的公民更应该受到保护。"现在的所作所为有悖于基本法"，她据理力争。

　　一次，《星期日世界报》的记者向亚历山德拉·厄特克尔提了一个问题："现在还有很多穷人需要救助，可您为什么要在动物身上投入这么多精力？"她的回答极富有哲理："只有为弱者提供保护时，一个人道主义的社会才能正常运转，而动物就是其中的弱者之一。"

　　在亚历山德拉的私人生活里，动物也同样扮演着重要的角色。她自己的坐骑是一匹栗色牝马，她还为慈善机构认养了另外两匹马。在她骑马外出时，陪伴她的是两只苏格兰牧羊犬，艾利和宝罗。她是一个摄影家，尤其酷爱给动物拍照。多年前的一次科隆群岛之行，让她下定决心，一定要为保护这里天堂般的景色献上一份力量。

　　为了加强自由党派在德国政治中的力量，亚历山德拉·厄特克尔在几年之前就构建了一张"自由之网"。这个由一些名人和有影响力的市民组建的团体，虽然并非隶属于自由民主党，但它定期为该党的高层政治家提供展现自己的平台。亚历山德拉也请一些经理人和科学家来到比勒费尔德，像德意志银行的监管人罗尔夫·E. 布罗伊（Rolf E. Breuer）、科学家迈因哈德·米格尔（Meinhard Miegel）在从前的拉文斯贝格纺织厂旧址作报告。亚历山德拉·厄特克尔还在此迎接过默克尔（Angela Merkel）的到来，因为，她丈夫奥古斯特·厄特克尔就是基民盟的成员。

亚历山德拉·厄特克尔与自由民主党主席古多·韦斯特韦勒（Guido Westerwelle）的关系也渐行渐远。沃尔夫冈·朔伊布勒（Wolfgang Schäubles）竞选联邦总统时遭到韦斯特韦勒的阻碍，2004年3月，亚历山德拉退出了自由民主党。

而另外一位厄特克尔家族的女人却始终活跃在自由民主党内，她就是苏珊娜·厄特克尔，罗兰德·厄特克尔的妻子，她领导着杜塞尔多夫的一个名叫"利伯埃勒（Lib'elle）"的女性组织。

从下面的事实中，可以看出厄特克尔家族和自由民主党派之间的密切关系：2002年9月，自由民主党政治家于尔根·米勒曼（Jürgen Möllemann）在为一个竞选专款开户时，他选择了朗普银行。米勒曼利用账户上那些来源不明的资金，在议会选举前夕，支付了运送反犹传单的邮资。米勒曼自己的私人公司Web/Tec也在厄特克尔的朗普银行开有一个账户。在这位自由民主党政治家因漏税和违反党纪等嫌疑遭到审查时，检察官和税务调查员也对朗普银行进行了搜查。

厄特克尔家族的年轻一代也表现出了政治上的雄心壮志。1976年出生的玛丽·厄特克尔（Marie Oetker）是施瓦陶厂厂主阿伦德·厄特克尔的女儿，她也是奥拓·沃尔夫·冯·阿梅龙根的外孙女。她在萨尔茨堡学习了历史学和传播学，曾在柏林的一家网络公司Bild. T-Online. de担任董事助手。她还在一个由25岁到35岁的年轻人组成的俱乐部"柏林城邦（Berlin-Polis）"工作，这个俱乐部为成长中的企业家、经理人、科学家代言，并为他们建立关系网。玛丽•厄特克尔在一次采访中表达了他们这一代人的愿景："希望社会能给年轻人提供更多的机会，并且在需要做出决定的时候有更多的话语权。"

24. "被迫退隐"
家长、艺术、城市

1968年鲁道夫-奥古斯特•厄特克尔为比勒费尔德捐赠了一座艺术博物馆，这个艺术博物馆在多年以后却成了让这位企业家十分不愉快的东西。不仅是因为博物馆的名称"理查德•卡斯洛夫斯基艺术博物馆"带来了无休止的争吵，而且博物馆中的展品也让鲁道夫-奥古斯特•厄特克尔十分不悦。在博物馆开馆25周年的庆典上，博物馆馆长乌尔里希•维斯纳尔（Ulrich Weisner）在1993年组织了一场"毕加索最后画作"的展览，这是第一次在德国展出巴勃罗•毕加索（Pablo Picasso）从1967年至1972年间创作的部分油画和绘画作品。

维斯纳尔从一开始就很清楚，这次展览可能会遭到抵制。原因是，毕加索在他最后阶段的作品中，喜欢在画布上以粗笨的笔画展示女性的性器官。毕加索死后，这些画于1973年首次展出时，就连他的崇拜者都被那些画面惊得目瞪口呆。许多看过展览的观众认为毕加索的画作有严重的性别歧视倾向。毕加索多年的朋友道格拉斯•库珀（Douglas Cooper）把这些画作称为"人之将死的涂鸦"。在比勒费尔德展出的只是这批画作的一部分。爱德华•博康（Eduard Beaucamp）在《法兰克福汇报》中这样评价："所挑选的画作很适宜展出，在画面上并没有看到过分邪恶与女性的放荡。"

可是，对于品味保守的鲁道夫-奥古斯特·厄特克尔来说，这些绘画作品还是无法接受。这位对古代大师的作品极度偏爱的企业家，对眼前的画作感到作呕。对于这样的作品在比勒费尔德艺术博物馆展出，他感到非常气愤。鲁道夫-奥古斯特·厄特克尔称这些作品"伤风败俗"，画作的展出是对艺术博物馆的侮辱，是对女性观众的极大不恭。鲁道夫-奥古斯特·厄特克尔认为，女性观众看这样的画展，这简直就是对她们的无理要求！这位博物馆的赞助商没有出现在庆典活动的开幕式上，尽管这是为纪念艺术博物馆开馆25周年而举办的活动。

毕加索绘画展使鲁道夫-奥古斯特·厄特克尔和博物馆馆长维斯纳尔的关系降到了冰点，博物馆内外的广告上"理查德·卡斯洛夫斯基"的名字被维斯纳尔擅自删掉，这件事也是他们的关系恶化的重要原因。

颇具争议的毕加索画展结束几个月后，维斯纳尔在奥地利登山时突发心肌梗去世。他的接班人是瑞士人托马斯·凯尔安（Thomas Kellein）。他上任之后，便致力于改善和厄特克尔家族的关系。比勒费尔德市政府的资金捉襟见肘，于是，新任博物馆馆长立即表示给予资助。为了取悦厄特克尔家族，凯尔安在博物馆的对外宣传中，再次使用了卡斯洛夫斯基的名字，并且告诉公众，"博物馆和厄特克尔家族的关系已趋于缓和"。

几年之后，同样的争执再次发生。为了博物馆的经营，需要建立一个基金会，作为主要投资人的鲁道夫-奥古斯特•厄特克尔坚持保留他继父的名字。人们得知此事后，抗议声接踵而来。比勒费尔德青年工人活动中心广播电台发布了一篇关于厄特克尔公司前任经理卡斯洛夫斯基以及他是希姆莱朋友圈成员的文章。这篇报道应该在比勒费尔德广播电台播送，因为，根据北莱茵-威斯特法伦州的媒体法，官方电台应该留出一些时间播送市民私人电台的节目。但是，广播电台与厄特克尔公司取得联系后，决定不播送这篇由青年电台制作的文章，理由是，这篇文章包含了一些"与事实不符的描述"。但是，经过州广播机构的决议，报道还是如期播出了。青年工人活动中心广播电台的成员克劳斯•米勒（Klaus Müller）说："阻碍播送的结果是，这个话题引起了更多人的关注。"

不仅是年轻左翼在抗议此事，著名的历史学家汉斯-乌尔里希•威乐（Hans-Ulrich Wehler）也认为这是一件丑闻，卡斯洛夫斯的名字竟然被比勒费尔德艺术博物馆使用了30年之久！威乐在比勒费尔德大学从教几十年，一直公开发表反对此事的言论，他在大学里一个非常重要的报告会上说，这是"在被政治残害的伤口上撒了一把盐"。威乐认为，卡斯洛夫斯基作为希姆莱朋友圈的成员，是"第三帝国"中的一个屠杀者。1998年，这位历史学家在一次市议会上，要求红绿两党将艺术博物馆中卡斯洛夫斯基的名字去除，无论对厄特克尔公司的关系将付出怎样的代价，对企业界的强权决不可以卑躬屈膝。威乐注意到，许多部门的领导在谈到艺术博物馆时，总是以敬畏的口气称之为"厄特克尔的房子"。

在艺术家的圈子中同样也蔓延着不满的情绪。一个名为"为艺术燃情"的组织强烈要求对博物馆重新命名，并批评了"回馈经济上有实力的企业"的做法。厄特克尔企业的确是现在和过去这座城市最大的纳税人之一。鲁道夫-奥古斯特•厄特克尔不止一次地向世人展示了他的慷慨，所以，这些地方政府官员都不愿意找他的麻烦。

女市长安格莉卡•道夫艾德（Angelika Dopheide）（社民党员）试图找到一个折中的办法，她想出了一个主意，用"伊达•卡斯洛夫斯基"为博物馆命名。鲁道夫-奥古斯特•厄特克尔的母亲伊达•卡斯洛夫斯基当然功不可没，她在1944年去世前一直关注厄特克尔企业中女性员工和孩子的利益。

厄特克尔公司接受了这个建议。在一封给市长的信中鲁道夫-奥古斯特•厄特克尔解释说："接受这个建议是为了保护所有股东的利益，为了避免我们的城市受到损害。"厄特克尔的经理桑德拉在信中对每种可能会出现的批评给予反驳，他说，虽然他也不认识伊达•卡斯洛夫斯基，但她是一个"没有污点的人"，不能因为此事使她遭到"株连"。当年，海因里希•希姆莱就干了一次"株连九族"的事情：1944年7月20日，暗杀希特勒的行动失败以后，希姆莱宣布："施陶芬贝格家族的所有成员均被处决。"

博物馆更名为伊达•卡斯洛夫斯基的计划落空了，因为，来自联邦档案馆的材料证明，鲁道夫-奥古斯特•厄特克尔的母亲在1937年就加入了纳粹组织，她还是地区纳粹女性组织的成员。材料中称，她通过参与社会活动，协助组建符合纳粹思想的企业团体，由她资助的工厂女声合唱团在1936年还演唱过一首赞美希特勒的歌曲，最后一句歌词唱道："我们拥有元首，这是上天的恩赐，我们誓死忠于希特勒！"

后来人们还得知，艺术博物馆的建筑师，美国人菲利普·约翰逊于1934年在美国参与成立了一个支持法西斯的民族党，并且是法西斯统治德国的支持者。还有一个事实也公之于众：曾为厄特克尔设计过房屋的建筑师凯撒·皮瑙，在年轻的时候为阿尔贝特·施佩尔[1]工作。以上事实很容易让人想到，比勒费尔德艺术博物馆就像一个在战后建立的"褐宫"[2]。

1998年10月29日，在比勒费尔德议会的投票中，"红绿联盟"以多数优势通过除去艺术博物馆中"理查德·卡斯洛夫斯基"名字的决议，基民盟和自由民主党却坚持了不同的意见。鲁道夫·奥古斯特·厄特克尔也立即对此表明了态度：如果是30年之前，他会放弃卡斯洛夫斯基的名字，可现在他已经82岁了，他不想再接受这个结果。他声明说："如果艺术博物馆更名，我只能被迫退出不能以我继父的名字命名的艺术博物馆。"他还表示，将不再参与任何与博物馆相关的所有赞助活动。最终，这个话题以鲁道夫-奥古斯特·厄特克尔的退场而告终。

鲁道夫-奥古斯特·厄特克尔收回了他出借给博物馆用于展览的所有艺术品。在议会的决议获得通过没几天，一辆载重汽车开到了博物馆前，搬运工人把七件艺术品装

[1]德国建筑师，纳粹时期任装备部长及帝国经济领导人。——译者注
[2]1933年到1945年纳粹党的总部，位于慕尼黑市。——译者注

上货车。其中一件是来自恩斯特·路德维希·基希纳(Ernst Ludwig Kirchner)的著名画作《俄国的女舞蹈家》，这幅画曾吸引过无数的参观者前来观看，它甚至被选为博物馆30周年庆典的主题宣传画。这幅油画的离开，让许多人唏嘘不已。《俄国的女舞蹈家》曾被纳粹定为"艺术糟粕"，从而禁止在美术馆中展出。这幅油画后来一直挂在鲁道夫-奥古斯特·厄特克尔的儿子，奥古斯特的办公室里。

鲁道夫-奥古斯特·厄特克尔接受了《焦点》杂志和《星期日世界报》的采访，并对他的行为进行了解释。谈到他的继父时，他深感愧疚："和成百上千的人一样，他是在特定的时代背景下加入纳粹组织的。今天的人无法想象那时的日子。认识他的人都知道，他是一个不会犯错误的人。"记者们肯定忘记问他，他的继父是怎样进入希姆莱朋友圈的？他的家族从中获得了哪些好处？记者也没有问及鲁道夫-奥古斯特·厄特克尔在"第三帝国"作为武装亲卫队下级军官的往事。

相反，鲁道夫-奥古斯特·厄特克尔却不失时机地说，比勒费尔德博物馆的首位馆长，赫尔穆特伯爵·冯·莫尔特克(Helmuth Graf von Moltke)的弟弟也是一个纳粹抵抗者，在1944年7月20日被纳粹处决。可是，鲁道夫-奥古斯特·厄特克尔提到的事情并不符实。莫尔特克的弟弟并非施陶芬贝格行动小组[1]的人，而是克莱藻地区反纳粹组织的创始人。1944年1月莫特克尔已被逮捕，1945年1月被判处死刑。

---

[1] 克劳斯·冯·施陶芬贝格领导的以密谋刺杀希特勒，清除纳粹党为目的组建的行动小组。——译者注

对鲁道夫-奥古斯特·厄特克来说，这些细节似乎并不重要，他只想以此来说明，纳粹的反对者也没有对艺术博物馆以党卫军的支持者卡斯洛夫斯基之名来命名一事提出异议。鲁道夫-奥古斯特·厄特克尔谈论这些话题时，就好像在说一件很久以前就已盖棺定论的事情，而事实上并非如此。卡斯洛夫斯基的案件，无论是过去还是现在，从未经过全面的调查，更没有提到法律的层面。因为，鲁道夫-奥古斯特·厄特克尔的继父没有在"第三帝国"幸免于难，所以他在纳粹期间的政治行为，没有成为诉讼内容和去纳粹化的对象。

与许多大企业，如：大众汽车、安联保险、德意志银行不同，厄特克尔企业的"纳粹史"至今没有经过调查。记录鲁道夫-奥古斯特·厄特克尔去纳粹化过程的卷宗至今也不对外公开。甚至厄特克尔公司在"二战"期间是否使用强迫劳动力的问题，至今也没有被完全解释清楚。

曾作为比勒费尔德城市档案馆工作人员的历史学家汉恩斯-耶尔格·库纳(Hanns-Jörg Kühne)，致力于研究强迫劳工的命运，并把他们写到了一本书中。可是，在这本书中竟没有发现这座城市中最著名的企业厄特克尔公司的任何痕迹。有人曾问起此事，库纳在一封信中答复说："在比勒费尔德城市工作期间，我的主要工作是设法取得强迫劳工的证据。我收到了一些来自乌克兰的书信，写信人承认，他们在'厄特克尔公司'或者'巴克因公司'工作，但是我的调查中没有任何依据表明，厄特克尔企业真的雇佣了所谓的'外籍工人'。"

在比勒费尔德市档案馆内，保存着一份德国劳动阵线的名单，大部分比勒费尔德的强迫劳工营和他们被送去干活儿的企业都记录在内，然而，这份名单却不包括厄特克尔公司。其他一些卷宗也记载着大约15,000名强迫劳工的来源和他们在比勒费尔德的工作地点，在这些文件中，同样没有找到关于厄特克尔食品工厂的任何线索。

如果厄特克尔公司真的没有雇佣强迫劳工，这也不能说明厄特克尔公司在道义上的清白，因为，厄特克尔家族和卡斯洛夫斯基控制的公德拉赫印刷厂，在"二战"期间很可能使用了强迫劳动力。另外一家由厄特克尔参股的缝纫机工厂已经转型成为生产军备物资的工厂，这个工厂曾从苏联胁迫几百人来做劳工。所以不难想象，出于安全的考虑，食品工厂放弃使用强迫劳动力，因为，这个食品公司也是纳粹国防军和党卫队的食品供应商。

1998年，比勒费尔德市政府还担心，由于卡斯洛夫斯基问题的争吵会使厄特克尔家族疏远这个城市，可很快他们就可以放下心来。作为荣誉市民的鲁道夫－奥古斯特·厄特克尔帮助当地的足球协会"比勒费尔德阿尔米尼亚"摆脱了困境。他平静地说："如果博物馆的决定是由市议会中半数以上的人做出的，那么，这件事不会影响我和比勒费尔德的关系，这是我的故乡，是生我养我的地方。"

鲁道夫－奥古斯特·厄特克尔准备偃旗息鼓，可他那位充满激情的妻子玛雅正与对手进行着正面交锋。她正在猛烈抨击那些极左势力："他们反对的东西统统被他们视为'极右'。那些蛊惑人心的煽动已经到了登峰造极的地步，甚至影响了州政府。"玛雅气愤地说，在那些叫嚣者中，有很多是外地人，那些对卡斯洛夫斯基事件"秋后算账"的人尤其令她愤怒。把这件事情捅出去的人是来自大学绿党的拥趸，而比勒费尔德本地人只占据其中的一小部分。其实，她自己就是一个慕尼黑人。玛雅·厄特克尔甚至毫不掩饰地说，这些人的行为无异于"左派言论的恐怖事件"。

艺术史专家伊蕾妮·贝洛(Irene Below)认为，整个事件的过程从几个角度分析，都是一个具有典型性的事件，她说："在德国的博物馆中，这也是一个罕见的例子。一个开放博物馆的命名居然和著名的艺术家、收藏家、捐赠者或博物馆长毫无关系，引起关注的却是两个著名的企业家族，一个曾经在纳粹体制中效力的当地名人，人们争吵的是要不要给这样一个人树碑立传，而这个争吵竟持续了30年之久。这个事件反映了一种不仅存在于比勒费尔德这个地区的普遍现象，而且也在提醒人们思考，在'国家社会主义'到联邦共和制的过渡中，怎样在艺术和文化的领域合法对待政治界、经济界和管理界那些旧时的精英。"

厄特克尔家族并没有因为艺术博物馆的争执，而妨碍从家族财产中拿出巨款用于公共福利事业。1999年1月，鲁道夫-奥古斯特·厄特克尔建立了一个促进文化、艺术、文化遗产保护与科学的基金会，该基金会以他的名字命名。这位企业家为此投资3200万马克，后来将资金提高到8000万马克。

1999年，随着地方政治势力的更迭，比勒费尔德市议会中的保守派重新获得多数选票，他们向鲁道夫-奥古斯特·厄特克尔再次表示出和解的姿态：由于理查德·卡斯洛夫斯基夫妇以及他们的两个女儿在1944年就已去世，市政府于2001年，将一段他们房子所在的街道命名为"卡斯洛夫斯基大街"。这是一份精心定制的礼物。就像副市长赖纳•维恩特(Rainer Wend)（社民党员）和社民党议会党团主席在一封信中所写的那样："厄特克尔家族向我们个人以及比勒费尔德社会民主党组织表达了致敬卡斯洛夫斯基的愿望。"但是，有半数以上的社会民主党基层党员是反对这个建议的。

虽然这条街道的命名也可以被理解为是对卡斯洛夫斯基的叔爷，德高望重的纺织行业企业家费迪南德•卡斯洛夫斯基的致敬，可为什么偏偏选择曾经是希姆莱朋友圈的成员理查德•卡斯洛夫斯基住过的街道呢？比勒费尔德的社会学教授卡尔-A•奥拓(Karl A. Otto)指责道："用卡斯洛夫斯基的名字来命名花园、艺术博物馆和街道的行为，传递给公众的是这样的讯息：厄特克尔和卡斯洛夫斯基所取得的经济成就高于一切，其他因素都不重要。"

鲁道夫-奥古斯特•厄特克尔在退出比勒费尔德艺术博物馆之后，他再也不想让那些重要的艺术品在此地被公众评头论足。于是，2003年5月，他在明斯特市(Münster)的威斯特法伦艺术文化博物馆里第一次展出了他的大部分私人收藏品。鲁道夫-奥古斯特•厄特克尔从他的居所、度假屋、公司、酒店里，将超过250件的艺术品集中起来。展品除画作之外，还包括瓷器和金饰品。鲁道夫-奥古斯特•厄特克尔的孩子们也纷纷为这次展览拿出私藏，展品涵盖从古至今的多种作品，从中世纪后期的版面油画到古典风格的现代作品。观众第一次可以看到出自鲁本斯(Rubens)、凡•戴克(van Dyck)、柯纳莱托(Canaletto)、克勒(Klee)、施皮茨韦格(Spitzweg)和科林特(Corinth)的作品。在此次展览的官方公告中，并没有出现鲁道夫-奥古斯特·厄特克尔的名字，展览被称为"一个威斯特法伦人的私人收藏"。

对这些艺术品的归属，每个人都心知肚明。菲利斯塔斯·冯·洛文伯格(Felicitas von Lovenberg)在《法兰克福汇报》中写道："并非鲁道夫-奥古斯特·厄特克尔出于谦虚，不想对这些收藏品进行大肆渲染"，他猜测，鲁道夫-奥古斯特·厄特克尔不想再听到那些分析与见解。"人们散步在展览大厅，自然会尝试了解收藏家的为人，会探究他的性格，会揣摩他的好恶。"但人们很难对此作出客观的评价，因为这些展出的艺术品跨越了五个世纪的时间，鲁道夫-奥古斯特·厄特克尔几乎对各种类型的艺术品都有所涉猎，虽然收藏家的品位包罗万象，但人们还是从这次展览中看出，他更偏爱古代名家和18世纪、19世纪绘画中的田园景色。在明斯特展出的只占鲁道夫-奥古斯特·厄特克尔艺术收藏品的四分之一。

鲁道夫-奥古斯特·厄特克尔在这些年中收集了不下1,000件艺术品，管家莫妮卡·伯阿何特勒(Monika Bachtler)和英格·艾格尔特(Inge Eggerth)在帮忙打理。美国杂志《文艺新闻》定期公布世界上最活跃私人收藏家的名单，但是，在最新的一份名单上却没有见到鲁道夫-奥古斯特·厄特克尔的名字，似乎他收藏的数量再也没有上升。在14位收入其中的德国人中，也包括鲁道夫-奥古斯特·厄特克尔的外甥阿伦德·厄特克尔。

鲁道夫-奥古斯特·厄特克尔似乎从未公开表达过自

己对艺术的见地。他的建筑师露特·皮瑙，也是他朋友的妻子，在1993年描写了她所认识的这位比勒费尔德慈善家及收藏家："他确实对文化艺术没有兴趣。"这位拥有博士学位的艺术史学家说，这些画对于鲁道夫-奥古斯特·厄特克尔来说只是一次投资的机会。她不曾从鲁道夫-奥古斯特·厄特克尔身上感受到他对艺术深入的、精神的、情感层面的理解。"厄特克尔对自己的藏品知之甚少，但是他会对我们的油画作出评价。"露特·皮瑙说，"他会邀请我和一些朋友到家里，谈论早期的浪漫主义油画和部分古典风景画以及古典肖像画。他认为这些画并没有什么价值，或者干脆就是次品。虽然他的收藏中包括科赫（Koch）、哈克特（Hackert）、莱茵哈特（Reinhart）、蒂施拜因（Tischbein）、雷诺茨（Reynolds）、庚斯博罗（Gainsborough）等艺术家的作品，但是他根本不知道这些人的名字。"

25. "在瑞士出现了一个良机"
工业副主席的税收模式

　　1991年，在洛桑（Lausanne）的一家酒店里，有两个德国人正在商讨欧洲足球的比赛模式。这两个人，一个是来自不来梅（Bremen）的于耳根·伦茨（Jürgen Lenz），另一个是诺伊斯（Neuss）的克劳斯·汉培尔（Klaus Hempel），他们已经具备经营大型体育活动的丰富经验。在他们自立门户之前，曾为阿迪达斯（Adidas）和瑞士体育营销ISL公司（ISL Marketing AG）工作过，受国际足球联合会的委托，这个营销公司将足球赛事的电视转播权卖给世界各地的电视台。

在日内瓦湖旁，伦茨和汉培尔正在计划着比赛模式和赛程，打算用一种淘汰赛的方式取代欧洲杯的全国冠军赛，因为，最强的欧洲足球俱乐部之间的比赛对观众、协会和广告业会更有吸引力。这次交谈促成了欧洲足球俱乐部冠军联赛的设想，两个人希望有一个更好的营销形式，禁止比赛一方作为主办方或广告商介入其中，投资人可以建立一个代理公司，取名为大型活动营销股份公司。随后，他们向欧洲足球协会的负责人递交了这一设想。这个计划让欧洲足协的先生们眼前一亮，他们立即喜欢上了这个计划。

可是，还有另外一些体育销售商也想成为欧洲足球比赛转播权的经纪人。虽然他们的计划不像欧洲足球俱乐部冠军联赛那样别出心裁，但是这些公司的财力要远远强于这个代理公司。谁来向欧洲足协担保，伦茨和汉培尔的计划一定会让广告商在电视台赚得利润？所以，足协主席要求伦茨和汉培尔交纳1.5亿马克的意外保证金。

这一笔不小的数目让伦茨和汉培尔倍感压力，他们赶快行动起来，寻找潜在的投资人。他们听说，阿伦德·厄特克尔和他的岳父阿梅龙根还从未接触过与体育和媒体版权有关的项目，于是就找到了他们。此时，阿伦德和岳父刚刚把科隆钢铁集团的奥拓·沃尔夫钢铁厂卖给了蒂森公司，所以，他们的手上正好有充足的资金。他们立即表示愿意出资为代理公司担保，但前提是参股这家大型活动营销股份公司。双方谈妥，担保人可以参股47%，并且获得今后相应比例的分红。

　　奥拓·沃尔夫·冯·阿梅龙根的确是一个足球迷。他曾经帮助科隆足球队摆脱了经济上的困境。另外，作为德国经济界的一棵常青树，他在国际上也拥有强大的人际关系网，同时也是欧洲足协主席莱恩纳特·约翰森（Lennart Johansson）的座上客。从欧洲足球协会的角度来看，他们非常欢迎阿梅龙根和阿伦德·厄特克尔作为生意伙伴，因为这翁婿两人不会像贝斯塔曼（Bertelsmann）和莱奥·基希（Leo Kirch）这样的媒体人，只是从中谋求自己的利益，而他们却能抛砖引玉，招来出价更高的企业家。

　　通过两位企业家的担保，代理公司得到了举办欧洲足球俱乐部冠军联赛的补充资金。汉培尔和伦茨必须在很短的时间内，说服那些电视台和广告商认同自己的设想，他们成功了！起初，俱乐部内部对这个计划疑惑重重，巴伐利亚慕尼黑俱乐部的行政主管乌利·赫内斯（Uli Hoeneß）甚至称其为"胡闹"。可是，这些人很快就对这个计划刮目相看。1992年，欧洲足球俱乐部冠军联赛正式打响，所投入的成本很快就被收回。

　　赛事很快就被推广开来，利益也越来越丰厚。1996年，代理公司通过出售转播权和广告获利2.2亿马克。经理们还在懵懂之中，俱乐部就已经赚得盆满钵满。足球的生意一年比一年红火，欧洲足球俱乐部冠军联赛被证明是个"印钞机"（《星期日世界报》语）。阿伦德·厄特克尔和沃尔夫对该项目的支持，证明了他们是嗅觉敏感的企业家。奥拓·沃尔夫·冯·阿梅龙根高兴地说："目前的运行状况令每个人垂涎。"

代理公司的生意蒸蒸日上。在电视台的竞赛中，体育版权的价格越来越高。不仅有德国RTL电视台、卫星一台、普莱米尔等私人电视台愿意为欧洲足球俱乐部冠军联赛一掷千金，而且还有来自英国、意大利、西班牙甚至日本的大笔资金流进代理公司。位于卢塞恩湖畔的代理公司在做着炙手可热的生意。在新型多彩的经济模式中，体育版权对于媒体公司来说是人们必不可少的"商品"形式，价格再高也得购买，至于花这个价钱是否值得，在那个证券市场非常繁荣的时代里，根本就没人过问。但是，也有一部分观察家把这件事情看得很明白。《南德意志报》在1998年写道："人们要想让联赛的生意有保障，就要为电视转播找到最好的经纪人，找对了人，才能保证赚钱多，风险小。"

阿伦德·厄特克尔和他的岳父当然对这个生意的利弊再清楚不过。他们已经在商场中摸爬滚打很多年，并取得了不俗的成绩。但是1999年春天，这两位投资人又有了别的想法，他们准备退出，对退出的原因却语焉不详。谈判是在保密的情况下进行的。俱乐部的参与数量已从8家上升至24家，欧洲足球俱乐部冠军联赛在200多个国家和地区播出，拥有25亿电视观众，它带来了前所未有的高额盈利。

难道企业家早已预料到，体育版权的价格有可能会下跌？还是趁证券市场正处牛市时期以最大的获利抛掉代理公司的股份？代理公司和欧洲足协合约毕竟还要持续到2003年，以后是否续约还尚无定论。

阿伦德·厄特克尔和阿梅龙根当然更想先把钱赚到

手。他们很快就找到了一个影业公司，焦点通信股份有限公司（Highlight Communications AG），这个公司的股票在法兰克福交易所最新上市。焦点通信接手了体育版权代理公司80%的股份。阿梅龙根和阿伦德·厄特克尔完全退出。伦茨和汉培尔凭借手中20%的股份仍留在公司中。没有人知道两位来自科隆的投资者在交易中究竟赚到了多少钱。《新苏黎世报》写道："关于80%大宗股票的价格，买卖方都三缄其口。"

可是，没有不透风的墙。一年之后，从焦点通信年度财务报表的附录中找到了一份确切的清单，上面写着，购买总价为1.34亿瑞士法郎，其中，7,700万用来兑付阿伦德·厄特克尔和阿梅龙根的股份，有一部分是用焦点通信的股票来支付的，而这些股票的价值在短时间内迅速升值。

体育版权并不是阿伦德·厄特克尔在瑞士经营的唯一和最大的买卖。他从代理公司了解到，企业在瑞士从事哪种生意可以享受到有利的避税条件，他产生了把食品公司开到瑞士的想法。

自20世纪70年代以来，阿伦德·厄特克尔几乎可以对巴登的施瓦陶工厂放下心来。1968年，阿伦德·厄特克尔请来知己和生意伙伴维尔纳·侯姆担任主管助手，协助治理工厂。到了90年代，果酱在市场上占有的份额从5%上升到了50%，侯姆又把美国麦棒引到德国，并冠以"科尔尼"的品牌，在莫文皮克公司（Mövenpick）获得高价果酱的授权许可。

作为公司的掌门人，阿伦德·厄特克尔偶尔会到施瓦陶果酱工厂，给全体员工发表振奋人心的演讲，宣传企业的战略方针。近年来，施瓦陶工厂已经买下了一系列的外国企业，可是，它还没有出现在瑞士的市场中。早在70年代时，阿伦德·厄特克尔就已经对瑞士的英雄果酱罐头公司萌生爱意，这家公司所在地伦茨伯格(Lenzburg)是阿伦德·厄特克尔心仪的地方。可是，德国的咖啡企业克劳斯·雅各布斯(Klaus Jacobs)却捷足先登，于1987年买下了这家瑞士公司的大宗股票。

但是，那时的雅各布斯在瑞士并不受欢迎，公司的收购行为被瑞士公民视为恶意接管，在社会各阶层激起了强烈的抗议。两位英雄公司的经理人在瑞士银行帮助下，最终打败德国的雅各布斯，公司董事费利克斯·多尼(Felix Dony)和鲁道夫·施图莫珀(Rudolf Stump)贷款买下了雅各布斯的全部股权，并和另一位合伙人合作，掌控了英雄公司的大部分股份，这种方法被称为"管理层收购"。在贷款利息保持低息水平的时候，一切都相安无事，而到了20世纪90年代利息增高时，英雄公司的股票却在贬值，瑞士银行这才开始慌张起来。也就在此时，阿伦德·厄特克尔的机会出现了，他抓住了它。

1995年7月，阿伦德·厄特克尔买下了英雄的大部分股票。通常来说，类似这样的生意，阿伦德·厄特克尔不会直接去做。阿伦德·厄特克尔的施瓦陶国际有限公司收购了一家控股公司的下属公司，FIM股份公司，它位于瑞士的楚格州(Zug)。为了避税，他们把食品公司的股票投在了FIM股份公司里。

阿伦德·厄特克尔为购买英雄公司的股份到底支付了多少钱，人们无从知晓。这也是《新苏黎世报》评价这场交易为"不透明交易"的原因之一。毕竟英雄公司是一家营业额为12.3亿瑞士法郎和拥有上千名员工的知名传统企业。这家在德国的瑞士公司也销售克林德沃特和琳达韦阿德果汁（Klindworth und Lindavia），它的销售额比施瓦陶工厂还要高。

　　小公司买下了大公司，阿伦德·厄特克尔是怎样做到的？答案是：巧妙的资产等价抵充。当德国果酱企业家在获得瑞士公司大部分股票的同时，瑞士公司也买下了施瓦陶公司在国外的多家公司，这样，就有上百万马克进入了公司的账户。先是英国、美国、荷兰和波兰的施瓦陶工厂变更了主人，一年之后，法国的施瓦陶子公司也卖给了英雄公司。1996年末，瑞士集团拥有的生产厂家已经从20家上升至30家，而阿伦德·厄特克尔的施瓦陶工厂的规模却相应变小。

　　观察者估计，阿伦德·厄特克尔为英雄公司股份支付的费用在3.2亿到4亿瑞士法郎之间；而英雄集团为收购施瓦陶在国外的子公司支付的金额却是一个未知数。投资银行专家冯托贝尔（Vontobel）批评说："买入价和盈利的数额都未被公开。"据观察者估计，英雄公司收购施瓦陶国外子公司的价格约为1.85亿瑞士法郎。

　　回顾此事的过程，人们可以看出，资产的额外交易只是这个著名企业长远步骤的第一步：逐步减少在德国的企业财产，提高在瑞士资产的份额，即所谓的分期移民。

　　英雄公司的大股东阿伦德·厄特克尔居住在科隆，之后迁居柏林，1995年，他最重要的两位合伙人、经理人维尔纳·侯姆和卢茨·皮特斯，从荷尔斯泰因的巴登施瓦陶地区来到了瑞士。他们进入伦茨堡英雄集团的领导层，这标志着，这里将成为阿伦德·厄特克尔商业王国的指挥重地，很显然，税收的优势也是一个重要的因素。

通过进入英雄集团，阿伦德·厄特克尔扩大了公司在国际上的规模。1995年，在他监控下的企业雇用了大约7,800名员工，并取得了31亿马克的营业额。这展现了一个全新的维度，并提高了阿伦德·厄特克尔支系在整个厄特克尔家族的分量。《德国经济周刊》写道："阿伦德·厄特克尔通过接管瑞士食品行业的巨头英雄公司，缩小了与比勒费尔德母公司的差距。"

在阿伦德·厄特克尔进入伦茨堡时，人们声称，这里具有采购、销售、物流协调一致的优势，可是，令英雄股东们遗憾的是，股票行情在明显下跌。阿伦德·厄特克尔的瑞士公司高层领导人竭尽全力将公司再次带到领先的地位，他们放弃了在德国和法国的果汁生意，停止了那些没有盈利的生产活动。不幸的是，施瓦陶工厂也陷入了困境。1997年和1998年，他们在一起巨大的勒索案中深受其害，作案人将有毒的果酱放在了店铺的玻璃瓶里。幸好，这件事很快就得到平息。

2002年4月，阿伦德·厄特克尔再次和"自己"做起了生意。由他自己担任管委会主席的英雄股份公司接手了51%的施瓦陶工厂的品牌生产线，内容包括果酱、麦棒、烤制食品及装饰物的生产与销售，并冠以"施瓦陶专卖""科尔尼""施瓦陶"等品牌。施瓦陶是以上三种系列产品在德国市场上的领头羊，销售额共计2.85亿欧元。为了出售方便，阿伦德·厄特克尔事先就把这笔生意放到了施瓦陶两合股份有限公司中。

　　为了获得新购生产线的控股权，由德国厄特克尔控股的瑞士公司付给这家厄特克尔参股的德国公司1.83亿欧元，卖主不必为得到的收益交税，因为德国财政机关从2002年起放弃从变卖股份的盈利中收取税款。按照"红绿联盟"的说法，这种结构调整有利于德国的经济。这种情况对那些把产业转入瑞士的德国企业家非常有利。

　　基民盟成员阿伦德·厄特克尔害怕"红绿联盟"在竞选中胜出，基民盟的财政专家在2002年春天宣布，总理竞选人埃德蒙特·施托伊伯（Edmund Stoiber）胜出之后，就会取消这一无法容忍的纳税政策［巴伐利亚的财政部长库尔特·法尔特豪瑟尔（Kurt Falthauser）语］。显然，阿伦德·厄特克尔要抢在这之前行动。

　　20世纪90年代中期，施瓦陶公司由于把自己一半的名牌产品生意交给了国外的子公司，国内的生产已经在缩水，而如今生产再次削减。2002年春天他们就协商决定，英雄公司从2009年起有权收购余下49%的股份，不用说，巴登地区这家唯一的施瓦陶工厂也变成了外国人的企业。

　　阿伦德·厄特克尔似乎早已预感到未来的税法会被修改。他首先想到的是2006年的议会选举，即使接下来不再免税，那么，旧的规章下英雄公司于2007年5月进行的这笔交易依然有效，如果英雄公司的流动资金不够充裕，那么，它还能够用股票支付另外一半股份。

　　德国联邦工业协会副主席阿伦德·厄特克尔在减少国内资产的同时，他在瑞士的影响力却在扩大。阿伦德·厄特克尔1995年入股英雄公司时，他的知己卢茨还在记者面前否认完全收购瑞士企业的计划。但是在接下来几年里，阿伦德·厄特克尔却多次购买英雄公司的股票。2002年春天，他把施瓦陶品牌产品的多数股权卖给瑞士的股份公司时，他又用其中的部分所得从那时还是私人财产的瑞士公司中购买了英雄股票，这一下，阿伦德·厄特克尔又将20万股有价证券揽到自己的手中。

2003年2月，这位德国企业家又向前迈出了至关重要的一步，他从债台高筑的瑞士投资人马丁·埃布纳（Martin Ebner）手中得到了英雄的大宗股票，加上这15.3%的股份，阿伦德·厄特克尔将自己在英雄公司的多数股权增加到接近74%。现在是将瑞士公司小股东挤出去的最有利的时机，阿伦德·厄特克尔可以完全施展拳脚了。他正着手在交易所中把英雄股份公司改为一个私人公司。

2003年3月，阿伦德·厄特克尔将位于避税区楚格的FIM股份公司向英雄公司的所有股东提出一个高于当时市价18%的收购价格。对于许多人来说，这个价格极具诱惑力。在接下来的几个星期内，大部分英雄股东将他们的股份卖给了FIM股份公司。当年6月份，FIM股份公司几乎获得了英雄公司99%的股份。这样，FIM股份公司就可以充分利用法律的规定，宣布少数外部股票无效，并终止这些股票在证券交易中进行交易。

通过这种方法，FIM股份公司成为瑞士食品集团的独资人。2003年，公司在世界范围内的员工共有4,895名。鉴于FIM股份公司的特殊性，人们有必要对公司的情况作进一步的了解。其实它就是一个皮包公司，不做任何具体的业务。它的通信地址是瑞士楚格州楚格市古特街4号。

　　在瑞士这个规模只有10万人口的最小的州里，像FIM
股份公司这样的皮包公司却有上千个。原因是，楚格州是
一个避税地区。企业只需将盈利的16%付给财政机关，而
在瑞士的其他州，却要上交平均数为24%的利润税，而德
国的利润税甚至高达40%。

　　2003年，自从网球运动员鲍里斯·贝克尔（Boris
Becker）宣布移居楚格州，这个地方便上了德国的报纸头
条。数十年以来，麦德龙的创建者奥拓·拜斯海姆（Otto
Beisheim）就定居在楚格州。不同于贝克尔和拜斯海姆，
阿伦德·厄特克尔一直没能下定决心从柏林迁居楚格，如果
阿伦德·厄特克尔因为避税到楚格生活，他可能必须放弃德
国联邦工业协会副主席和德国科学基金会主席的职务。

　　直到现在，阿伦德·厄特克尔在楚格只有FIM股份公
司在工商局的注册编号。FIM的股份100%属于巴登地区的
施瓦陶国际有限公司，就像从英雄公司的小股东购买股份
的证明材料中所记载的那样。施瓦陶公司属于AOH食品有
限责任两合公司的资产，AOH这三个字母是阿伦德·厄
特克尔控股公司的缩写，它的所在地是柏林。它也没有
实质性的生意往来，而是阿伦德·厄特克尔私人财产的管
理手段。

　　将英雄公司的股份转到私人投资者名下的做法遭到股
东权益保护者的强烈批评。德国维尔茨堡（Würzburg）经
济学教授埃克哈特·威格（Ekkehard Wenger）以强有力的论
据说明了这种转让对小股东们的极大"不公"。2003年春
天，阿伦德·厄特克尔为英雄股票的持有者们在表面上报
了一个极具吸引力的价格，可是，这个报价还是低于1999

年至2001年期间交易所中的价格。阿伦德•厄特克尔根据现有股市的行情来定价，这个报价在当时股票暴跌的情形下是非常低的。而公司当时的效益却很好，2002年效益提升了不止60%。

埃克哈特•威格在股东大会上指责阿伦德•厄特克尔，他，或者他的盟友在报价前的12个月付给英雄大股东的价钱要比提供给小股东的价钱高很多。

阿伦德•厄特克尔当然知道，这些小股东根本没有反击他的机会。对他们来说，除了接受这个价格别无选择，否则会遭受更大的损失。如果人们没有在2003年春天将股票卖给阿伦德•厄特克尔，那么，股票就将面临被套牢的危险，今后无法在交易所继续交易。与德国不同的是，瑞士那些对公司不满意的小股东们甚至无权在法庭上提出申诉，要求大股东支付赔偿金。股东利益保护者威格说，英雄公司的境遇是一个极具典型意义的例子，"人们学会了如何在股市不景气时将股东们以低廉价格挤出公司，以便在未来取得成功。"

位于巴登的施瓦陶食品公司越来越变得无足轻重。虽然公司的年报说，2002年春天仍有800人在厂里工作，但自从工厂被卖出之后，工厂在一家瑞士公司的控制下运行，唱主角的人都在伦茨堡，他们指挥着这里的产品生产、广告活动、市场营销。

在2002年3月的一份关于出售施瓦陶品牌工厂的新闻报道中写道："巴登的施瓦陶工厂一直在向德国财政机关交纳税款，从未间断。"这话虽然属实，但却毫无意义。对于这种全球性的公司来说，最重要的是，在哪个国家的盈利最多。一个集团总部财务董事的技巧是让公司在税率最低的地方获得最高的盈利。最喜欢使用的一种方法是，计算出股份公司之间供货和第三产业的价格。为了向财政部门证明公司有高额成本费用，公司就应该在高额税收地区支付高额款项，而公司的盈利却在另外一个地方。

令人惊讶的是，企业家阿伦德·厄特克尔竟然在公众没有察觉的情况下，完成了德国-瑞士公司的交易。这位德国工业界的重要人物将他的企业活动重心一步步转移到瑞士，这件事当时并没有成为被热议的政治话题。直到奶业大亨特奥·米勒（Theo Müller）、鲍里斯·贝克尔（Boris Becker）离开德国之后，避税的话题才被提到联邦德国的政治话题中来，可阿伦德·厄特克尔的情况依然无人重视。

阿伦德·厄特克尔只有一次被问及他迁移的原因。代表中产阶层的杂志《冲力》（Impulse）在2003年秋天采访了这位德国联邦工业协会的副主席，杂志封面的故事是关于节税问题的。在谈论了一些政治话题后，他们开始闲聊些私人的话题："听说您最近在瑞士投资，是要逃离德国吗？"阿伦德·厄特克尔的回答模糊不清："在瑞士出现了一个良机，我必须抓住这个机会。我认为自己是居住在德国的欧洲企业家，我要去那些确保成功的地方，而且要条件合适。这是一个选择地点的问题，而并非对德国不利。"关于纳税这个字眼，他没有说出只言片语。

企业家族的其他成员比他的想法更加爱国。阿伦德·厄特克尔的表哥奥古斯特·厄特克尔后来没有放弃故土。当《食品报》和他谈到奶业大亨特奥·米勒的例子时，奥古斯特·厄特克尔在2003年11月回答说："我们的观点是，我们不仅要久居德国，而且还要扎根比勒费尔德。这里是我们身份的一部分，是我们112年前的根，因此，无论公司的税率高低与否，无论市政府由谁来当家，我们都不会考虑离开。"他和父亲鲁道夫-奥古斯特·厄特克尔的想法不谋而合，那位试图逃税的奶酪企业家亲口说过："老厄特克尔先生说，他根本不能理解，为什么我要这样做。他早就在数年的时间里，缴纳了遗产税。"

阿伦德·厄特克尔是否在接下来的年代里，为逃避遗产税而举家迁居瑞士，人们可以拭目以待。关于财产继承的问题，阿伦德·厄特克尔只是宣布，同意把公司股份分给在1976年至1992年出生的五个孩子。

长期以来大家都知道，阿伦德·厄特克尔对遗产税的制度心存芥蒂。这位在政治上有巨大影响力的企业家，会利用任何机会来抨击遗产税制。1995年，他在一篇文章中表述了自己的怀疑："征收遗产税的意义到底何在？"他的论据是：家族企业的换代过程非常艰苦，在企业更迭时期正需要大量资金的补充。2003年，阿伦德·厄特克尔提出要求，如果继承人已连续经营公司十年以上，那么，立法人就应该完全免除他们的遗产税。

但是，这位工业副主席在提出此建议的同时，忘记了其他因素的存在：高级法院已裁定，准许给企业一定的经济补贴。联邦财政院也针对现有企业资产，对继承人实行了整体优惠的政策，并指出，如果存在的财产"与目前的工作相去甚远"，这个问题只能通过联邦立法院来做出裁定。

如果企业的资产超过22.5万欧元，并且继承人的免税金额已被其他资产用尽，那么，继承人才开始以资产的65%纳税，按照第一等税率缴纳。德国经济研究协会的专家在2003年指出："当前的这种优惠税制是对税收合理化的最大诋毁。"

26. "比尔森啤酒[1]和布丁及披萨饼是绝配"
一家饥饿的企业

在慕尼黑和比勒费尔德之间进行了超过一年时间的电子邮件往来后，厄特克尔公司高管们才和银行家在私底下会面，协商购买生产布朗-布劳恩啤酒的公司。该公司超过60%的股份在裕宝银行（Hypo Vereinsbank）的手中。这家银行缺少资金，因此很想脱离公司的股份投资。厄特克尔企业对啤酒厂的购买很感兴趣，他们想扩大本公司酿造业的规模。在这一领域中，厄特克尔拉德贝格集团已是德国啤酒的第三大供货商，如果再买下布朗-布劳恩（Brau und Brunnen），那么，他们就可以成为啤酒市场的领头羊。

在秘密商谈中，银行一方说出自己预想的报价，厄特克尔公司听到对方的要求时，先忍让下来并与之谈判。但是他们并不是唯一一个对该啤酒厂感兴趣的公司。和多数家族企业一样，厄特克尔公司当然不会接受哄抬价格，和那些上市的大公司不同，他们用来并购的资金都是公司自己的财产，而不是广大股东的钱。

---

[1]比尔森啤酒，简称比尔森（德语：Pils），指用比尔森式酿造法制出的啤酒。它源自捷克比尔森市，是一种用浅色麦芽和苦味较重的啤酒花酿造的啤酒，酒精度多在5%以下。——译者注

通过几次交往之后，谈判中断了。对于布朗-布劳恩的价格，双方最终没有达成一致并产生了分歧。主管厄特克尔酿酒业务的经理人，拉德贝格公司领导乌尔里希·卡麦尔(Ulrich Kallmeyer)说："我们有足够的耐心，不会让神经绷得太紧，但也不会不顾一切地付出代价。"厄特克尔公司一直把这个策略坚持到最后。

2003年的秋天，布朗-布劳恩啤酒的谈判破裂之后，厄特克尔企业找到了另外一家正准备出售的企业，这家企业的规模虽小，但极具吸引力：斯图加特霍夫布劳斯啤酒公司(Stuttgarter Hofbräu)。拉德贝格买下了这家公司50%的股份。裕宝银行仍然在努力变卖啤酒厂的股份，但一直没有成功。不断在向德国扩张的丹麦嘉士伯啤酒公司(Carlsberg-Konzern)与德国的好顺集团(Holsten-Gruppe)已经合并（生产好顺、国王、里歇尔牌啤酒），比利时英特布鲁公司也收购了贝克啤酒厂和迪贝尔斯啤酒厂，而这两家公司都没有接受裕宝银行的报价。

最后，机会还是眷顾了厄特克尔集团。2004年2月，厄特克尔集团仍以2.2亿欧元的价格买下了布朗-布劳恩的股份，虽然这仍是一个不低的价格，但是，自从好顺啤酒公司被卖掉之后，厄特克尔家族企业在两年之前就调整了战略，决定继续扩大啤酒生意，通过购买啤酒品牌来占领市场。在和裕宝银行达成协议后，厄特克尔公司给布朗-布劳恩的小股东们提供了一个机会，以超过股市16%的价格出售布朗-布劳恩的股票，以便完全掌控这家刚刚收购的公司。

通过此次并购行动，厄特克尔家族在经营食品生意一百年之后，成为德国最大的啤酒商。家族旗下的两个啤酒公司总共占据市场份额的15%，但是，客户们却察觉不到公司主人的变更，因为，厄特克尔拉德贝格生产的啤酒继续沿用了大量的传统品牌。除了"萨克森优品"（sächsischen Premiumbier），还有"宾丁"（Binding）、"亨宁"（Henninger Bräu）、"DAB多特蒙德啤酒"（DAB Dortmunder Actien-Brauerei）、"乌尔-克劳斯梯策尔"（Ur-Krostitzer）和"柏林克林德"（Berliner Kindl）等啤酒名品。拉德贝格公司在捷克还生产"格伦维斯"啤酒，由此将这种具有波西米亚地区酿酒艺术风格的啤酒引入德国市场。"克劳斯塔勒"（Krusovice）是德国市场上拥有客户最多的不含酒精的啤酒，它也是厄特克尔的产品。著名的小麦啤酒"雪芙豪夫"尤其受到哈拉德·施密特（Harald-Schmidt-Show）脱口秀观众的青睐。

通过收购布朗-布劳恩啤酒厂，厄特克尔集团进一步引进了更多的啤酒品牌，像"积发""多特蒙德联盟""布林克霍夫一号""威客酷乐"等。"西昂""吉尔登""屈珀斯""皮特斯"等科隆系列啤酒也进入了厄特克尔家族企业的生产计划之列。另外，"阿尔特宫殿啤酒""舒尔德海思比尔森啤酒""图赫尔啤酒"都在厄特克尔企业酿造。

厄特克尔企业在矿泉水的生产上也具有优势。布朗-布劳恩将一系列在当地非常著名的矿泉水品牌带到了厄特克尔控股公司，而拉德贝格集团早已拥有品牌名为"瑟尔特斯（Selters）"矿泉水的公司，"瑟尔特斯"在德国几乎就是矿泉水的代名词。

厄特克尔所有啤酒公司的销售额共达到了15亿欧元，员工数量达到了6,000人。尽管如此，比勒费尔德总部依然制定了继续扩大啤酒生产规模的战略。公司掌门人奥古斯特·厄特克尔宣布："一旦在国内市场上发现好的品牌，我们就立即出手。"他的目标是占据德国啤酒市场份额的20%，在萨尔州、石勒苏益格-荷尔斯泰因州以及一些直辖市，还没有出现厄特克尔的酿酒厂，这种状况一定要改变。

厄特克尔家族通过企业收购，扩大了业务，争取在这个竞争激烈的领域中立足。可是，近些年来，德国的啤酒销量却在下降，这个曾被视为民族饮料的啤酒，如今不再受年轻人的青睐。安永咨询公司（Ernst & Young）的调查结果表明，葡萄酒和混合饮料变成了时髦的饮品，而啤酒却被视为"爷爷们的饮料"。于是，一股合并的浪潮开始席卷这个行业。除保留了一些地区的小型啤酒厂之外，大型啤酒公司所剩无几。《法兰克福汇报》撰文说，在这个过程中，厄特克尔家族有一些故意的行为，"厄特克尔的策略是打民族牌，故意让那些中小型啤酒厂被国外的竞争者收购"。

对这个家族来说，他们的愿望是让优质的品牌在市场上站稳脚跟，品牌一直扮演着重要的角色。在这个领域里，几乎没有哪家企业像厄特克尔集团一样有如此丰富的经验。拉德贝格的经理，也是奥古斯特·厄特克尔控股两合公司的全权代表卡迈尔这样评价公司在酿造业上的扩张："比尔森啤酒和布丁及披萨饼是绝配。"

　　这个生产多种商品的厄特克尔集团转移了生产重心。2003年，食品销售额为15亿欧元，啤酒生意要比它更大。其中，厄特克尔博士传统系列产品中的布丁粉和膨松剂早已不再是主打产品，其他产品带来的利润更高。除了蛋糕粉、甜点和蜂蜜之外，公司还生产"厄特克尔博士"牌的奶油食品和混合麦片。厄特克尔公司的"科斯塔"牌冷冻海洋食品成为市场上的热门食品。此外，厄特克尔公司还是食堂、医院、养老院以及一些大客户的供货商。

　　一段时间以来，最畅销的商品是披萨饼，厄特克尔公司几乎占据了德国市场的40%，从而成为披萨市场上的领头羊。今天，厄特克尔家族食品企业收入的四分之一来自冷冻披萨饼。像"弗拉比阿塔"（Flambiata），"库利纳里阿"（Culinaria）和"蒂奥分夫利施"（Ofenfrische）等冷冻糕饼的产地是在摩泽尔河畔的维塔利希市和维滕堡市，这些产品不仅成了德国市场的畅销品，而且在东欧的一些国家也是市场热销货。披萨饼在挪威、芬兰和英国销售额也不断上升。虽然比勒费尔德企业还没有成为欧洲最大的披萨面饼工厂，但这个目标也不再遥远。即使在意大利，厄特克尔披萨饼的销量也来到第二名的位置。

　　厄特克尔家族的披萨饼生产说明了一种常常被人关注的事实：作为独立投资的家族企业，人们会以锲而不舍的精神去追寻自己的目标；而资本公司的股东会要求他们的经理人尽可能快地取得成果。厄特克尔家族在冷冻食品尚在亏损阶段时，用极大的耐心等来了产品的扭亏为盈。奥古斯特·厄特克尔说："这次逆转给了我们很大的自信。"他口中的"我们"，其实在说他自己。厄特克尔公

司用披萨饼的成功生产证明：他有能力让自己的传统产品
更新换代。

对于一个像厄特克尔这样的食品生产商来说，很难在
自己的领域继续发展，所以他们一次又一次成功地并购了
像昂肯（Onken）这样的生产酸奶和奶酪的食品制造商。德
国的消费水平一直处于高位，但人口的数量在不断下降。
因此，厄特克尔企业也在相应改变自己的策略，不再增加
供应给德国消费者的产品种类，而是用少量的品种打入更
大的国外市场，因此，厄特克尔公司的产品由700种减少到
250种。"当然，我们不会只生产速冻豌豆的，那样，我们
的才能就会受到遏制。"奥古斯特·厄特克尔如是说。

在德国国内，厄特克尔博士产品系列正在和自有品
牌进行竞争，例如：低价超市阿尔迪（ALDI）就做类似的
生意。在过去的几年中，廉价商店的销售额在快速增长，
因此，品牌产品的生存遭到了极大的挑战。在经济不景气
时，越来越多的德国居民更乐于选择便宜的商品，价格比
一般商品的价格要便宜45%。有些廉价商品是由品牌制造
商生产的，对此消费者早已心知肚明。

厄特克尔公司是德国为数不多拒绝向商家提供无商标
产品的厂家之一。关于这个问题，公司管理层和厄特克尔
家族成员一直在进行讨论，最后，他们还是坚持了原来的
做法。奥古斯特·厄特克尔说："我们不能允许有损自家
品牌的事情发生。"他认为，如果买家了解到，厄特克尔
博士品牌的产品被冠以其他商标廉价出售，那么，他们会
有被欺骗的感觉。

品牌产品可以让厄特克尔家族盈利更多，就像奥古斯

特的异母兄弟阿尔弗雷德在他的博士论文里阐释的那样：
"一个在业内被认可的品牌能把它的产品、客户以及第三
产业等各个环节紧密地联系起来，人们对价格的敏感度也
会大大降低，可以限制未来有可能出现的高额收益差价，
从而为潜在的竞争者进入市场设置障碍。"

　　从另一方面来看，这样做的结果也存在着一定的危
险性。最近几年，厄特克尔博士品牌的光环在逐渐暗淡，
扬&罗必凯（Young & Rubicam）广告代理商经调查发现，
1993年厄特克尔博士品牌在德国是五大最受欢迎的品牌
之一，可后来，这个品牌跌落到前十名以后。投入了大
量宣传广告的万得城电器（Media Markt）和受欢迎的网
购电商，已经排到了前列，琅尼斯（Langnese）、百乐顺
（Bahlsen）、秒卡（Milka）等传统品牌在市场上也遭到
排挤。

　　观察家们注意到，受到挤压或在市场上消失的是一些
中低端品牌。奥古斯特•厄特克尔也承认："在以市场为
导向的今天，这样的结果不足为奇。"虽然厄特克尔是德
国最大的食品制造商，但是，与跨国大集团相比，它还是
一个规模较小的家族企业。雀巢（Nestlé）公司的规模要超
过厄特克尔公司至少40倍，联合利华（Unilever）也在10倍
以上。但是，一个公司的规模大小并不说明什么问题。奥
古斯特•厄特克尔说："在一个我们已经处于领先地位的
市场中，我想看到那个能把我们踢出去的人。"在欧洲13
个国家中，厄特克尔公司在烘烤食品行业中位居第一；公
司的甜食产品在11个国家名列前茅；烘焙用混合面粉在10
个国家榜上有名；披萨饼在9个国家位居前列。

即使厄特克尔公司在传统产品的生产上面临压力，但这对企业掌门人并非大难临头。很久以来，他们的财富有很多彼此独立的支柱来支撑。如今，公司最大，也是盈利最多的生意当属船运业。隶属于厄特克尔家族的汉堡南美船运公司是赫伯罗特公司（Hapag-Lloyd）之外的最大的德国船运公司。2003年，它的销售额几乎达到了20亿欧元，至少超过食品销售额5亿欧元之多。

这种差距随着时间的推移会逐渐扩大。早在20世纪90年代，厄特克尔的航运公司就已开始和赫伯罗特公司、普罗伊萨格集团（Preussag-Konzern）、西德意志银行协商并购事宜。但是，当时的厄特克尔家族不同意成为这个航运巨头的少数持股人，因为，他们不能确定今后是否有长期的话语权。

就在这期间，普罗伊萨格集团已经将业务的重心转到了旅游业，并将公司的名称改为途易股份公司（TUI）。这家新规划的公司计划退出船运业，并最终将子公司赫伯罗特子公司卖掉。途易股份公司只想保留一个廉价航空公司——赫伯罗特捷运公司。2004年1月，途易股份公司宣布，于当年秋天出售赫伯罗特三分之一的股份，并以这种方式将企业再次带入交易市场。

不久之后，奥古斯特·厄特克尔表明自己要与之合作的兴趣。他说："赫伯罗特和我们是最佳搭档。"事实上，奥古斯特·厄特克尔觉得，赫伯罗特在东西航线上独占鳌头，而汉堡南美船运公司则是在南北贸易航线上大显身手，"我们可以相互补充，因为我们做的业务完全不同"。奥古斯特·厄特克尔对外宣称，他们的家族企业愿意接管赫伯罗特公司，并将其作为计划中的股票发行途径。"我们已经做好谈判的准备。"后来，一位发言人谈到厄特克尔家族完全收购赫伯罗特公司时，他的话语间流露着这样的意思："厄特克尔家族完全撑得起！"根据股票专家的评估，德国最大航运公司的价值在15亿到20亿欧元之间。

毫无疑问，汉堡南美船运公司已经足够强大，能够在国际市场上生存下来。航运公司已有150艘船在运营，大多数船只行驶在利比里亚和其他一些热带国家。大部分运输船都是带有集装箱的固定航线船，另一部分为不定期航线。只有17艘船属于公司自己所有，其他船只都是租用而已。因此，汉堡南美船运公司可以随时应对运输市场上的动荡局面。

在过去的年代里，厄特克尔家族在航运业上至少投入了6亿欧元，除此之外，它还接管了一些小型公司和服务机构。至此，南美船运公司是南北运输航线中，即北美—欧洲—南美航运国际市场的佼佼者。但是，船运公司从液货船的生意中退了出来，对谨慎经商的厄特克尔家族来说，它在保险方面承担的风险过大。

公司的扩张势头依然很大。汉堡南美船运公司在韩国造船厂订购了七艘新型的集装箱船，这些船在2004年和2005年下水。每艘轮船的价格至少在5000万欧元以上。船只的总空间可以容纳3,800个标准集装箱，是能够停靠南美洲港口的最大货船。奥古斯特·厄特克尔说："再没有更大的轮船可以来到这里，我们把成本的优势已经发挥到了极致。"

　　这项投资似乎很到位。船运业一直都是全球发展的重要行业，世界贸易在不断增加，越来越多的货物运输是靠集装箱来完成的。厄特克尔家族是该行业繁荣发展的亲历者。2003年，汉堡南美船运公司的集装箱运输是五年前运输量的四倍。诚然，货船运输是一个非常动荡的生意，生意的好坏完全依赖于阿根廷、巴西等国家经济和货币的发展情况。

　　起泡酒和含酒精饮料的生产是厄特克尔家族企业在船运、啤酒、食品之后的第四大产业。在起泡酒市场上，厄特克尔家族早就成为德国最大的供应商。但在2001年，他们的领先地位却被德国东部的小红帽酿酒厂夺走，这个酿酒厂在西德埃克家族企业的帮助下，成功买下了MM和Mumm的品牌。厄特克尔公司在这一领域内的所有商业活动都在汉凯&苏恩莱起泡酒两合公司的运营下进行，这个公司在2003年创造了4.74亿欧元的营业额。品牌有德国最著名起泡酒"汉凯干红""苏恩莱布兰特""欧洲王子""戴恩哈特"等。在莱茵高地区的约翰山宫殿旧址，这个家族拥有世界上最古老的雷司令酿酒厂。

　　对那些与公司主业不够匹配的业务，厄特克尔公司将其归为"其他业务"。这些业务所带来的年销售额也达到了五亿欧元。其中贡献最大的是布登海姆化学工厂，它是世界上生产磷酸和磷酸盐的佼佼者，在西班牙、墨西哥、美国都设有工厂。另外，有五家豪华酒店也属于"其他业务"范围，其中就包括位于法国旺克的玛廷城堡（Château du Domaine St. Martin）。图书业务一直以来都是厄特克尔家族的一笔好生意。厄特克尔博士出版社出版了大量烹饪、烘焙类畅销书。

　　厄特克尔家族还拥有大批的房地产，其中一部分房地产由比勒费尔德的施帕仁贝格前进建筑公司（Sparrenberg und Vorwärts）和阿尔曼地产管理处（Ahlmann Grundstücksverwaltung）管理。伦敦的老邦德大街上的13至15号房屋都是厄特克尔家族的房产。在20世纪80年代，随着厄特克尔接手科尔纳吉工艺美术品商店，这些房子便落到了厄特克尔的名下。但是，在2002年初，厄特克尔家族终止了工艺美术品的生意。

　　厄特克尔家族的名下还有几个银行和神鹰保险公司，但是，这些公司的交易额与厄特克尔公司的其他生意无法相比。厄特克尔集团在食品、啤酒、起泡酒行业处于市场的领先地位，而在金融领域仅是一个普通的经营者。位于汉堡的神鹰保险公司共有员工460名，在人寿保险业务中，签有60亿欧元的保险金合约。所持股的朗普银行大约有33亿欧元的交易额，2003年的营业利润也达到了4,500万欧元。但是，自从银行从颇有风险的建筑业务中退出之后，银行的生意萎缩了很多。

　　1995年，体育场地建造商巴尔萨姆和布鲁采多信贷公司（Balsam，Procedo）破产后，这家小银行遭遇了历史上最大的亏损。在这次诈骗事件中，朗普银行一下子丢失了4,000万马克的贷款金额，作为银行法人担保人的鲁道夫-奥古斯特•厄特克尔甚至到了要交出此前获得的银行盈利的地步。高层管理人员也不得不效仿上司的做法，拿出了自己的部分所得。苏黎世大西洋财产管理银行也早已是厄特克尔家族的资产。玛雅•厄特克尔的弟弟克里斯托夫•

冯·卡莱泽是这个机构的"一把手"。

　　总而言之，厄特克尔家族拥有的是一个巨大的商业王国，集团至少由332家公司组成，其中有130家在国外。在布朗-布劳恩公司进入厄特克尔之后，集团的员工总数达到了两万人，正是这些人每年在创造着55亿欧元的销售额。

　　德国重新统一后，厄特克尔集团向前东德地区的新联邦州投入了大笔资金，他还在这里收购了拉德贝格的出口啤酒厂。从20世纪90年代开始，奥古斯特·厄特克尔的企业向更加国际化的方向发展。已有超过一半的销售额来自国外的市场。东欧国家在这一过程中发挥了重要的作用，自从铁幕[1]被拉开之后，厄特克尔公司和很多中小企业一同进入了东欧市场。

　　在集团高层的六位经理人中只有一个人的姓氏为厄特克尔。从20世纪90年代后期，六个人各自负责一个生产领域，厄特克尔集团的领导层就由这些人构成，也就是说，在企业的管理层内，每个经理人都直接负责一项专门业务。除了负责食品生意的奥古斯特·厄特克尔之外，经理人还有乌里希·卡迈耶（Ulrich Kallmeyer）（酿酒厂）、汉斯-亨尼希·维克曼（Hans-Hennig Wiegmann）（起泡酒厂）、克劳斯·梅维斯（Klaus Mevevs）（集装箱船运输）、克利斯提安·冯·巴瑟维茨伯爵（Christian Graf von Bassewitz）（银行）。集团班子的成员还包括财务董事恩斯特·F.施耐德（Ernst F. Schröder），他不仅负责集团的财务工作，而且还是除奥古斯特·厄特克尔之外的唯一一个

---

[1]指的是"冷战"时期将欧洲分为两个受不同政治影响区域的界线，铁幕以东为东欧各国，铁幕以西指欧美国家。——译者注

人法人担保人，他主要负责豪华酒店、布登海姆化学工厂和厄特克尔博士出版社的工作。

　　厄特克尔家族企业究竟从他们的生意中赚了多少钱，公司的员工和公众都不清楚。不同于另一个家族企业汉高集团，厄特克尔公司不是一个股份公司，因此在法律上也就没有义务公布自己的盈利和亏损账目。这个家族企业也没有这样做的愿望，但是，公司的只言片语足以让公众看出端倪，例如，2002年度财务报表提到了"产品的质量令人满意"，毫无疑问，这就意味着，企业挣了很多钱并且拥有高额的储备金。

　　《经理人杂志》的调查表明，鲁道夫-奥古斯特·厄特克尔和他的后代们已经制定了详细的遗产条约。该杂志在2003年12月的报道中说："厄特克尔的遗嘱规定了公司的结构要保持现有的状态，集团坚持五个不同领域的业务经营，保证提供多样化的产品，从香草布丁一直到集装箱船。除此之外，鲁道夫-奥古斯特·厄特克尔希望公司不可举债经营，并让公司的财产永远留在家族中。"

　　这份调查引起了比勒费尔德家族总部的矛盾和骚动，不仅由于标题"后果难料的厄特克尔创始人的遗嘱"，还因为杂志的作者所下的结论，"老厄特克尔会尽力对三段婚姻中的八个孩子一视同仁，尽最大努力确保公司的延续性。老厄特克尔要把他的继承人永远束缚在比勒费尔德的企业中"。

　　人们听了鲁道夫-奥古斯特·厄特克尔的儿子对"遗嘱"问题的阐述后，开始怀疑这份"遗嘱"的真实性。对厄特克尔公司来说，鲁道夫-奥古斯特·厄特克尔关于企业多样化的言论，绝对不是一个信条，而只是提供了一个安全的缓冲器。2002年末，奥古斯特·厄特克尔对《商报》记者说："我们知道，我们是集团中彼此相关又各自独立的一部分，想到此，我们的感觉非常好，因为，在我们想要，或者必须失去某一部分时，却不必担心会牵扯到另一部分。"关于家庭方面的决定，他在采访中说："我们在企业文件中，已经着手规定接班人的事宜，我们知道，今天想到的事情在未来也许是错误的。所以，下一代人要有重新开始的机会。这并不是一件容易的事情，但他们必须把不可能变成可能，他们没有禁忌，包括对家族企业生存的怀疑。"

在鲁道夫-奥古斯特·厄特克尔企业家生涯中的每一个重要时刻，他并没有完全遵守家规，在他认为某项业务进退维谷的时候，他都选择了放弃。鲁道夫-奥古斯特·厄特克尔通过出售保险公司，把保险业的经营活动降到了最低。厄特克尔家族也退出了纺织行业，因为，这个领域的生意他并不喜欢。在很长一段时间内，他都在怀疑朗普银行在厄特克尔集团中的未来，因为，在众多子女中，没有一个人愿意经营这个行业。

厄特克尔家族一直试图改变家族的产业结构，他们把在竞争中不会取得领先地位的御捷公司和冰激凌生意通通卖掉。家族要扩大酿造业的经营范围的决定是经过了长时间激烈的争论后由管理层和家族成员共同作出的，他们从一开始就做好了退出的准备。在道格拉斯化妆品公司和塔利亚书店的投资也是如此，如果厄特克尔想要把钱投入到自己的主产业中，他们随时可将自己在道格拉斯12.2%的股份卖掉。

如果那份遗嘱确有其事，后代们肯定会因为头上的义务而对交易所产生反感。对于鲁道夫-奥古斯特·厄特克尔来说，公司必须是家族自己的企业，这一点毫无疑问。即使这意味着企业必须为自己的发展筹划资金，而不能依赖股东。这位掌门人总把这样的话挂在嘴边："我无论如何也不能想象，厄特克尔会成为一个股份公司。"他的长子也不太看好股份公司，因为股份公司要跟在股票经纪人的后面跑。"我们制定自己的公司政策，不需要听那些涉世未深的年轻人的指挥，他们从未有过管理公司的经验，况且也无需对企业负责。"

只要公司没有在交易所上市，员工就没有担心股票下跌的不安全感，也就不必担心厄特克尔公司被收购。奥古斯特·厄特克尔在2003年4月《世界报》的采访中强调："我们的员工清楚地知道：我们不会被收购，他们同时也清楚，我们正在完成着企业交替换代的任务。"

27. "不想成为那个把企业搞砸的人"
五代人中的八个家族支系

每当鲁道夫-奥古斯特·厄特克尔谈起他的企业王国，总喜欢称它为"人民自己的企业"，受益者"首先是企业的员工，然后是国家"，称他自己和家人是受益最少的人。

20世纪80年代初，鲁道夫-奥古斯特·厄特克尔声称，他在20年间没有私自拿过企业的一分钱。外人自然无法证实这件事的真伪，厄特克尔公司对自己的收益一直保密，从未有过任何关于业主的分红数据被披露。

可以想象，厄特克尔家族集团把各个企业的盈利积累起来，并将其投入到新的生产中。厄特克尔家族除了拥有工业资产之外，还有大量的不动产和有价证券，这些收益远远超出他们享受舒适生活、置办昂贵物品的需求。

对已经长大成人的厄特克尔姊妹来说，多年来，他们从企业财务部门支取的金钱仅仅是自己所需要的数额，然后去支付个人的税款。奥古斯特·厄特克尔曾经这样描述他们的生活状况："我们虽然富有，却没有充足的现金。"

后来这种情况有所改善。经过一次长时间的讨论，公司经理说服了厄特克尔的家长，将公司收益的大部分分给家族的成员，认为这样做会更好一些。奥古斯特·厄特克尔在和父亲就此问题的谈话中，首先肯定了经理人的良苦用心，旨在教育家族的子女，重视自己作为这个家庭成员的意义所在。奥古斯特·厄特克尔则认为，厄特克尔家族的企业家和经理人必须有"家族的资金必须用来生钱"的意识。

家族企业的家长正是秉承这种意识在步步前行。1999年，当大家对扑面而来的资金流欣喜若狂的时候，奥古斯特·厄特克尔却当着公众的面减少了自己的分红金额。他对《商报》的记者说："生活必需的金钱数额不必那么多。"但是在三年之后，他在同样的报纸上阐释了他的看法，对家族企业的资本必须按照市场的规律来给予利息，"虽然是通过分红的形式"。如果奥古斯特·厄特克尔两合公司真那么做了，那么，把汇款的利息用于家庭生活的费用肯定绰绰有余。

在德国还没有哪家大型家族企业像厄特克尔一样，对财产继承问题进行如此全面、彻底、有远见的准备。在家族内部，财产有序的传承被视为和生意本身具有同等价值的事情。在七八十年代，鲁道夫-奥古斯特·厄特克尔就已经开始将他的部分财产以赠予的形式转交给后代，如：起泡酒厂、部分啤酒厂和一些食品生意。从厄特克尔家族的资产负债表中可以看出，到1993年，已有将近一半的财产传到了下一代的手中。

财务经理鲁道夫·施泰布林克在80年代已经开始把部分资金放置一旁，唯恐鲁道夫-奥古斯特·厄特克尔突发不幸时没有足够的金钱来支付遗产税，而必须变卖自家的企业。除此之外，所购买的有价证券也可以在处理财产继承的过程中尽快变现，还有利息和分红。据说在当时的情况下，鲁道夫-奥古斯特·厄特克尔的财产一天就可以增值五万马克，但每一天他都是在平静中度过的。鲁道夫-奥古斯特·厄特克尔的年龄在增长，与同龄人比较，他的心态也变得更加淡定和从容。他有一个非常讲究饮食健康的妻子，他得益于她。

这位企业家只有一种担心：害怕他逝世以后家族内部的矛盾会妨碍企业的发展。米勒公司德高望重的领导人彼得·岑堪（Peter Zinkann）说过："家和万事兴，家庭不和睦，企业就会糟糕。"这样的例子屡见不鲜。鲁道夫-奥古斯特·厄特克尔一直关注这个问题。当老先生在报纸杂志中读到有关家族内部矛盾的文章时，例如：巴尔森家族，或保时捷家族的争端，他都会让秘书把报纸复印下来，然后把写好评注的报纸寄给他的孩子们。

这个方法似乎很有效。众所周知，厄特克尔家族的成员们一直和睦相处，对他们来说，继承传统就是承担义务。家族的信条是：企业的利益高于家族的利益，为此，他们必须接受条约的限制，例如：限制家庭成员在公司财务部门取款的金额。

2002年末，86岁的鲁道夫-奥古斯特·厄特克尔将他手中的大部分财产转到了儿孙们的名下。一个新的业主框架产生了。鲁道夫-奥古斯特·厄特克尔和他的八个子女一同将之前各自持有的厄特克尔企业份额重新带入了奥古斯特·厄特克尔博士两合公司。每个子女得到了11.75%的集团公司份额。同时，鲁道夫-奥古斯特·厄特克尔的20多个孙子从他们的父母手中分得下一级公司的股份，并与其父母构成一个股份公司的主体。

通过此次企业重组，鲁道夫-奥古斯特·厄特克尔本人得到6%的资本和两合公司咨询委员会主席的职位。在他的主持下，召开了监事会会议，与会者包括他的大女儿罗斯莉·施维茨、外甥罗兰德·厄特克尔、拜尔斯道夫主管罗尔夫·库尼施、汉高公司主管乌利希·莱纳。他们每年在固定的时间内碰面四次，厄特克尔公司的经理们会利用这个机会，递交重要项目的投资申请。

在监事委员会中没有银行家的参与，这也是德国家族企业中的一大特色。所有监事会成员要么是家族内的企业家，要么是重要家族企业的经理人。罗兰德·厄特克尔并不是厄特克尔集团领导层的成员，因此，他也被视为监事会中的局外人。值得注意的是，在厄特克尔家族企业中，监视委员会中大部分监察人员并非家族成员。在未来，这种模式也将保持下去。

自从同母异父的弟弟小理查德·卡斯洛夫斯基在1995年将印刷公司公德拉赫顾问委员会主席的位置交给了他的女儿英格博格·冯·舒巴特，鲁道夫-奥古斯特·厄特克尔就失去了公司的一部分，然而老年的鲁道夫-奥古斯特·厄特克尔对他的现状非常满意，原因在于，没有人强迫他退休。"人到了70岁以后，想退休就不容易了。"他打趣说，"再说，那些领导们也不好意思跟我说退休的事儿啊！"

但是，鲁道夫-奥古斯特·厄特克尔的后代们再不可能被允许，以将近90岁的高龄去承担这些职位的责任。现行的企业法规定：即使是担任咨询委员会委员的家族成员，也只能工作到70岁；一般厄特克尔公司员工的最长工作年限是65岁。这项制定被写进公司的合同中，并在1998年得到进一步补充和完善。

如果鲁道夫-奥古斯特·厄特克尔在某一天去世，这个家族企业将会进入一个全新的阶段。公司将不会再由一个人主导，尽管创始人奥古斯特·厄特克尔博士在世时，以及战后几十年，公司的情况一直如此。卡洛琳娜·厄特克尔和她的女婿理查德·卡斯洛夫斯基的时代也将一去不返，两个领导人管理厄特克尔王国的情形不会再出现。在鲁道夫-奥古斯特·厄特克尔百年之后，厄特克尔集团的资产将由八个家族支系平均分摊。

厄特克尔家族考虑到，公司合伙人的数量不能增长过快，就像汉高公司(Henkel)和诺伊斯的维尔汉斯公司

（Werhahns）。如今的汉高股份公司有几十个后代参与经营，在维尔汉斯也有200多人。而厄特克尔家族坚持每个家族支系只能派一名代表参加奥古斯特·厄特克尔两合公司的股东代表会议。除此之外，公司还规定，每一个支系如有出让公司的意向，不能先于家族中的另外七个支系卖给外人，另外七个支系的股东都有相同的优先购买权。

今天的比勒费尔德厄特克尔家族由八个支系组成，它包括鲁道夫-奥古斯特·厄特克尔三段婚姻中的八个孩子以及他们的家人。鲁道夫-奥古斯特·厄特克尔几个孙子的年龄要比他最小孩子的年纪还要大。

公司的掌门人是奥古斯特·厄特克尔，2000年，他在56岁的时候成为"厄特克尔博士"。维滕市的黑尔德克大学为了表示对他的尊敬，授予他荣誉博士学位。这位集团领导共有六个孩子。他的两个儿子已在厄特克尔企业中迈出了第一步：菲利普·厄特克尔（Philip Oetker）从事食品领域的工作，而弟弟亚历山大·厄特克尔（Alexander Oetker）在汉堡南美船运公司工作，他立志要在船运业独立发展。

如今，公司的未来已经确定：奥古斯特·厄特克尔将于2009年65岁时，从公司的管理层退出，担任咨询委员会主席的职位，在他父亲百年之后，他将接管家族掌门人的角色，这位沉着、冷静、思维缜密的男人一定会不负众望。记者斯望特·多米茨拉夫（Svante Domizlaff）曾经在一篇人物传记中，准确地描述了他的性格，称他为一个"举止优雅的主任医师"。

生于1940年的罗斯莉·施维茨也是企业咨询委员会的重要成员，她是奥古斯特·厄特克尔的异母姐姐，她主要负责起泡酒厂的业务，并且积极参与巴德-符腾堡州的政治活动。她和皮革企业家福尔卡特·施维茨共育有三个孩子：鲁道夫-路易斯（Rudolf）、格奥尔格（Georg）和卡洛琳娜（Caroline）。此间，她的两个儿子在家传的路易斯·施维茨皮革两合公司工作；女儿卡洛琳娜一直想在厄特克尔集团之外谋求职业，可是，在几次求职申请均遭到拒绝后，她还是在厄特克尔拉德贝格公司就业，从事工业设计，但没过多久，她由于怀孕而放弃了这份工作。

鲁道夫-奥古斯特·厄特克尔的女儿贝尔吉特·道格拉斯（1947年生）和她的后代构成了家族的另一支系，她在第二段婚姻中与克里斯托夫·道格拉斯伯爵（Christoph Graf Douglas）结婚，他们的孩子出生后，全家便在黑森州和巴登州两边居住。曾受过教师培训的贝尔吉特在法兰克福经营一家室内设计公司，这家公司主要负责厄特克尔豪华酒店的装潢，但是她也参与了美国大使馆的设计工作。被家人称为"小老鼠"的贝尔吉特·道格拉斯伯爵夫人积极投身法兰克福的儿童保护事业，她现在担任儿童保护协会的主席。

她的丈夫是一位拥有博士学位的艺术史家，为苏富比拍卖行工作了15年。克里斯托夫·道格拉斯伯爵出身于苏格兰的一个贵族家族，据考证，这个家族的祖先也有可能是路德维希·冯·巴登大公爵。克里斯托夫在1995年11月，组织了巴登大公爵收藏品的拍卖工作，拍卖结束之后，他成为一名独立的艺术顾问，并参与一些颇具影响的艺术品生意。

克利斯蒂安·厄特克尔构成了家族的另一个分支。父亲的愿望是想让他成为银行家，但是，他的兴趣却另有所在，他利用数年的时间，研究厄特克尔企业的成功经验，并进行了颇具意义的市场调查。克利斯蒂安·厄特克尔在1998年庆祝了自己50岁的生日，此前，他从未在公众面前出现。了解他的人都说，他是一位沉着、睿智并对科学研究感兴趣的人。他的妻子丹尼拉(Daniela)是一位室内设计师，她和在法兰克福儿童保护协会工作的贝尔吉特，贝尔吉特一样，也热衷于儿童保护工作，并积极为儿童募捐。在德国东部地区遭受洪水侵袭后，她是为学生和货车司机举办的"中午餐桌"活动的倡导者，此外，她还向在灾害中蒙难的居民赠送雨鞋。

在鲁道夫-奥古斯特·厄特克尔的后代中，公众最为熟悉的是曾遭到绑架的理查德·厄特克尔。在过去的年代里，这位企业主的第三个儿子在食品领域的采购和外联部门担任多个管理职位，今天，他出任比勒费尔德总部人事部门的负责人。

理查德·厄特克尔和玛里昂·厄特克尔的婚姻早在几年之前就已破裂。玛里昂离婚之后与汉堡的经济律师卡尔·冯·哈恩(Karl von Hahn)结婚，而哈恩的前妻亚历山德拉又嫁给了理查德的哥哥奥古斯特。奥古斯特的前妻佐治亚生活在伦敦，她是那里几个剧院的赞助商。

理查德·厄特克尔热衷于老爷车的收集，并拥有一个专门停放这些车辆的车库，他经常会把这些车辆开到大街上，还和自己的侄子亚历山大和菲利普一起飙车。理查德·厄特克尔居住在一个有百年历史的别墅里，别墅里有一个巨大的花园和一个游泳池。他常常带着自己的狗一同散步。经过1976年的绑架事件，他的身体健康受到了很大的影响。

直到今天，他对那次绑架事件都无法释怀。1979—1980年对迪特尔·茨劳夫起诉之后，他一直避讳谈起此事，在哥哥奥古斯特·厄特克尔看来，这并不意味着理查德有心理问题，他看上去也并没有因此愤世嫉俗，或埋怨自己的命运不济。他反而表现出"发自内心的兴高采烈"和"难以置信的诙谐幽默"。在朋友眼中，他是一个友好、礼貌、爱讲笑话的男人。

当年父母的离异让兄妹四人：奥古斯特、贝尔吉特、克利斯蒂安、理查德，变成了单亲家庭的孩子，直到他们迎来了异母弟弟阿尔弗雷德的出生，他是父亲和现任妻子玛雅·厄特克尔的婚生子。玛雅为鲁道夫-奥古斯特·厄特克尔生了两个儿子和一个女儿，并和丈夫一同教育孩子们成为与这个家族地位相匹配的人。"我们一直和他们说，他们的姓氏既有优势也有劣势，优势是，他们能够上好的学校，选择他们喜欢的职业培训，享受豪宅和美食，接受上等的礼物。可是，他们也必须为此承担义务，例如，他们自始至终都要保持言行举止的规范与得体，因为他们要为自己的姓氏负责。"

1967年出生的阿尔弗雷德·厄特克尔在各方面都满足了父母的期望。高中毕业之后，他选择了银行的职业培训，就像父亲在30年代所做的事情一样。之后，阿尔弗雷德去了国外，在法国和西班牙的私人银行中积累着自己的职业经验。1990年，他返回德国，在帕绍大学注册学习企业管理专业。

　　阿尔弗雷德·厄特克尔在这里学习了五年，他曾中断学习去英国的大学做旁听生。在牛津大学的巴利奥学院，他进修了商科专业，同时，他还报名选听哲学、政治、国民经济学等课程。阿尔弗雷德的硕士学位在帕绍大学获得，紧接着他又转到莱比锡，继续攻读博士学位。他在这里的商学院度过了近三年的时光，撰写了一篇题为《家族企业中持股者的矛盾冲突》的博士论文，这一课题的研究对他和姊妹们具有很大的现实意义。

　　在阿尔弗雷德·厄特克尔的论文中，他系统研究了在家族企业中可能发生争端的因素，从公司领导的选择，到家族成员分红的数额，再到各家族分支出售企业的愿望。他阐述了家族企业的问题不仅仅是如何管理的问题，而是企业背后的家庭问题，必须对每个家庭制定出有针对性的规定。"在企业内部，要追求良性竞争，然而在家族内部要保证和谐和统一。"阿尔弗雷德·厄特克尔在他的博士论文中，针对如何避免和化解家族企业中的矛盾冲突，提出了许多具有实际意义的建议。

　　阿尔弗雷德完成这篇博士论文所用的时间比原计划长了很多。当论文完成时，他感谢"在论文撰写的瓶颈期"父母所给予的理解和耐心。1999年4月，他被授予博士学位时，已经在杜塞尔多夫的汉高集团里工作了一年半，这家企业与厄特克尔家族保持着近100年的良好关系。汉高公司的主管莱纳同时也是厄特克尔咨询委员会的成员，所以阿尔弗雷德来此工作的手续一切从简。阿尔弗雷德在汉高化妆品的销售部工作。在这里，他认识了一个既陌生却又和厄特克尔集团有相似之处的公司，这为他在家族企业接手第一份管理工作，打下了基础。

　　阿尔弗雷德·厄特克尔的博士头衔，满足了父母对他的期望，而且妻子的选择，也让对贵族身份崇拜有加的父亲和拥有贵族身份的母亲高兴万分。2001年9月，这位企业继承人娶了比他小两岁的意大利公主埃尔韦拉·格里玛蒂（Prinzessin Elvira Grimaldi di Nixima），她是摩纳哥亲王的远房亲戚。

　　在阿默尔湖畔，他们举行了一个充满德意风情的盛大婚礼，阿尔弗雷德·厄特克尔和妻子相识于两年之前，她的家族在西西里岛上经营着一个巨大的农场，取得农学硕士的她，也在这里工作。阿尔弗雷德和他的妻子在卡塔尼亚教堂宣读了婚礼誓词，婚礼举行不久，这对新婚夫妇就搬到了比利时。2002年，阿尔弗雷德·厄特克尔接管了此地厄特克尔分公司市场部的领导工作。

　　他的弟弟卡尔-费迪南德·厄特克尔（1972年出生）在朗普银行工作，现在，他已经成为银行的行长。《星期日世界报》曾搞过一个调查，结果说明，这个小巧精致的银行在173家财产管理机构中居于第二位，证明了"有钱人后代的能力"。年轻的卡尔-费迪南德·厄特克尔通过一篇撰文首次出现在公众的面前，在这篇文章里他写道，富人在选择银行时应该注意什么？（"在银行的业务中有可以保持长期联络的接洽人"）资产存入的银行可以忽视的东西是什么？（"银行的因特网连接对于我来说是次要的因素"）这位未来的私人银行家，已经以一个企业收购者的姿态首次亮相。卡尔-费迪南德·厄特克尔在2003年入股一家名为伊瓦伯的小公司，这个公司专门生产用于动物医学和食品行业的消毒剂。

鲁道夫-奥古斯特·厄特克尔最小的女儿尤利娅构成了家族的第八个分支。这个在1979年出生的女孩，曾就读于比勒费尔德的一所用英语授课的小学，后来又上了高级中学。尤利娅在高中毕业后，选择了和母亲一样的职业规划，她参加了酒店管理的培训。

在厄特克尔的所有后代中，谁将在2009年接任奥古斯特·厄特克尔成为公司的领导，至今仍未见定论。但是这位现任领导人已经在一家著名的专业报刊《食品报》中说到，无论谁来接替这个位置，都会心存担忧："面对一个已存世112年，历经四代人的家族企业，谁都不想成为那个把企业搞砸的人。"不仅仅因为害怕一些资产上的损失，而是"因为担心撑起家族企业的那条世纪链条在自己的手上遭到断裂"。

毫无疑问，阿尔弗雷德·厄特克尔是最有可能成为企业继承人的人选。除了他的能力之外，家族的规定也有利于阿尔弗雷德·厄特克尔。如果有多人申请担任此职，鲁道夫-奥古斯特·厄特克尔的儿子要比那些已经成年的孙子更有优先权。

领导人的更换无疑是一件非常棘手的事情，早在阿尔弗雷德上完大学的前几个学期，接替他异母哥哥奥古斯特似乎就已成定局，1993年，奥古斯特·厄特克尔曾信誓旦旦地说："他会成为我的接班人，这是他的希望，也是我的设想。"

然而，奥古斯特却再次走上了公司领导人的位置。是因为其他姊妹对先前的决定怀有异议？还是作为家族公司的领导对此提出了质疑？外人丝毫听不到家族内部到底产生了哪些不和谐之声。2002年末，奥古斯特•厄特克尔就公司下一代领导人的问题，给出一个含糊其词的回答："我们有很多继承人，但是，现在就说他们当中谁是继承人，这还为时尚早。"

尾声
一个德国的示范家族

在德国的家族企业中，厄特克尔在很多方面堪称一个与众不同的形象。作为企业家，他们成功地将手中的权利一代一代地传下去，就像一个历史朝代的更迭。他们在国际上也进入了超级富豪的行列。但是他们仍然坚持不懈，将自己公司的生意扩展到更宽泛的领域。

回顾厄特克尔家族的历史，彰显个性是这个公司的最大需求。这种需求始于君主帝国时期的药剂师奥古斯特·厄特克尔博士的广告宣传和品牌的创建，这种需求还表现在1930年卡洛琳娜·厄特克尔在音乐厅的捐赠中，她坚持用在战争中丧生的鲁道夫·厄特克尔的名字来命名。在为比勒费尔德艺术博物馆命名的事件中，鲁道夫-奥古斯特·厄特克尔也提出，博物馆应该使用继父卡斯洛夫斯基的名字。这种个性的需求还通过大量的、以宣传厄特克尔家族为中心的书籍和小册子显示出来。

厄特克尔是一个强大的家族，他们的影响不仅在幕后，许多家族成员都积极投身政治，或成为议员，或在各种协会中担当角色，在这一点上，他们有别于其他德国经济上同样举足轻重的家族，那些有钱人更喜欢做背后的操纵者。厄特克尔家族的女人们更是政治舞台的参与者，她们坚持理想，疾恶如仇，敢于在公开的场合中明辨是非。阿伦德·厄特克尔也是几十年以来一直活跃在公众视野中和国际舞台上的风云人物。

厄特克尔家族的第五代也是一个由企业家组成的家庭。他们不满足让银行家和经理们来管理自己的财产，并使其升值，他们更渴望去身体力行。其他家族企业更愿意按照行规禁止家族成员在企业领导层任职，而厄特克尔家族则希望更多的家庭成员投入到管理工作中。

在过去的140年中，这个家族培养了许多企业家人才：从克雷费尔德的纺织厂厂长阿尔贝特·费迪南德·厄特克尔，到杏仁糖果制造商路易斯·卡尔·厄特克尔，再到1860年入股巴尔的摩一家小型药剂公司的路易斯·多梅（1953年夏普&多梅公司与默克公司合并，直到今天，作为默克集团的一部分，该公司依然存在）。

早在德意志帝国期间，厄特克尔就是一个企业家云集的家族，它为培养后代提供了许多便利：大多数家族成员在叔叔的工厂中以学徒的身份开始了自己的职业生涯。这个家族利用自己优势，把家族企业作为家族的资产保存下来，尽管企业的创始人英年早逝，例如：杏仁糖果厂的厂主路易斯·卡尔·厄特克尔。

比勒费尔德的厄特克尔家族在创始人和他唯一的儿子去世后，注定要和另一个同样古老的企业家族卡斯洛夫斯基联系在一起。一切都是命运最好的安排，这已被家族的历史不断验证，直至今日，阿尔弗雷德·厄特克尔的母亲是穆希迈耶的后代，而他自己又迎娶了意大利公主格里玛蒂。

厄特克尔将家庭和谐这一幕演绎得淋漓尽致，例如：让家族中所谓"贫穷一系"的成员罗兰德·厄特克尔担任比勒费尔德总部咨询委员会的成员；他的哥哥阿伦德·厄特克尔同样在生意上和他的表兄弟及堂兄弟们互有合作。

但是，厄特克尔家族企业的成功也可以从家族之外的诸多因素中得到解释。他们经常获得良机，顺势而为，乘势而上。没有哪一个家族像厄特克尔家族一样，在第二次世界大战后的国家重建中享受到如此之多的优惠待遇：对固定资产持有者大有利好的货币改革，美食热潮所带来的大笔收入，政府对船运业和住房经济提供的税收优惠等。

毋庸置疑，厄特克尔家族的成功从另外一方面来说，也是企业和员工的幸运。在过去的几十年中，上市公司是一个现代成功企业的榜样，而就在前不久，这个家族企业正经历着让他们感到荣耀的时刻。德国有90%的企业在家族的手中，但是，大型跨国公司中的家族企业却屈指可数，就是这些为数不多的企业却带来了巨大的成功。DWS基金公司和戈尔特曼萨克斯投资银行仔细审查了由家族掌控的30家公司，其中包括宝马、麦德龙和汉高公司。专家们指出，总的来说，家族公司要比股东隐名的上市公司发展得更好。

经济学家们总结了家族企业的优势：节省资金，规避风险，战略清晰，长远规划。许多大公司的高级经理人试图通过不同凡响，却充满风险的策略来显示自己的地位，这种情况在家族企业中不可能出现。大部分成功的家族企业都传承了朴实、谦恭的文化，他们不能接受一个公司经理人奢华的地位、奢侈的生活和过高的薪金。

但是，家族企业也存在着其他形式的危机，法人之间常常因继承问题而导致争端，每一次换代就意味着再次更新，这些都会给家族企业带来一定的影响。有这样一句名言："老子打江山，儿子坐江山，孙子丢江山。"只有三分之一的家族企业可以传到第三代，八分之一可以传到第四代继承人的手中。可实际的情况比这还要糟糕。多数新成立的公司也很不稳定，经济形势在不停地发生变化，大多数企业就像随风飘起的雪花，随时会消融在市场浪潮中。

由企业主经营的公司面临着一个艰巨的任务：确保公司的长期生存。任职多年的贝塔斯曼经理格特·舒尔特-黑勒恩认为："所有的家族企业都有一个问题：在每一代企业中，从家族内部筛选有才能的人来担任领导，能做到这一点的企业凤毛麟角，或者说是完全例外的现象。"所以，他要求："家族企业领导人的位置不能完全指望基因轮盘。"

这话听起来不错，但是它正确吗？事实上，继承人的选择并非本着随机抽样的原则，它很有可能取决于，在孩子们的身上能看到多少孩子家长的特点。但是，这也不能保证一位成功企业家的儿子同样是一位成功的企业家。然而，如果家族企业相信他们的后代有能力把自己的企业继续成功地经营下去，而且对这些后代按照这个目标去培养和教育，那么，选择后代传承家业绝不是一次游戏的赌博。

后记

　　这本书的产生违背了厄特克尔家族的意愿。奥古斯特·厄特克尔博士两合公司公关部主管罗尔夫·穆尔曼写道："对您计划撰写的书稿，厄特克尔家族丝毫没有兴趣，如果您能与他们保持距离，他们会非常愿意。因此，请您不要指望获得任何机会，与厄特克尔家族进行对话并采访他们。当然您也不可以使用企业的档案馆。"至于拒绝的原因，这位主管并未给出解释。

　　通过新颖的营销活动，厄特克尔家族的名字在德国已家喻户晓。他们一大部分的财富要归功于品牌的力量，这个品牌通过耗费数百万的帝国马克、德意志马克和欧元，已在公众的脑海中打下深深的烙印。可就在这样的背景下，厄特克尔家族的商业帝国却如此恐惧将家族的历史撰写成书，这不免有些耐人寻味。

　　另一位厄特克尔家族成员阿伦德·厄特克尔拒绝访

谈的表现更加明显。他看过2002年出版的克望特家族
（Quandt）传记后，解释了拒绝采访的原因。"我得知克
望特对这本书非常反感，并后悔此次与你们的合作。在书
中，他们家族的历史并没有得到真实的评价，所以，我想
拒绝接受采访并请求您谅解。"

阿伦德•厄特克尔的表述令人奇怪，因为克望特家族
对这本关于他们家族和企业历史的书反响很好。赫伯特•
克望特（Herbert Quandt）的女儿苏珊娜•克拉特（Susanne
Klatten）写道："您成功地阐述了一个拥有超过120年历史
的企业家族。您的书再次展示了那些重要的、具有决定意
义的事件。"她的兄弟施特凡•克望特也同样对这本书作
出了正面的评价："该书资料翔实，内容直观。"

如果说这本书的内容引起了一些家族成员的不满，就
像阿伦德•厄特克尔所了解的那样，该书描写了克望特家
族那些不光彩的过去：家族在战时和约瑟夫•戈培尔家庭
有着千丝万缕的联系，在"一战"后的通货膨胀期间，克
望特公司曾剥削集中营的囚犯并使用强制劳工，以投机的
方式扩张自己的财富。这样的描写当然让看重隐私的克望
特家族深感不悦，因为，读者会由此了解到家族内部的矛
盾与冲突。

人们不禁在思考，厄特克尔家族拒绝书写传记的原因
到底是什么？与克望特家族不同，厄特克尔家族的很多成
员很早以来就备受瞩目，几十年以来，厄特克尔家族坚持
撰写公司年记，出版纪念文集，关于个人的信息他们都会
亲自说明。

与克望特家族一样，在他们的历史中也有不光彩的一

页，直到现在也没有被调查清楚。其中最为人诟病的是，家族公司与海因里希·希姆莱党卫军的关系。厄特克尔家族至今也没有提供清算纳粹历史的任何资料。人们甚至感觉到，与克望特家族相比，接受自己的过去似乎对厄特克尔家族来说更加困难。

事实上，有一个原因是成立的，1916年出生的鲁道夫-奥古斯特·厄特克尔在"第三帝国"期间就已经管理公司，除此之外，他还是武装亲卫队的下级军官。如今，他仍然担任着集团咨询委员会的主席。由于他个人的复杂情况，增加了他的后代和亲戚们研究家族及公司历史的难度。

阿伦德·厄特克尔也有他的原因。据观察，他的经济活动是一个嫌疑点，这位德国联邦工业协会的副主席很多年以来就开始削减自己在德国的资产，而将产业转向瑞士。他甚至在瑞士的避税天堂楚格成立了一个皮包公司。

本书的原始资料选自百年来的公司文件、庆典手册、大量的报刊文章和采访、德国工商注册登记节选以及瑞士的交易所文件。曾经属于厄特克尔资产的费尔塞达公司提供了一份公司的年记。厄特克尔公司和公德拉赫的文献资料可以在图书馆和旧书店中找到。美国1986年出于私人目的出版的《多梅家族历史》也可用于参考。

第二次世界大战之后，企业年记中缺少的东西可以在纳粹时期公司的出版物中找到一部分，比如1941年的《全体职工手册》。

关于厄特克尔公司部分资产的持有者、希姆莱朋友圈的成员理查德·卡斯洛夫斯基的信息，可以在联邦档案馆中找到资料。卡尔·厄特克尔和公德拉赫经理弗里德里希·

沙尔施密特的去纳粹化资料，也保存在位于杜赛尔多夫的北莱茵-威斯特法伦国家档案馆里，这里也有鲁道夫-奥古斯特•厄特克尔审判程序的资料，但是，这个资料不允许查阅。在汉堡的国家档案馆，存放着关于一位犹太律师的地皮转给雅利安人的卷宗，据卷宗记载，这块地皮的受益者就是鲁道夫-奥古斯特•厄特克尔。比勒费尔德的城市档案馆和北莱茵-威斯特法伦的国家档案馆通过一些讯息和资料给作者提供了帮助。在此，作者向所有档案馆的工作人员致以谢意。

很显然，厄特克尔家族的比勒费尔德总部事先通知亲属们拒绝接受采访。尽管如此，仍要十分感谢家族的许多成员愿意进行电话采访，或者给予简短的口头回复。来自厄特克尔家族和公司的很多人对我们的问题作出了回复和评价，这对作者是一个很大的帮助。对于人物、时间的详细描述，以及家族内部事件的记载，要特别感谢艺术史家、作家露特•皮瑙博士。